걱정 많고 **예민**한 우리 아이 **늠름**한 아이가 되다

두근두근 불안불안

Bridget Flynn Walker 저

김재원 · 권지혜 · 김성혜 · 김은지 · 김혜빈
신지윤 · 이　정 · 이하은 · 최치현 · 한지연 공역

Anxiety Relief for Kids

학지사

역자 서문

'불안은 영혼을 잠식한다'는 말이 있다. 명감독 라이너 베르너 파스빈더의 영화 제목이고 가수 김윤아의 노래도 있다. 극심한 불안의 고통을 경험해 본 사람이라면 이 말의 뜻이 가슴 저미게 다가올 것이다.

어려서부터 걱정과 불안이 많았다. 자다가 죽으면 어떡하지, 비행기가 떨어지면 어떡하지, 군대 가서 총 맞으면 어떡하지. 걱정 많고 소심하며 매사에 불안으로 전전긍긍했던 아이는 소아정신과 의사가 되어 자신의 유년기와 청소년기를 돌아보며 불안을 치료하는 사람이 되었다. 아직 자신의 불안은 극복하지 못했지만 남의 불안을 이해하고 공감할 수는 있게 되었다.

서울대학교어린이병원 어린이 · 청소년 기분과 불안 전문 클리닉 MAY(Mood and Anxiety Clinic of Youth)에서 불안의 평가와 치료 프로그램을 만들어 나가던 중 이 책을 만나게 되었다. 바쁘게 돌아가는 대학병원의 진료실에서 아이와 부모를 만나는 짧은 시간은 치료자에게 항상 아쉬움을 남긴다. 이 책이 앞으로 우리의 치료에 많은 도움을 주리라 믿는다.

무엇보다도 이 책은 쉽다. 공포온도계, 걱정 언덕, 사탕 항아리 등과 같은 쉽고 친숙한 용어를 사용하면서 부모와 아이가 불안에 대해 쉽게 접근하고 이해할 수 있도록 돕는다. 부모의 참여와 도움이 없으면 아이의 불안을 제대로 치료하기 어려운데, 이 책이 부모와 아이 그리고 치료자 사이의 소통과 이해를 돕는 연결 고리의 역할을 할 수 있을 것으로 기대한다.

이 책을 같이 번역한 MAY의 식구들에게 먼저 감사드린다. 이들의 도움이 없었으면 책을 번역할 용기도 내지 못했을 것이다. 그리고 번역 회의에서 진료와 연구 경험을 바탕으로 예리한 지적과 비판을 아끼지 않은 홍순범 교수와 이경화 교수께도 감사드린다.

이 책이 아이와 부모가 불안을 다스리고 헤쳐나갈 수 있는 좋은 길잡이가 되기를 바란다.

2019년 8월

대표 역자 김재원

서문

20년 전 나와 내 아내는 병원에서 갓 태어난 우리의 딸 매들린 (Madeleine)을 데리고 집에 도착했다. 차 시동을 끄고, 나와 아내는 잠깐 앉아서 카시트에서 잠이 든 작고 예쁜 매들린을 휘둥그레진 눈으로 쳐다보았다.

나는 긴장한 웃음을 지으며 아내를 바라보면서 물었다. "그런데 병원에서 아기를 다루는 매뉴얼을 당신에게 줬어?"

아내는 나를 보며 나보다는 다소 덜 긴장된 웃음을 지으며 말했다. "아니, 나는 병원에서 당신에게 준 줄 알았어." 이 말은 나를 안심시키지 못했다.

그때를 다시 생각해 보면, 나는 아직도 간호사가 갓 태어난 아이를 우리와 함께 집에 보낸 것이 조금 제정신이 아니거나 지혜롭지 못하다고 생각한다. 그들은 우리가 다른 부모들이 해 온 것처럼 육아 방법을 알아낼 거라 믿었겠지만, 당신이 생각해 봐도 불안하지 않은가? 물론 대부분의 부모는 친구와 가족의 도움으로 육아를 하는 법을 알아내기는 하지만, 어떤 부모가 자녀를 양육하는 중요한 순간, 특히 자녀가 아프거나 고통스러워하는 순간에 자신들을 안내해 줄 운영자 매뉴얼을 원하지 않을 수 있는가?

아동 · 청소년의 25% 이상이 불안 장애로 고통을 겪을만큼 불안 장애는 아동 · 청소년의 가장 큰 정신 건강 문제로 꼽힌다. 행동과학은 아이가 불안 장애와 기타 정신 건강 문제로부터 회복하도록 돕는 것에 있어 부모가 핵심적인 역할을 한다고 주장하며, 이는 직관적으로도 설명이 된다. 부모는 어떤 정신 건강 전문가보다 자신의 불안한 자녀를 관찰하고 지원하며 개입하는 더 나은 위치에 있다. 대부분 아동의 삶에서 일어나는 불안한 순간은 치료자의 사무실에서는 거의 발생하지 않는다. 그런 순간은 아이의 세상, 즉 주로 집, 학교, 축구장, 놀이터 같은 곳에서 일어나며, 부모는 대부분 그곳에 함께 있다.

그렇다면 자녀가 불안 장애로부터 회복할 수 있게 도우려는 부모를 위한 운영자 매뉴얼은 어디서 찾을 수 있는가? 이 주제에 관해 불안 장애 아동을 도울 수 있는 많은 책이 있지만, 어쩌면 이 책만큼이나 분명하고 사려 깊은 책은 아마도 거의 없을 것이다. 이 책은 인지행동치료(Cognitive Behavioral Therapy: CBT)의 기초와 불안한 청소년을 위한 심리적 치료법을 다루고 있으며, 저자 브리짓 플린 워커 박사(Dr. Bridget Flynn Walker)는 이 접근법의 전문가이다.

이 책은 여러분과 여러분의 자녀가 불안 장애로부터 회복할 수 있게 안내할 것이다. 다른 운영자 매뉴얼과 마찬가지로, 이 책은 여러분과 여러분의 자녀에게 불안감과 불안 장애가 무엇인지, 불안을 일으키는 요소가 무엇인지, 어떻게 노출 단계를 설정하는지, 그리고 여러분이 어떻게 자녀가 이러한 노출을 실행하고 이로부터 이익을 얻도록 도울 수 있는지 등의 기본 사항을 다룬다. 소아 불안 장애의 연구와 치료가 많은 부모에게 광범위하고 종종 난해한 정보를 제공하지만, 더 나아가 이 책은 가장 중요한 주제들을 취해서 간단하고 쉽게 설명한다. 모든 운영자 매뉴얼에 문제해결 부분이 포함되어 있는 것처럼, 이 책의 여러 장(section)에도 포함되어 있다. 그 장들을 통해 여러분은 자녀가 불안해하는 것을 직면하도록 도와줄 때 일반적으로 생기는 문제를 극복하기 위한 전략을 배우게 될 것이다.

마지막으로, 이 책에 설명된 전략을 적용한 후에도 자녀가 계속해서 괴로워하는 경우에는 소아 불안 장애와 그 치료법을 알고 있는 유능한 인지행동 치료자를 찾아야 할 것이다. 이 책은 그에 대해서도 도움이 될 것이다. 이 책을 읽음으로써 여러분은 장래의 치료자들과 인지행동치료에 대해 이야기할 수 있고 환자 치료를 위해 인지행동치료를 어떻게 사용하는지 물어볼 수 있도록 잘 준비될 것이다. 그들의 대답을 듣고 여러분은 어느 치료자가 여러분의 불안한 자녀를 잘 도울 수 있는지 판단할 수 있다. 만약 여러분의 자녀가 이미 치료자에게 불안 장애에 대해 도움을 받고 있다면, 이 책을 치료와 함께 사용하는 것이 여러분의 자녀에게 더 큰 도움이 될 것이다. 이 책에 포함된 실습 자료, 특히 노출 연습은 치료 회기를 크게 보완할 것이며, 여러분과 자녀는 연습 결과를 자녀의 치료자와 상의할 수 있을 것이다. 만약 여러분의 자녀가 치료를 받을 때 체계적인 노출 치료를 하지 않고 있다면 여러분의 자녀는 인지행동치료를 받는 것이 아니므로 나는 다른 치료자를 찾을 것을 권장한다. 많은 아동이 불안 장애를 앓고 있으며, 또한 많은 아동이 이 책에서 설명한 전략을 통해 불안 장애에서 회복한다. 많이 알고 있으며, 자상하고 사려 깊은 부모는 치료 회복에 결정적인 역할을 한다. 자녀를 돕기 위해 중요한 사명을 수행하려는 여러분의 행운을 빈다.

2016년 11월 20일

오클랜드, 캘리포니아

『내 불안한 마음: 청소년을 위한 불안과 공황 다루기 가이드』의 저자

샌프란시스코 지역 인지치료센터 공동책임자

캘리포니아 대학교 버클리 캠퍼스 임상조교수

마이클 톰킨스 박사(Michael A. Tompkins, PhD)

차례

들어가며

부모로서 여러분은 불안해하는 자녀를 돕기 위해 많은 것을 할 수 있다. 또한 자녀의 고통에 더 건설적으로 반응하는 법을 배울 수 있고, 자녀의 불안 행동을 더 잘 이해함으로써 자녀를 위한 더 나은 선택을 할 수 있다. 더 나아가 여러분은 자녀가 두려움을 정복하는 것을 적극적으로 도와주는 법을 배움으로써 더 이상 두려움이 여러분의 자녀와 가족에게 상당한 고통과 붕괴를 가져오지 않도록 할 수 있다. 이 책에 기술된 프로그램을 통해 여러분은 불안을 다루는 효과적인 치료에 대한 학자들의 가장 최신 지견을 적용할 수 있다.

이 책은 여러분이 자녀를 더 행복하고 건강한 삶으로 안내하는 데에 사용할 수 있는 프로그램을 제시한다. 이 읽기 쉬운 지침서는 여러분에게 필요한 정보와 실용적인 도구를 제공함으로써, 자녀가 불안을 관리하고 궁극적으로는 극복하는 것을 돕는 과정에서 여러분이 어떻게 하면 더 적극적이고 건설적이며 보람 있는 역할을 할 수 있는지 보여 줄 것이다. 여러분의 자녀가 가벼운 불안 문제를 겪든 더 심각한 불안 장애를 겪든, 여러분에게는 자녀를 도와줄 힘이 있다. 이 책을 통해 여러분은 이러한 과정에서 여러분이 얼마나 결정적인 역할을 하는지 알게 될 것이다.

임상 심리학자로서 나는 불안 장애를 가진 아동을 성공적이고 빠르게 치료하기 위해 인지행동치료(Cognitive Behavioral Therapy: CBT)를 15년 이상 전문으로 적용해 왔다. 인지행동치료는 정서 문제를 경감시키기 위해 사고와 행동을 바꾸는 것에 집중하는 심리치료의 한 형태이다. 수천 개의 임상 시험에서 이 접근 방식이 효과적임이 밝혀졌고, 이를 더욱 효과적으로 만들기 위해 연구가 지속적으로 진행되고 있다. 나는 가장 최근의 연구 결과들을 이 책에서 통합하고자 했다.

인지행동치료는 부모가 치료 과정에 적극적으로 참여할 때 불안이 아동에게 미치는 고통스러운 영향을 가장 효과적으로 경감시킬 수 있다(Allen & Rapee, 2004; Thirlwall et al., 2013). 나는 실무 경험을 통해 아동의 불안을 치료하는 과정에 부모가 중추적인 역할을 함을 알 수 있었다. 실제 나는 아동의 치료 과정에 부모의 참여를 요구하는데, 이는 부모의 참여가 없으면 치료의 진행이 제한되기 때문이다. 치료 과정 동안 나는 부모에게 불안에 대해, 그리고 그들의 행동 변화가 자녀를 어떻게 도울 수 있는지에 대해 가르친다.

여러분의 자녀가 치료를 받는 것에는 어려움이 있을 수 있다. 많은 부모가 자신이 사는 지역에서 숙련된 치료자, 특히 새로운 환자를 받을 수 있는 치료자를 찾는 데 어려움을 겪는다. 치료 비용 또한 부담이 될 수 있다. 다행히도, 몇몇 연구가 부모 스스로 자녀를 돕기 위해 인지행동치료를 이용할 수 있다는 것을 제시한다. 예를 들어, 영국에서 커스틴 시얼월(Kerstin Thirlwall)과 그녀의 동료들(2013) 은 어느 정도 인지행동 치료자의 도움을 받으면서 자조 서적을 활용한 부모의 자녀들이 치료를 받지 않은 아동들에 비해 회복할 확률이 3배 이상 높음을 발견했다.

불안 장애를 가진 아동을 위한 많은 수의 인지행동치료 매뉴얼이 존재함에도 불구하고, 대부분은 부모가 성공적으로 활용하기 어려운 방식으로 쓰였다. 일부는 필요 이상의 임상 정보를 제공함으로써 일반인에게 혼란스럽고 압도당하는 느낌을 주기도 한다. 또한 불안 문제의 치료에 인지행동치료를 사용하는 것에 대한 가장 최신 지견에 기반을 두고 있는 매뉴얼은 아무것도 없다. 부모들은 자주 나에게 근거에 기반하고, 철저하면서도 간결하며, 특히 그들이 어린 자녀에게 적용하기에 쉬운 자료를 추천해 줄 것을 요구한다. 그동안 나는 그러한 자료를 찾기 어려웠고 그래서 이 책, 『두근두근 불안 불안(Anxiety Relief for Kids)』을 쓰기로 결심했다. 이 책은 실용적이고 간단한 용어들을 통해 여러분이 인지행동치료의 검증된 방법들을 어떻게 여러분의 자녀와 나눌 수 있는지 보여 줄 것이다.

이 책은 여러분에게 자녀의 불안 장애에 대해 알아야 할 모든 것을 말해 주지는 않을 것이다. 그것은 나의 의도에서 벗어나며, 여러분이 자녀를 성공적으로 돕는 데 필요한 것이 아니다. 하지만 가장 핵심적인 정보는 제공할 것이다. 구체적으로, 여러분은 다음에 대해 배우게 될 것이다.

- 자녀의 불안은 어떻게 시작되는가
- 자녀의 불안이 어떻게 커지는가
- 무엇이 자녀의 불안을 악화시키는가
- 자녀의 불안을 줄이기 위해 여러분은 무엇을 할 수 있는가
- 자녀의 불안에 관하여 여러분은 어떻게 더 나은 결정을 내릴 수 있는가
- 불안한 자녀에게 당신은 어떻게 더 건설적으로 반응할 수 있는가

나는 각 장마다 부모들의 관점과 경험을 통합하여 제시했다. 부모와 자녀가 가질 수 있는 전형적인 질문들을 곳곳에서 다루고, 각 단계를 명확하게 설명함으로써 여러분과 자녀가 성공적으로 불안을 관리하고 정복하는 힘을 얻을 수 있게 하고 있다. 따라 하기 쉬운 활동지를 활용하여 여러분과 자녀는 단계별로 차근차근 프로그램을 적용할 수 있다(각 활동지의 사본을 온라인으로 제공한다). 또한, 각 단계에서 여러분이 자녀와 대화하는 방법을 보여 주는 예시들도 포함하였다.

여러분은 자녀가 두려움을 정복하는 것을 도와주면서 가족 모두의 삶의 질이 향상되기를 기대할 수 있다. 물론 내가 이러한 변화의 정도를 정확히 예측할 수는 없다. 어떤 부모는 자녀가 불안에서 벗어나는 것을 보게 될 것이다. 또 어떤 부모는 자녀가 불안 증상에 대해 더 큰 통제력을 갖게 되는, 적당한 수준의 진보를 이룰 것이다. 또 다른 부모는 이 책을 통해 자녀에게 필요한 도움의 종류에 대해 배우게 될 것이며, 이를 통해 자녀를 위한 치료를 선택할 때 타당하

고 적절한 결정을 내릴 수 있다. 여러분이 이 중 어떤 경우에 해당하더라도, 나는 여러분이 이 책을 통해 자녀가 두려움의 정복에 더 가까이 갈 수 있도록 이끄는 지식과 전략을 얻게 될 것이라고 약속한다.

이 책을 어떻게 사용할 것인가

나는 이 책의 각 장을 순서대로 읽는 것을 제안한다. 가장 매끄럽고 효과적인 방식으로 인지행동치료 프로그램을 통해 작업하는 것을 도울 수 있도록 각 장을 구성했다. 이 책에 제시한 것이 내가 환자들과 치료할 때 사용하는 순서이다. 여러분에게 필요한 기본 지식과 도구가 제1장과 제2장, 제3장에서 소개된다. 뒤따르는 장에서 기술되는 전략들은 이전 내용을 기반으로 한다. 그래서 만약 여러분이 건너뛴다면, 여러분은 다음 단계의 이행에 필요한 기술이나 정보를 배우지 못할 수도 있다.

과정 전반에 걸쳐, 여러분과 자녀는 일련의 활동지들을 완성하게 될 것이다. 책에는 완성된 활동지들의 예시가 포함되어 있다. 각 활동지의 사본은 출판사의 웹사이트(http://www.newharbinger.com/39539)에서 다운로드할 수 있다. 또한 여러분은 나의 웹 사이트(http://www.drbridgetwalker.com)에서 여러분이 자녀와 하게 될 여러 종류의 대화를 설명하는 짧은 동영상들을 볼 수 있다.

나의 경험상, 여러 활동지를 꼼꼼하게 작성하며 적극적으로 참여하는 부모는 그렇지 않은 부모보다 자녀를 더욱 성공적으로 돕고,

자녀의 불안에 감정적으로 반응하는 일이 더 적었다. 여러분이 너무 바쁘다고 느끼더라도, 나는 시간을 내어 볼 것을 권한다. 예를 들어, 하루에 5~10분 정도 투자하여 행동에 대해 모아둔 정보는 훗날 여러분과 자녀가 불안을 더욱 효과적으로 다루는 데 활용할 수 있다.

나는 여러분이 이 책의 내용을 자녀와 나누기 전에 먼저 끝까지 읽을 것을 권유한다. 여러분은 이 과정의 리더이다. 여러분이 각 단계에서의 목표와 한 단계에서의 작업이 다음 단계의 작업을 어떻게 돕는지에 대해 잘 인지한다면, 여러분은 더욱 유능한 리더가 될 것이다.

이 책의 프로그램은 모든 연령대의 아동을 위해 고안되었다. 나는 십대 청소년뿐만 아니라 보다 어린 아이에게도 이 프로그램을 성공적으로 사용해 왔다. 이 말은, 여러분이 자녀의 연령에 따라 다르게 적용하는 것이 필요할 수 있음을 의미한다. 예를 들어, 나이 많은 자녀에게는 이 책을 스스로 읽어 보게 할 수 있다. 또한 여러분은 각자의 상황, 목표, 노출 및 보상 목록을 만들 때 연령에 가장 적합한 예시들을 찾아야 할 것이다.

여러분은 다른 누구보다도 자기 자녀가 어떤 생각을 하는지, 무엇을 좋아하고 싫어하는지, 그리고 어떤 방식으로 배우는지에 대해 잘 알고 있다. 여러분이 프로그램을 수행하는 내내 이를 기억한다면, 여러분은 자녀를 힘들게 하는 불안의 영향을 줄이는 데 더 큰 성공을 거둘 것이다.

제1장

불안, 제대로 알기

66 불안은 대개 특정 상황에서 유발되는
급격한 스파이크로 발생한다. 99

여러분이 이 책을 집었다면, 여러분은 아마도 자녀의 행복을 염려하면서 불안이 자녀의 고통에 영향을 미치고 있음을 의심하고 있을 것이다. 불안 문제로 고통받는 아동은 대개 불안해하거나 두려워하는 모습을 뚜렷하게 보이는 것은 아니기 때문에, 불안을 발견하는 것이 어려울 수 있다. 불안이 어떻게 드러나고 작용하는지 이해하는 것은 여러분이 자녀를 돕기 위한 첫걸음을 내딛게 도와줄 것이다.

불안은 아동에게서 다양한 방식으로 드러난다. 많은 부모는 다음 예시들처럼 자녀의 걱정이 보이는 비합리적이고 과장된 특성에 당황한다. 마크(Mark)는 우수한 성적에도 불구하고 왜 매번 자신이 시험을 망칠 것이라고 걱정할까? 타미카(Tamika)는 우리가 안전한 환경에서 살고 있고, 밤마다 충분한 보안이 이루어진다는 것을 알면서도 왜 항상 내가 문이 잠겨 있고, 경보기가 켜져 있다는 것을 알려 주어야 안심할까? 프란시스(Francis)는 왜 그가 아직 알기 어려운 과학적 개념까지도 자신이 이해할 수 없다고 성질을 부릴까? 알레그라(Allegra)는 반에서 가장 인기 많은 아이 중 한 명임에도 불구하고 어째서 매일같이 나에게 다른 아이들이 자신을 그렇게 똑똑하지도 재미있지도 않은 아이로 생각한다고 말하는 것일까?

본질적으로 말하자면, 우리 아이는 왜 합리적으로 생각하지 못할까? 왜 아이는 자신이 예상하는 것과 같은 나쁜 일은 한 번도 일어난 적이 없다는 것을 깨닫지 못할까? 다르게 말하면, 아이는 왜 자신의 두려움이 근거 없는 것이거나 매우 과장된 것이라는 사실을 알지 못할까? 이 책에서 나는 이러한 질문들에 대답하기 위해 최선을 다할 것이다.

여러분의 자녀가 생활을 어렵게 할 정도의 걱정들로 고생하는 것을 지켜보는 것은 가슴 아픈 일이다. 불안 문제는 이로 인해 고통받는 아동과 그를 사랑하는 사람들에게 엄청난 대가를 치르게 한다. 즉, 그들 하루하루의 삶은 피곤하고, 논쟁적이며, 스트레스가 많을 수 있다. 이 책에서 나는 여러분이 불안에 대해 무엇을 알아야 하는지, 그리고 여러분의 자녀가 불안을 극복하는 것을 돕기 위한 구체적인 단계들을 어떻게 밟을 것인지에 대해 이야기할 것이다.

불안의 특성

많은 학자는 불안 장애가 단지 두려움의 존재 자체만으로 발생하는 것이 아니라, 빠른 심장 박동, 또는 원치 않는데도 반복되는 생각과 같이 불안에 동반되는 불편한 감각과 사고로부터 벗어나거나 이를 억제하려는 시도들로 인해 발생한다고 생각한다(Forsyth, Eifert, & Barrios, 2006). 이러한 전략들은 '회피 및 안전 행동', 그리고 강박 장애의 경우에는 '의식'이라고 하는데, 대개 불안과 관련된 고통으로부터 단기간 구해 주는 역할을 한다. 문제는 이러한 행동들에 의존하는 것이 장기적으로는 불안을 더욱 키우고 아동으로 하여금 끔찍한 결과에 대한 그들의 예상이 틀린다는 것을 알기 어렵게 한다는 것이다. 이 패턴으로 인해 여러분의 자녀는 계속해서 불안의 손아귀에 잡혀 있게 된다.

불안한 아동의 부모나 교사는 종종 불쾌감을 회피하거나 억압, 또는 이로부터 벗어나기 위한 시도들을 가장 먼저 알아차리게 된다.

불안은 겉으로 드러나는 걱정 또는 두려움과 함께 과호흡, 떨림, 그리고 발작과 같은 뚜렷한 신체 징후들로 나타날 수 있다. 또한 수줍음, 민감성, 매달림, 경직성, 기이함, 반항, 낮은 자존감, 비관주의, 우유부단함, 꾸물거림 그리고 분노로 나타나기도 한다. 〈표 1-1〉에 나와 있듯이, 불안의 징후들은 대개 명백하지 않다. 그 징후들은 다를지라도, 불안의 본질은 동일하다. 불안한 아동은 마음속으로, 부정적인 결과를 초래할 것이라고 스스로 믿는 특정한 상황에 있는

〈표 1-1〉 불안의 징후들

명백한 불안의 징후들	덜 명백한 불안의 징후들
• 신체적 고통(떨림, 울음, 과호흡, 비명) • 도망, 탈출 • 불안에 대한 명백한 진술("나는 오늘 밤 잠든 사이에 집이 다 타 버릴까 봐 두려워.") • 두려움을 표현하는 명백한 질문("네가 나갔다가 교통사고를 당하면 어떡하지?") • 고통을 야기하는 활동에 참여하기를 거부 • 두려워하는 대상을 접할 때 극도의 고통(개, 새, 비행기, 극단적인 날씨) • 혼자 있는 것 또는 부모와 떨어지는 것을 거부	• 매달리는 행동 • 과민함 • 회피 행동 • 신체 질환에 대한 호소 • 안심을 구하는 행동 • 따지기 좋아하는 행동 • 새로운 것(활동, 음식, 장소, 일과)을 시도하는 것을 꺼림 • 극도의 수줍음, 민감성 • 주의가 쉽게 분산됨 • 또래에 비해 느림, 꾸물거림 • 지나치게 조심성 있는 행동, 우유부단함 • 까다로운 기준 • 수면 장애(혼자 자는 것 혹은 친구 집에서 자는 것을 거부) • 신체적 공격 행동 • 불안을 일으키는 상황을 회피하기 위한 자살 위협

것을 무서워한다. 지금은 여러분의 자녀의 불안의 근원이 무엇인지 명백하지 않을 수 있지만, 이 책을 읽어 가면서 여러분은 자녀가 무엇을 무서워하는지 찾아내는 법을 배우게 될 것이다.

예를 들어, 톰(Tom)은 축구 연습에 가는 것을 무서워하는데, 그곳에서 그는 풀려 있는 개에게 물릴까 봐 걱정한다. 그는 연습 전마다 신경성 복통과 메스꺼움과 같은 증상들을 호소하며 매번 부모에게 연습에 가기 힘들다고 말한다. 알리시아(Alicia)는 완벽한 점수를 받지 못할까 봐 걱정하며 학교에서 시험을 보는 것을 무서워한다. 그녀는 톰에 비해 뚜렷하지 않은 증상을 보이는데, 틀린 대답을 할까 봐 수업 중에 손을 들지 않고, 자신의 공부를 방해할 수 있는 방과 후 활동에 참여하지 않으려 한다.

부모로서 여러분은 겉으로 드러나는 불안보다는 회피, 억압 그리고 도피 행동과 같은 덜 명백한 징후들을 보게 될 것이다. 기억해야 할 중요한 점은, 불안이 자녀에게 어떤 식으로 영향을 미치는지에 관계없이 불안의 근본적인 특성은 동일하며, 여러분은 동일한 프로그램을 통해 자녀를 도울 수 있다는 것이다.

불안 장애는 아동에게 흔하다

불안 장애는 아동이 가장 흔히 경험하는 심리 문제이다. 즉, 8명 중 1명의 아동이 상당한 수준의 불안 장애로 고통받는다(Anxiety and Depression Association of America, 2016). 이는 학령기 아동에서 일반적으로 각 학급마다 3명 정도의 아동이 심각한 고통을 야기하고 일상생활을 방해하는 수준의 불안 증상들로 고생함을 의미한다.

증상은 4~5세 아동에서 나타날 수 있는데, 어떤 경우에는 더 어린 나이에 증상이 관찰되기도 한다. 불안은 명백하지 않은 방식으로 나타날 수 있기 때문에, 많은 부모는 자녀의 증상과 행동이 불안에 뿌리를 두고 있다는 것을 알지 못한다. 그 결과, 부모와 심지어 소아과 의사 또는 정신 건강 전문가조차도 그러한 증상들을 '발달적으로 정상' 또는 '그저 발달상의 단계'라고 무시해 버릴 수 있다. 그들은 단지 아동이 수줍음을 많이 타거나 극도로 지쳤거나 주의력 결핍 장애를 가지고 있다고 생각할지도 모른다. 어린 아이는 무슨 일이 일어나고 있는지 분명하게 말하기 어렵기 때문에, 그리고 많은 정신 건강 전문가가 불안 장애를 평가하고 치료하도록 충분히 훈련받지 않았기 때문에, 정확한 진단을 내리고 도움이 되는 치료를 찾기까지 수년이 걸릴 수도 있다.

내 경험으로 볼 때, 아동이 불안으로 고통받고 있는 것을 부모가 알아차릴 수는 없더라도 그들은 자녀에 대해 알고 있고 뭔가 잘못되었을 때 그것을 느낄 수는 있다. 나의 조언은 여러분의 본능을 믿으라는 것이다. 자녀의 불안이 아이의 일상 활동에 악영향을 미친다고 의심된다면, 이 책을 자원과 안내서로 사용하기 바란다. 나는 여러분이 자녀의 더 좋은 삶을 위해 어떤 식으로 구체적인 단계를 수행해 가면 되는지 보여 줄 것이다.

불안의 영향

시작하기에 앞서, 불안은 정말로 그렇게 나쁜 것일까?

실제로, 어느 정도의 불안은 건강한 삶의 정상적인 부분이다. 우리는 천성적으로 위험한 상황에서 스스로를 보호할 수 있게 하는 투쟁 혹은 도피 반응을 갖추고 있다. 우리는 스스로 위협을 극복할 수 있다고 생각할 때에는 그것에 직면하거나, 반대로 이겨낼 수 없을까 봐 두려울 때에는 그로부터 도망치는 것 중에 하나를 선택할 수 있다. 이런 경우에는 두려움을 행동화하는 것이 안전을 도모하기 위한 타당한 선택이 된다.

불안은 또한 수행을 향상시키는 데 도움이 되기도 한다. 다른 것이 모두 동등한 상황에서, 꼴찌를 하거나 경기에서 지는 것에 대한 두려움은 운동 선수로 하여금 다른 경쟁자보다 뛰어난 운동 능력을 발휘하도록 만들 수 있다. 이와 비슷하게, 시험 결과에 대해 다소 걱정을 하는 학생은 별로 신경 쓰지 않는 학생보다 학교 시험을 더 잘 치를 수 있다.

하지만 때때로 불안은 우리에게 도움이 되지 않고, 우리의 행복에 해가 될 정도로 커질 수 있다. 이것은 성인뿐만 아니라 아동에게도 해당하는 사실이다. 놀랄 것 없이, 불안 문제를 가진 많은 성인이 아동기부터 증상을 보여 왔다.

불안은 아동이 가정에서, 친구들과의 관계에서, 그리고 학교에서 평범하게 생활하는 것을 방해할 때 건강하지 않은 것으로 여겨진다. 여러분의 자녀는 공중화장실에 가는 것, 수업 중 발표하는 것,

또는 동물 근처에 있는 것과 같이 불안감을 불러일으키는 상황을 회피할 수도 있다. 이러한 회피를 계속하면 그러한 두려움은 더욱 증가되고, 결국에는 건강한 심리 사회적 발달을 방해하고 삶의 질을 저하시킨다. 불안 증상을 숨길 수 있기 때문에 불안 장애를 가진 아동은 종종 성적, 학업 성취 등의 측면에서 훌륭하지만, 그들의 내적 삶은 걱정, 두려움, 과도한 죄책감 또는 책임감으로 가득 차 있어 자신을 계속 괴롭힌다. 시간이 지남에 따라 높은 수준의 고통과 불안은 정신적 그리고 신체적으로 지치고 의기소침하게 만들고, 아동은 심한 불안의 끈질긴 특성으로 인해 우울해지고 희망을 잃게 될 수 있다. 실제로 많은 연구에 따르면, 치료되지 않은 불안 장애는 삶의 질과 심리사회적 기능을 현저하게 저하시킨다고 한다(Mendlowicz & Stein, 2000; Olatunji, Cisler, & Tolin, 2007).

지금 바로 여러분의 자녀를 돕는 것이 왜 중요한가

연구에 따르면, 불안 장애를 가진 아동을 적절히 치료하지 않으면 성인기에 우울증, 물질 남용과 같은 다른 정신 질환을 겪을 가능성이 더 크다(Kessler et al., 2005). 그뿐만 아니라 연구들은 대부분의 불안 증상이 만성적으로 지속됨을 보여 주는데, 아동은 대개 그것들로부터 간단하게 벗어나지 못한다. 불행하게도, 불안의 오락가락하는 경향으로 인해 부모는 그것이 쉽게 완전히 사라질 수 있는 것으로 오해하고 자녀를 위한 치료를 찾는 것을 꺼린다.

여러분의 자녀가 불안을 정복하도록 도와주어야 하는 또 다른 중요한 이유는 그것이 자녀의 성격의 일부로 통합된 것처럼 여겨지지 않도록 막기 위함이다. 불안은 성격 특성이나 유형이 아니며, 개인을 규정하는 특성이 아니다. 성격은 평생 동안 많이 변하지 않지만, 불안 증상은 변할 수 있고 실제로 변한다. 불안 장애는 가장 흔한 정신 건강 문제일 뿐만 아니라, 가장 치료가 가능한 것 중 하나이기도 하다. 나는 수많은 아동과 성인이 인지행동치료를 통해 불안을 효과적으로 치료받았을 때 변화되는 모습을 봐 왔다.

불안이 여러분의 자녀에게 어떻게 작용하는가

치료에 대해 더 논의하기 전에, 가족력의 역할, 뇌의 기능, 그리고 불안의 패턴을 포함하여 불안이 어떻게 작용하는지에 대해 더욱 구체적으로 알아보자.

가족력의 역할

불안 문제의 가족력은 아동이 그러한 장애에 취약하게 만든다. 기질과 환경적 영향을 포함하는 많은 복잡한 요인들이 불안 장애를 발달시키는 역할을 하는 것으로 여겨지지만, 유전성은 주요 위험 요인으로 일관되게 밝혀져 왔다(Beidel & Turner 1997; Kashani et al., 1990; Merikangas, Dierker, & Szatmari, 1998). 실제로 캘리포니아 대학교 로스앤젤레스 캠퍼스(UCLA)의 아르멘 고엔지아(Armen Goenjian) 박사와 그의 동료들(2014)은 외상 후 스트레스 장애(post traumatic stress disorder: PTSD)의 위험을 증가시키는 두 개의 유전자를 찾아냈다. 이 유전자들을 가진 사람이 모두 외상 후 스트레스 장애에 걸리는 것은 아니지만, 그럴 가능성이 높아진다. 다른 불안 장애들에 대해서도 비슷한 결과가 언젠가 밝혀질 것이다.

친척 내에 불안의 가족력이 없는 아동의 불안을 치료하는 경우는 나에게 드물다. 많은 부모가 선뜻 그들이 불안을 겪고 있음을 보고하는 반면에 어떤 부모들은 가족 내에 그러한 문제가 있음을 인식하지 못하는데, 그들은 두려움을 유발하는 상황을 회피하는 방식으로 그들의 삶을 조정해 왔거나 그러한 상황에 노출되는 것을 줄이는 방식에 익숙해진 상태이기 때문이다. 혹은 그러한 친척을 그저 별난 사람 또는 만사를 자기 뜻대로 하려는 사람 정도로 여길지도 모른다. 여러분의 자녀가 여러분의 알레르기 소인을 유전적으로 물려받을 수 있다는 사실을 여러분이 알고 있는 것처럼, 자녀가 여러분 또는 다른 가족의 불안에 대한 취약성을 함께 가질 수도 있다는 사실을 아는 것은 도움이 될 수 있다.

> **연습** 유전력 확인하기
>
> 아직 생각해 보지 않았다면, 나는 여러분에게 자녀와 유전적으로 관련된 누군가가 불안 문제를 겪고 있지 않은지에 대해 생각해 볼 것을 제안한다. 여러분의 가족인 형제자매와 부모 등과 이야기를 해 보라. 단, 이러한 과정에서 비난이나 수치심을 동반하지 않도록 주의한다. 여러분의 목적은 단지 정보를 얻고 분명하게 함으로써 자녀를 돕기 위한 것이다.

불안 장애의 발달에 기여하는 복잡한 유전적 요인과 환경적 요인에 대해 충분히 밝혀지지는 않았지만, 과학적 연구를 통해 그러한 양상이 더욱 분명해지고 있다. 실제로, 선도적인 연구자들은 불안 장애에 유전적인 취약성을 가진 사람들을 대상으로 불안 장애의 발병을 사전에 예방하는 프로그램들을 개발해 왔다(Ginsberg, 2009).

물론 유전자 또는 가족력이 불안 장애의 발달에 있어 유일한 요인이라는 이야기는 아니지만, 이는 중요하게 고려해야 하는 부분이다. 아마도 여러분의 자녀가 겪는 불안은 잘못된 양육이나 외상적 사건에 의해 생긴 것이 아니며, 특히 여러분의 자녀가 방임이나 심각한 외상 혹은 학대를 당한 것이 아니라면 더욱 그러하다. 나는 이를 강조하는데, 왜냐하면 전통적으로 많은 치료자가 아동과 성인 모두에서 외상을 불안의 원인으로 생각해 왔기 때문이다. 현재까지의 연구 결과들은 이러한 관점을 뒷받침하지 않는다.

불안은 급격한 스파이크로 발생한다

불안 장애를 겪는 사람과 그렇지 않은 사람 사이의 뇌 구조 및 기능을 비교하는 수백 개의 뇌영상 연구들이 지난 15년에 걸쳐 이루어져 왔다. 이러한 연구는 기저핵(basal ganglia), 편도(amygdala) 그리고 해마(hippocampus)를 포함하는 뇌의 특정 부분들이 관여함을 확인시켜 준다(Holzschneider & Mulert, 2011). 물론 현재의 기술로는 뇌 스캔을 이용하여 불안 장애를 진단하는 것은 불가능하다. 하지만 우리는 이러한 연구들과 불안 장애 환자들의 임상적 · 주관적 보고를 통해 불안이 급격한 '스파이크'로 발생함을 알게 되었다. 이러한 스파이크들은 아동이 촉발 요인에 노출된 결과로 발생하는 공포와 불안 반응을 담당하는 편도와 같은 뇌 영역의 활성이 증가되어 지속되는 것을 반영하는 것이다. 편도가 활성화되어 있는 동안 아동은 공포와 불안을 경험한다. 편도의 활성이 진정되면 고통스러운 정서는 사라진다. 이것은 아동이 어떻게 불안을 경험하게 되는지에 대한 이해를 도와주고 불안의 특이한 성질을 설명해 준다.

불안을 겪는 아동은 대개 지적으로는 자신의 두려움이 과도하다는 것, 또는 심지어 완전히 비논리적이라는 것까지도 깨닫는다. 우리는 이것을 병식이라고 부른다. 하지만 아동이 스파이크의 한가운데에 있을 때에는 이러한 병식이 무너지게 되고, 아동은 스파이크가 지속되는 동안 자신의 두려움이 실재하는 타당한 것이라고 믿게 된다. 스파이크가 지나가고 나면 병식은 회복되는 경향을 보인다. 다음의 예시를 살펴보자.

조셉(Joseph)은 일류 사립 남학교에 다니는 열두 살 아동이다. 그는 전 과목 A 학점을 받고, 매 시즌마다 스포츠 팀에서 활동하며, 어려운 합창단 프로그램에도 참여한다. 조셉의 부모는 그가 인생을 너무 심각하게 받아들이고 별로 재미를 느끼지 못하는 것을 염려한다. 부모가 조셉에게 친구와 어울려 노는 것을 권유하면, 그는 지금과 같은 생활이 괜찮고 건설적이지 않은 것들에 쏟을 시간이 없다고 하면서 부모를 안심시킨다.

조셉은 자신이 해야 하는 모든 것을 할 수 있는 시간이 없을까 봐 걱정스러울 때가 자주 있다. 이러한 시기에 조셉의 부모는 아이가 자신이 악보를 외우지 못하거나 큰 과제를 끝내지 못할 것이라며 흐느끼는 가슴 아픈 울음소리를 들을 각오를 한다. 조셉의 부모는 그가 종종 이러한 두려움을 느끼면서 매번 어떻게든 할 일을 해낸다는 것, 그리고 심지어는 완벽한 성적을 받기도 하고, 합창단 지휘자로부터 좋은 피드백을 받기도 한다는 사실을 그에게 상기시킨다.

이와 같은 불안한 순간에 조셉은 부모가 제시하는 과거 자신이 성공했던 경험들을 보지 않고(사실은 보지 못한다), 그는 울면서 "이번에는 달라요, 엄마!"라고 한다. 심지어 조셉이 이전에도 특정 상황이 유독 심각하다고 이야기할 때가 자주 있었고 그럼에도 결국에는 일이 잘 풀렸다는 것을 부모가 상기시켜 주어도, 그는 그 순간에 이러한 논리를 사용할 수가 없다.

조셉이 합창단에서 노래를 마치거나 과제를 제출하고 나면 그의 불안은 사라진다. 그는 부모의 생각이 옳았고 스스로 그 정도로 걱정할 필요가 없었음을 인정한다고 말한다. 그리고 그는 다음에 이러한 상황이 발생하면 다르게 대처할 것임을 단언한다. 조셉과 부모는 그가 이번 경험을 통해 배우기를 바라지만, 불행하게도 다음에 이와 같은 상황에 부딪히게 되면 그의 불안은 또다시 표면화된다.

불안은 악화와 호전을 반복하는 경향이 있다

불안 증상은 시간과 상황에 따라 변동하는 경향이 있다. 스파이크는 증상을 경험하는 시기에 나타나는 불안의 오르내림을 나타내는 반면, 불안이 악화와 호전을 반복하는 면은 평생에 걸쳐 이어질 수 있다.

몇 주 또는 몇 달 동안에는 여러분의 자녀가 걱정하는 모습이 다른 시기에 비해 덜할 수도 있다. 특정한 상황에서는 자녀의 두려움이 유발되는 반면, 다른 상황에서는 그렇지 않을 것이다. 예를 들어, 완벽주의적 성향으로 인해 성적에 대한 걱정이 끊이지 않는 조셉의 경우, 학기 중에는 과제를 반복해서 확인하고, 무너짐을 경험하기도

하고, 그가 한 일에 대해 부모나 교사에게 자신을 안심시켜 주는 말을 해 주길 요구하고, 충분한 수면을 취하면 학업을 따라가지 못할까 봐 걱정하면서 과도한 수준으로 공부를 한다. 여름이 오면 이러한 걱정들은 사라졌다가, 여름이 끝나가고 여름방학 과제의 마감 시한이 다가오면 되살아날 수 있다.

불안한 아동은 안전한 상황조차도 위험한 것으로 해석하는 경향이 있다

불안 성향이 있는 아동은 다른 아동의 경우 위협적으로 여기지 않을 상황에서도 잠재적인 위협에 주의를 기울이는 경향이 있다 (Craske et al., 2008; Lissek et al., 2010). 한 예로, 소방차가 지나가는 것을 봤을 때 보통의 아동은 그저 흥분해서 쳐다보는 정도일 수 있지만, 불안한 아동은 극심한 공포를 느낄 수 있다. 불안한 아동은 더 많은 상황을 위협적으로 해석하기 때문에, 그들은 일상생활 속의 잠재적인 위험에 대해 높은 경계 수준을 보이는 경향이 있다. 그들이 잠재적인 위험을 더 많이 찾아낼수록, 더 많은 위협에 주의를 기울이게 되고 더 많은 불안을 느끼게 된다.

우리는 많은 연구로부터 이러한 인지적 왜곡이 불안 문제의 가능성을 증가시키고, 한 번 시작된 불안 문제를 악화시킨다는 것을 알 수 있다. 그뿐만 아니라 그것은 아동으로 하여금 특정한 상황을 두려워할 필요가 없다는 것을 이해하지 못하도록 방해한다.

불안한 아동은 대개 경험으로부터 배우지 못한다

여러분이 과거에 실수한 경험으로부터 어떤 식으로 배웠는지 떠올려 보자. 내 이야기를 하자면, 나는 처음으로 교통 위반을 했을 때 벌어진 일, 그리고 신용카드 지불이 늦어졌을 때 받은 재정적 영향에 대해 결코 잊지 못한다. 나이에 관계없이 우리는 모두 경험으로부터 배운다. 하지만 불안 성향이 있는 아동은 자신의 경험으로부터 이러한 방식으로 배우지 못한다.

그들은 학습 이론가들이 "억제 학습"(Craske et al., 2015)이라고 부르는 과정에 결함을 갖는다. 이 말은, 두려움을 느끼는 상황에서 부정적인 결과가 발생하지 않는 경험을 많이 하더라도 이러한 아동은 이에 대해 덜 두려워하는 법을 배우지 못한다는 것이다. 그들은 새로운 학습을 통해 이전에 학습된 것을 고치지 못한다.

예를 들어, 불안 스파이크가 지나간 후 조셉의 뇌가 진정될 때마다 그는 자신의 두려움이 근거가 부족한 것이었다고 합리적으로 이해하게 된다. 그는 완전히 그렇게 이해하지만, 여전히 그의 모든 과거의 성공으로부터 배우지는 못한다. 가장 최신 연구에 따르면, 조셉과 같은 불안 아동에서 인지행동치료의 효과를 얻기 위해 우리는 그들이 경험으로부터 배울 수 있는 능력이 없다는 점에 대해 반드시 고심해야 한다.

"우리 아이의 걱정은 두더지 잡기 게임 같아요."

불안 아동은 흔히 특정 걱정에 집중하다가 다른 두려움이 튀어나오면서 그 걱정은 지워지는 모습을 보인다. 아동의 걱정이 한 곳에서 다른 곳으로 옮겨갈 때, 부모는 종종 화가 치밀고 혼란스러워한다. 이는 논리에 맞지 않다. 이것은 마치 두더지 잡기 게임과 비슷하고, 그래서 그들은 자녀가 겪는 불안의 모든 개별적인 근원을 정복해야 한다는 불가능한 일로 인해 좌절하게 된다.

불안을 경험하는 모든 아동이 똑같이 이와 같은 초점의 잦은 변화를 경험하는 것은 아니지만, 불안은 대개 이러한 방식으로 작용한다. 이러한 일반적인 경향을 이해하는 것은 여러분이 자녀를 더 잘 도와줄 수 있도록 할 것이다. 자녀의 걱정의 초점이 자주 바뀐다면, 그것을 당연한 것으로 받아들이려고 노력하라. 좌절감과 압도당하는 느낌을 받을지라도, 이를 자녀의 불안이 겉으로 보이는 독특한 방식의 일부로 받아들이는 것이 필요하다.

요약 | 이 장에서 여러분은 무엇을 배웠는가?

각 장의 마지막에서 나는 우리가 다룬 내용 중 중요한 사항을 요약할 것이다. 여러분에게 각 장에서 배운 것과 그것을 자녀에게 어떻게 적용할 것인지에 대해 자녀의 다른 보호자와 논의하거나 또는 스스로 적어 볼 것을 제안한다. 시간을 내어 이렇게 하는 것은 여러분의 뇌가 새로운 학습을 통합할 수 있게 도와주고, 따라서 여러분은 필요할 때 더 쉽게 그것에 접근할 수 있게 된다. 이것은 또한 여러분이 자녀와 함께 불안을 정복하는 작업 과정을 확립해 줄 것이다. 여러분은 이 프로그램을 따라가면서 자녀에게 "너는 무엇을 배웠니?"라는 질문을 자주 하게 될 것이다. 이 장에서 여러분이 배우게 되었기를 바라는 내용은 다음과 같다.

☑ 아동의 불안은 불안을 표출하는 것 이외에도 과민함, 매달림, 공

격성, 회피, 우유부단함 그리고 꾸물거림과 같은 다양한 방식으로 나타날 수 있다.

☑ 불안 문제는 아동에게서 매우 흔하고, 실제로 아동이 경험하는 가장 흔한 심리적 문제이다.

☑ 치료되지 않은 불안은 종종 아동의 행복, 삶의 질, 그리고 발달에 심각하고 부정적인 영향을 미친다. 궁극적으로는 성인기에 더욱 심각한 정신 장애를 갖게 될 가능성이 커진다.

☑ 많은 연구 결과가 불안에 대한 취약성이 유전될 수 있음을 제시한다. 그것은 가족 세대 사이에서 전수된다.

☑ 불안은 대개 특정 상황에서 유발되는 급격한 스파이크로 발생한다.

☑ 대부분의 아동은 스스로의 불안에 대한 병식을 갖는다. 그들은 자신의 두려움이 완전히 비논리적이라는 점, 또는 최소한 심하게 과장되었다는 점을 알 수 있는 능력이 있다.

☑ 시간에 따라, 심지어 평생에 걸쳐, 불안 증상은 악화와 호전을 반복한다.

☑ 불안 아동은 중립적인 상황에서조차 위험을 감지하는 신경생물학적 기질을 가지고 태어난다.

☑ 불안 아동은 학습적 결함으로 인해, 두려워했던 결과가 발생하지 않았음에도 이후 이에 대해 덜 두려워하는 법을 배우는 것이 어렵다.

☑ 어떤 아동은 걱정의 변동이 큰 모습을 보인다. 이는 보통의 현상이다.

제2장

우리 아이, 정말 불안한가

66 아동은 어느 정도의 두려움을 견디는
법을 배워야 한다. 99

불안 증상은 종종 명백하게 드러나지 않기 때문에, 불안이 자녀가 갖는 문제의 진짜 근원인지를 확인하는 것은 어려울 수 있다. 이 장의 첫 부분에 있는 설문지는 여러분이 불안의 수준을 분명하게 알 수 있도록 돕기 위해 고안된 것이다. 다음 단계는 여러분이 개입할 수 있는 것에 대해 익숙해지는 것이다. 이 장의 나머지 부분에서는 인지행동치료 접근법의 개요와 여러분이 자녀의 삶 속에서 그것을 이행할 수 있는 방법을 제시한다.

우리 아이의 불안은 건강하지 못한 것인가

여러분은 이미 부모로서의 직감을 통해 자녀의 불안 수준이 어느 정도인지 감을 잡았을 것이다. 이러한 직감은 굉장히 가치 있는 것이지만, 자녀의 행동이 건강하지 못한 수준의 불안을 나타내는지 확인하기에는 대개 충분하지 못하다.

연습 자녀의 불안 평가하기

다음의 설문지는 불안 아동의 부모가 흔히 관찰할 수 있는 자녀의 행동을 나열한 것이다. 각각의 질문을 읽고 자녀를 관찰한 것을 토대로 '예/아니요'로 답해 보자.

당신의 자녀는…

• '만약에'로 시작하는 질문을 반복하고, 계속 안심시켜 주어도 걱정을 멈추지 않는가?

• 자기 방에서 자게 하면 괴로워하고 초조해하는 모습을 보이면서 거부하는가?

- 영화관, 레스토랑, 사람들이 붐비는 장소, 시끄러운 환경 또는 공원과 같은 특정한 상황을 회피하는가?
- 안심할 수 있는 음식만 먹으면서 다른 많은 음식을 먹는 것을 거부하는가?
- 자신의 고통을 가라앉히기 위한 행동을 반복하는가?
- 당신이 어떤 말을 하거나 뭔가를 할 때 특정한 방식으로 하도록 요구하는가?
- 자신이 한 일을 자꾸 검토하거나, 당신으로부터 일이 충분히 잘 되었다는 안심되는 말을 듣기를 요구하거나, 또는 반복적으로 책가방이나 일일 계획표를 확인할 정도로 실수를 하거나 과제를 잊어버리는 것에 대해 걱정하는가?
- 학업이나 다른 의무에 대해서 해낼 수 있는 능력이 있음에도 불구하고 지나치게 미루는 모습을 보이는가?
- 결정을 내리는 것을 매우 어려워하고 어떤 결정이 '가장 좋은' 또는 '옳은' 것인지에 대해 걱정하는가?
- 학업이나 운동을 할 때 완벽한 성과를 얻지 못할까 봐 두려워하는가?
- 불필요한 물건에 대해서, 나중에 필요하게 될까 봐 두려워서 또는 감상적 가치가 있다는 이유로 그것을 버리는 것을 거부하는가?
- 당신 없이 보모와 함께 남겨지는 것, 친구의 집에서 자는 것, 또는 1박 여행을 가는 것을 거부하면서, 당신으로부터 떨어질 때 괴로워하는 모습을 보이는가?
- 공중 화장실, 쇼핑 카트, 문의 손잡이 같은 것을 피하고 과도하게 자신의 손을 씻거나 손 세정제를 사용할 정도로 세균, 질병 또는 먼지를 두려워하는가?

- 등교를 거부하는가?
- 수업 시간에 손을 들거나 급우들 앞에서 말하는 것을 거부하는가?
- 지나친 수줍음 때문에 사회적 상호 작용을 하지 못할 정도인가?
- 떨림, 과호흡, 구역질 또는 어지럼증과 같이, 불안으로 인한 생리적 징후를 보이면서 괴로워하는가?
- 과도하거나 부적절한 죄책감 또는 책임감을 표현하는가?

이러한 질문들 중 한 개 이상에서 예라고 답했다면, 여러분의 자녀는 개입이 필요한 수준의 심각한 불안을 보이고 있을 가능성이 크다. 물론 이러한 목록이 여러분의 자녀가 보이는 독특한 양상을 포착하지 못할 수도 있다는 점은 유의해야 한다. 여러분의 자녀는 여기에 나열된 것과 정확하게 일치하지는 않지만 비슷한 행동을 보일 수 있다.

이 연습에서 몇 가지 질문에 예라고 대답했다고 해서 공식적으로 진단을 내리는 것은 아님을 유의하라. 이와 같은 간단한 설문지에 근거해서 불안 장애를 진단하려고 해서는 안 된다. 그보다는, 다음 단계들을 고려하도록 제시하는 도구로 이것을 사용하는 것이 좋다. 앞 장에서 다루었듯이, 어느 정도의 불안은 모든 사람에서 정상적인 것임을 명심해라. 여기에서 여러분은 문제라고 생각될 정도의 행동을 자녀가 보이고 있는지 확인하는 것에 초점을 맞춰야 한다. 여러분이 관찰한 자녀의 행동이 자녀에게 심각한 수준의 고통을 유발하고 있는가? 그로 인해 자녀가 일상적인 활동에 편안하게 참여하는 것이 방해를 받는가?

여러분이 이와 같은 이차적인 질문들에 그렇다고 답한다면, 조치를 취해야 하는 상황이다. 염려되는 부분이 있다면, 그에 대해 개입하는 것은 이른 것이 아니다. 이 개입은 자녀에게 도움이 된다. 즉, 지금 이 문제를 다루는 것이 하나도 위험하지 않다는 것이다. 실제로 이 책에 나와 있는 모든 권고는 여러분의 자녀를 더 강하고, 정신적으로 유연하고, 회복력이 높은 사람으로 만들기 위한 것들이다.

인지행동치료

여러분이 지금까지 불안에 대해 배운 내용과 간단한 설문지에 답한 내용을 통해 자녀가 건강하지 못한 수준의 불안 증상을 보이고 있음을 확신하게 되었다고 가정해 보자. 여러분은 이에 대한 첫 번째 반응으로 전문적인 평가를 받기 위해 자녀를 소아과 의사나 아동을 치료하는 임상가에게 데려가게 될 것이다. 이것은 합리적인 조치이다. 그런데 불행하게도 그리고 놀랍게도, 여러분은 필요한 도움을 받지 못할 수 있다. 예를 들어, 소아과 의사는 그저 "아이가 자라면서 괜찮아질 것"이라며 여러분에게 기다리라고 조언할지도 모른다. 또는 놀이 치료에서는 "불안을 유발하는 문제의 근원에 도달"하도록 권고를 받을 수 있다. 이러한 조치들 중 효과를 입증하는 확실한 근거에 기반한 것은 아무것도 없다. 미국 국립정신건강연구원(National Institute of Mental Health: NIMH)이나 대부분의 불안 장애 치료 전문의들은 약물 처방을 권고하지 않지만, 어떤 정신과 의사는 첫 번째 조치로 약물을 처방할지도 모른다. 불행하게도, 많은 정신 건강 전문가는 불안 장애를 효과적으로 평가하고 치료하기 위해 필요한 훈련을 충분히 받지 않았다.

대부분의 정신 건강 전문가들이 권고하고 미국 국립정신건강연구원과 미국 불안 및 우울 협회(Anxiety and Depression Association of America), 국제 강박 장애 재단(International OCD Foundation)과 같은 학술 단체에서 추천되는 조치는 인지행동치료이다. 일부의 경우에서는 약물이 추가적으로 처방된다. 내가 치료하는 아동의 70퍼센트 이상이 단독 인지행동치료에 잘 반응하면서 약물치료를 필요로하지 않는다. 나는 여러분이 이 책에서 얻는 지식을 사용하여 가장 효과적인 도움을 받는 것을 제안한다.

인지행동치료 접근법의 개요

인지행동치료는 1970년대에 행동치료와 인지치료를 통합하는 과정에서 고안되었다. B. F. 스키너(Skinner) 박사에 의해 1950년대에 개발된 행동치료는 구체적인 행동이 어떤 식으로 부정적인 정서 상태를 강화하거나 소멸시키는지에 대해 초점을 맞춘다. 그것은 우리가 어떻게 복잡한 정서 및 행동 패턴을 학습하게 되는지, 그리고 그것들을 어떻게 재학습할 수 있는지에 대해 설명한다. 의사였던 아론 백(Aron Beck)에 의해 1960년대에 개발된 인지치료는 사고 패턴에 초점을 두고, 부정적인 정서 상태를 악화 및 유지시킬 수 있는 역기능적 · 비합리적 사고를 찾아내서 수정하는 것에 관심을 둔다.

인지행동치료의 기본 원리는 만약 우리가 부정적인 정서 상태를 강화하는 역기능적 사고와 행동을 바꾸도록 배울 수 있다면 우리의 기분이 나아질 수 있다는 것이다. 이러한 과정에는 왜곡된 사고를 찾아내고, 그러한 사고를 바꾸고, 특정 행동을 조절하는 것이 포함된다.

인지행동치료는 가장 많은 연구가 이루어진 정신 치료 형식이다. 사실 인지행동치료의 가장 훌륭한 장점 중 하나는 그것이 정말 많은 근거에 기반을 두고 있다는 점이다. 수천 개의 잘 통제된 연구들이 그 효능을 뒷받침한다. 이러한 연구들은 인지행동치료가 심지어 몇 년 전과 비교해도 더욱 효과적으로 환자를 돕는 방식으로 계속 발전해 가고 있음을 보여 준다. 이는 특히 인지행동치료를 불안 장애에 적용한 치료에도 적용되는 사실이다.

인지행동치료의 구체적인 진행 과정을 설명하기 전에, 그 뒤에 있는 기본적인 과학 원리 몇 가지를 이해하는 것은 대단히 중요하다. 이러한 정보 없이는, 특히 불안 장애와 관련하여 이러한 치료가 언뜻 보기에 직관에 어긋나는 것처럼 보일 수 있다. 사실 여러분과 자녀가 현재 불안에 반응하여 취하고 있는 조치들은 내가 여러분에게 제안하려는 것과는 반대일 수도 있다. 때로는 여러분의 직관을 신뢰하는 것이 본의 아니게 문제를 악화시키는 쪽으로 여러분을 이끌 수 있다. 이것이 여러분에게 혼란스럽게 들린다면, 내가 하고 싶은 조언은 과학을 신뢰하라는 것이다.

노출

자녀의 두려움을 유발하는 상황에 점진적이고 반복적으로 노출

(exposure)하는 것은 불안 장애를 위한 효과적인 인지행동치료의 핵심 요소이다. 노출의 주된 목표는 새로운 무언가를 학습하는 것이다. 여러분의 자녀는 우리가 제1장에서 논의했던, 자신의 두려움이 현실적이지 않다는 것을 학습하지 못하게 하는 결함을 극복하는 법을 배우게 된다. 두려운 상황을 반복적으로 직면함으로써, 그는 예상했던 무서운 결과가 실제로는 결실을 맺지 않거나, 만약 어떤 결과가 발생한다면 예상만큼 나쁘지는 않음을 발견하게 된다. 이러한 유형의 학습은 두려움에 직면했을 때 발생하는 각성에 의해 촉진된다. 반대로 아동이 불안을 유발하는 상황을 회피할 때에는 그러한 일이 일어나지 않는다.

내가 부모에게 노출 모델에 대해 설명할 때, 그들은 종종 이런 말을 한다. "하지만 사라(Sarah)는 늘 그 상황에 노출되는데요. 아무것도 달라지지 않아요! 그녀는 여전히 수업 시간에 손을 드는 것에 대해 불만을 토로하고 걱정스러워해요. 그녀는 무조건 안 하려고 할 거예요! 당신이 말하는 그런 노출이 어떻게 실제로 효과가 있다는 거죠?" 심호흡을 하고 계속 읽어 보기를 바란다.

노출의 치료 효과를 뒷받침하는 과학적 근거는 인상적이다(Abramowitz, 2013). 불안 문제를 가진 사람들에서 과활성화되어 있는 편도와 같은 뇌 영역에서 노출 치료 후에 그 활성이 상당히 감소하는 것이 여러 연구에서 일관되게 나타났다. 임상적으로 이러한 뇌 영역의 활성 감소는 불안 증상의 유의미한 감소와 연관성을 보인다. 뇌에 대한 우리의 지식이 계속 늘어나면서 노출 치료의 효능에 대한 근거가 점차 많아지고 있다. 예를 들어, 터프츠 대학교(Tufts

University)의 라이머스 연구실(Reijmers Lab)에 소속되어 있는 연구자들은 두려움을 주는 상황에 놓인 생쥐의 뇌에서 소위 공포 뉴런이라는 것이 노출 치료에 의해 조용해진다는 것을 발견했다(Trouche et al., 2013). 실제로, 노출 치료에 의해 뇌가 리모델링되었고, 뇌는 노출 치료를 하는 도중에는 즉각적으로 다른 '반응(react)'을 보이지는 않았지만, 미래의 상황에서 다르게 반응하도록 '재배선(rewired)'되었다. 이러한 특별한 연구가 인간에게는 아직 수행되지 않았지만, 이와 같은 연구는 무엇 때문에 노출 치료가 그렇게 많은 사람에게 효과적인지를 이해할 수 있게 도와준다.

노출 치료의 방법은 최신 연구를 토대로 발전해 왔다. 지난 30년간, 심리학자들은 공포 기반 학습이 '습관화(habituation)'의 과정을 통해 새로운 학습으로 대체됨으로써 노출 치료가 작동한다는 가정하에 작업을 수행했다(Rachman, 1980). 습관화란 어떤 것에 익숙해지는 것을 의미한다. 노출 치료에 있어서 그것은 불안을 유발하는 모든 것에 대해 덜 반응함으로써 두려움을 낮추게 되는 것을 의미한다. 예를 들어, 어떤 아동이 풀려 있는 개를 무서워한다면, 나는 그녀가 풀려 있는 개를 동영상으로 여러 번 보게 하는 식의 노출을 우선 시작할 것이다. 그녀가 처음 비디오를 볼 때에는, 공포 기반 학습으로 인해 강한 공포 반응을 보이게 될 것이다. 하지만 반복적으로 보다 보면 이러한 공포 반응은 줄어들 것이다. 이 지점에서 우리는 그녀가 풀린 개의 동영상에 습관화되었다고 이야기하게 된다. 예전 모델에서는 이것이 오랜 공포 기반 학습이 새로운 학습으로 대체되었음을 의미하는 것으로 이해되었다.

최근에는 노출 치료에 따른 습관화가 확실하게 일어나는 반면, 일부에서는 재발한다는 사실을 알아차린 연구자들에 의해 이러한 모델이 갱신되었다. 이것은 그들로 하여금 만약 오랜 공포 기반 학습이 새로운 학습으로 대체되었다면 어째서 재발하는 것인가 하는 의문을 갖게 만들었다. 미셸 크래스크(Michelle Craske) 등(2015)은 이에 대해 연구하였고, 오랜 학습이 새로운 학습에 의해 대체될지라도 그것이 없어지지는 않는다는 것을 입증했다. 그것은 다른 불안 유발 상황에서 다시 표면화될 수 있다. 그러므로 치료는 단순하게 습관화에 의존할 수 없다.

예전 모델의 또 다른 문제는 그것의 초점이 두려움을 감소시키는 데에 있다는 것이다. 노출의 목표가 두려움을 '제거'하는 것이라고 말하는 것은 불안이 나쁘고 용납될 수 없는 것이라는 메시지를 전달한다. 이것은 맞지도 않고, 또한 현실적이지도 않다. 어느 정도의 불안을 견디는 법을 배운 아동은 모든 불안을 제거하려다가 실패한 아동에 비해 그것을 두려워할 가능성이 적고, 따라서 불안의 스파이크를 경험할 가능성이 적어진다.

제8장과 제9장에서 여러분은 노출을 통해 자녀를 이끌어 가는 방법을 배울 것이고, 새로운 학습이 오랜 학습을 억제할 가능성을 어떻게 극대화할 수 있는지 보게 될 것이다.

불안을 평생 관리하는 것에 대한 교육

이 책의 전략들은 여러분의 자녀가 힘든 불안 증상을 관리하는 것에만 도움이 되는 것이 아니라, 여러분과 자녀에게 평생 동안 사용할 기술과 지식, 도구를 습득하게 해 줄 것이다. 그러한 과정은 이 장에서 인지행동치료와 노출 치료의 배경이 되는 기본적인 과학적 내용을 일부 살펴보면서 시작되었다. 이것은 부모인 여러분과 자녀 모두를 위한 교육이다. 두 사람 모두 이 프로그램이 가장 효과적이기 위해 무엇에 착수할 것인지에 대해 분명하게 이해하고 있어야 한다. 이것은 노출이란 무엇인지, 그것이 어떻게 작동하는지, 그리고 자녀가 그것을 실행하는 것을 여러분이 어떻게 도울지에 대해 이해하는 것을 의미한다. 이러한 지식은 여러분이 뒤에 이어지는 장들에서 개략적으로 기술될 전략들을 따르고 유지하는 데에 필요한 확신을 가질 수 있게 해 줄 것이다.

요약 이 장에서 여러분은 무엇을 배웠는가?

☑ 여러분은 자녀가 건강하지 못한 수준의 불안을 가지고 있는지 확인하기 위해 자녀의 행동을 관찰할 수 있다. 이러한 행동에는 '만약에'로 시작하는 질문에 대답해 주어도 안심하지 못하는 것, 자기 방에서 자려고 하지 않는 것, 과제에 대해 지나치게 걱정하는 것, 그리고 꾸물거리는 것 등이 포함된다.

☑ 아동의 불안이 나이에 걸맞은 일상 활동에 참여할 수 있는 능력을 방해하거나 엄청난 고통을 초래한다면, 아마도 그는 치료받아야 할 정도의 심각한 문제를 가지고 있을 것이다.

☑ 인지행동치료는 아동의 불안 문제를 효과적으로 치료하기 위한

최적의 표준 치료이다. 이 방법은 지난 수십 년간 효능을 점차 개선하는 쪽으로 발전해 왔다.

☑ 인지행동치료는 근거에 기반한, 그리고 가장 많은 연구가 이루어진 치료법이다.

☑ 아동의 두려움을 유발하는 상황에 점진적·반복적으로 그리고 다양하게 노출하는 것은 불안을 위한 효과적인 인지행동치료의 핵심 요소이다.

☑ '습관화'란 노출되는 동안 공포 반응이 감소하는 것을 의미한다. 최근의 연구들은 공포 반응을 감소시키는 것이 노출 치료의 주요 목표로서의 가치를 갖는지에 대한 의문을 제기하며, 아동은 어느 정도의 두려움을 견디는 법 또한 배워야 함을 제안한다.

제3장

도구 상자 만들기

66 여러분과 자녀는 불안을 통제하는
위치에 있을 수 있다. 99

어떤 경우에서나 적절한 도구를 사용하면 과제를 더 쉽게 할 수 있게 만든다. 이 책에서 다루는 프로그램의 첫 번째 단계로서, 부모와 자녀가 앞으로 사용하게 될 기본 도구에 대해 소개하려 한다. 여기에는 공포온도계, 걱정 언덕, 사탕 항아리, 공포에 별명 붙이기, 보상, 그리고 스마트 톡이 포함된다. 이 중 일부는 사용하려면 여러 단계가 필요한 것도 있다. 여러분은 이 장을 진행하면서 실제로 프로그램을 시작하게 될 것이다.

공포온도계

공포온도계(fear thermometer)를 통해 부모와 자녀 모두 특정 상황에서 아동이 느끼는 두려움과 고통의 정도를 평가할 수 있다. 이 도구는 이전부터 불안 치료에 널리 사용되어 왔다(March & Mulle, 1998). 경험상 모든 연령대의 아동이 공포온도계의 개념을 쉽게 파악하고 사용할 수 있다. 부모와 아동은 공포온도계를 사용하여 다음을 할 수 있다.

• 자녀가 경험하는 두려움이나 고통의 정도에 대한 자료를 수집한다.
• 자녀가 느끼는 불안에 대해 보다 객관적으로 살핀다.
• 지나치게 감정적이지 않은 상태에서 서로 의사소통한다.
• 노출 계획을 수립한다.

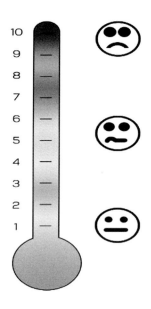

[그림 3-1] 공포온도계

[그림 3-1]에서 볼 수 있듯이, 공포온도계의 10은 가장 큰 고통 수준을 나타내고 1은 가장 낮은 수준의 고통을 나타낸다. 목표는 여러분의 자녀가 불안한 반응을 경험할 때 느끼는 두려움의 정도를 평가하는 것이다. 여러분의 자녀가 특정 상황에서 느끼는 두려움, 고민, 불편함의 정도에 대한 주관적인 수치를 말해 줄 수 있다. 혹은 여러분이 그 상황에서 자녀가 경험하는 두려움의 수준을 수치로 추정할 수 있다. 아이들은 보통 공포 수치 10을 그 상황을 아예 피해 버리거나 극도의 고통을 느끼며 참아야 하는 수준의 불안감에 일치시킨다.

공포온도계 수치에 정답과 오답이 있는 것은 아니지만, 여러분은 자녀가 느끼는 불안 정도를 가능한 한 정확하게 파악하고 싶을 것이다. 이를 위해 자녀에게 수치 10으로 여겨지는 것이 무엇인지, 9~7로 여겨진다는 것은 어떤 의미인지 구체적으로 알아보라. 자녀와 함께 공포온도계를 사용하기 시작할 때, 여러분과 자녀가 각 수치에 대해 같은 생각을 공유할 수 있도록 충분히 질문하고 대화하라.

나는 여러분과 자녀가 공포온도계와 친구가 되었으면 한다. 두려움을 극복하는 법을 배우는 과정에서 공포온도계가 광범위하게 사용되기 때문이다. 공포온도계를 사용할 때에는 항상 단순하게 그리고 담담하고 사실적인 태도를 유지하라. 공포온도계는 더 많이 사용할수록 일상에 녹아들어서 더 편하게 사용될 수 있다. 나는 공포온도계를 좋아하는데, 매우 단순하면서도 다양하게 활용될 수 있기 때문이다.

걱정 언덕

걱정 언덕(worry hill)은 아동에게 습관화가 어떻게 작용하는지를 설명하고 노출 과정에 참여 동기를 키워 주는 데 유용한 도구다.

걱정 언덕이란 용어는 아우린 핀토 와그너(Aureen Pinto Wagner, 2005)가 고안한 것으로, 그는 노출과 인지행동치료에 대한 개념을 아동에게 더 쉽게 이해시키기 위해 이 용어를 사용했다. 걱정 언덕은 공포온도계와 함께 사용된다. 수직축은 공포온도계의 수치, 즉 주어진 상황에서의 불안이나 고통의 정도를 나타낸다. 수평축은 노출 횟수, 노출 또는 단일 노출의 기간을 나타낸다([그림 3-2] 참조).

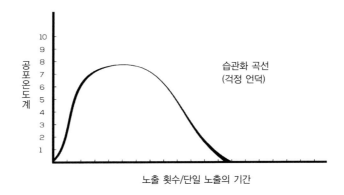

공포온도계

습관화 곡선
(걱정 언덕)

노출 횟수/단일 노출의 기간

[그림 3-2] 습관화 곡선

주: 와그너의 허락을 받아 게재함. 습관화 곡선은 미국의 상표 및 특허청(U.S. Trademark and Patent Office)에 등록됨.

너무 어려서 수학을 이해하지 못하는 어린아이도 걱정 언덕을 오르내리는 것이 무엇을 의미하는지 파악할 수 있다. 두려운 상황에서 불안이 고조될 때 걱정 언덕의 왼쪽을 올라가는 것으로 자녀에게 설명하면서 이 그림을 사용하라. 여러분은 손가락으로 그림의 선을 따라가면서, 자녀에게 언덕의 오르막길을 따라 불안이 절정에 도달하지만 그 너머에는 내리막길이 이어지면서 결국 불안감이 줄어들고 습관화가 이루어지게 됨을 보여 줄 수 있다. 이러한 설명은 여러분의 자녀가 노출 직후에는 불안이 오히려 악화될 수 있지만 결국 장기적으로는 나아진다는 것을 이해하는 데 큰 도움이 된다.

사탕 항아리

나는 아동들에게 노출의 목표를 설명하기 위해 사탕 항아리

(candy jar)의 은유를 사용한다. 이는 새로운 기억 형성이 가진 유용성을 시각화하여 아동이 쉽게 이해하도록 도와준다. 사탕 항아리는 두려운 상황과 다양하게 연관된 기억으로 가득 찬 여러분 자녀의 뇌이다. 각각의 초록색 사탕은 위협적이지 않은 사탕을 나타내고, 빨간색 사탕은 위협적이거나 위험하다고 느끼는 사탕을 나타낸다.

예를 들어, 만약 여러분의 자녀가 개를 무서워한다면, 우리는 자녀가 개와 관련된 사탕 중에 초록색 사탕보다 빨간색 사탕을 더 많이 가진 것으로 비유한다. 빨간색 사탕은 물거나 으르렁거리거나 크게 짖는 등의 개와 관련된 부정적인 연상들(실제 경험을 바탕으로 한 것은 아닐 수 있음)을 담고 있는 반면, 초록색 사탕은 아마도 잠을 자는 귀여운 애완견을 담고 있을 것이다. 이러한 경우, 노출의 목표는 개와 가까이 있는 상황에 대한 새롭고 위협적이지 않은 연상과 기억들을 형성하는 것이다. 여러분의 자녀가 각각의 걱정 언덕을 오르고 내려오면서 개와 관련된 초록색 사탕을 뇌에 추가할 것이다. 여러분의 자녀가 더 많은 초록색 사탕을 가지고 있을수록, 개를 마주쳤을 때 자신의 뇌에서 초록색 사탕을 꺼낼 가능성이 높아지고 따라서 두려움 대신 편안함을 느낄 수 있게 된다.

나는 아동들에게 걱정 언덕과 사탕 항아리를 함께 소개하는 것을 권한다. 이런 식으로 생각해 보라. 여러분의 자녀는 사탕 항아리에 초록색 사탕을 충분히 확보하기 위해 수많은 걱정 언덕을 오르며 초록색 사탕을 뇌에 추가해야 한다. 빨간색 사탕은 여전히 뇌에 남아 있지만, 목표는 초록색 사탕으로 빨간 사탕을 압도하는 것이다.

공포에 별명 붙이기

별명 붙이기를 통해 여러분과 자녀 모두가 객관성을 유지하고 자녀가 가진 두려움을 잘 다룰 수 있게 된다. 별명은 불안을 지칭하는 보다 건설적인 방식을 제공하여 두려움을 강화하는 행동을 하지 않도록 돕는다. 제1장을 생각해 보라. 불안감은 스파이크로 갑작스럽게 다가오고 아동은 스파이크가 일어나는 동안에는 자신이 가진 두려움을 더 강하게 믿는다. 두려움을 지칭하는 별명을 사용하면 여러분과 자녀는 뇌에 불안이란 스파이크에 있다는 것을 쉽게 떠올릴 수 있고, 결국 여러분과 자녀는 불안을 통제하는 위치에 있을 수 있다.

공포에 별명 붙이기는 불안에 대해 중립적인 태도를 가지도록 만들어 준다. 누구도 강한 불안을 느끼는 것을 좋아하지 않으며, 아동은 자연스럽게 그들의 불안에 대해 부정적인 태도를 가지게 된다. 그리고 이러한 태도는 불안을 더욱 심화시킬 뿐이다. 연구 결과, 아동이 특정 두려움에 대해 부정적인 태도를 나타내지 않을 때 그들은 고통을 덜 경험하고 노출 치료도 더 큰 효과를 얻을 수 있었다 (Zbozinek, Holmes, & Craske, 2015).

별명 붙이기 도구를 사용하기 시작하라

이 도구를 사용하기 위해 자녀에게 두려움과 불안에 대한 간단하고 직접적인 별명을 찾아내도록 요청하라. 별명은 여러분의 자녀에게 의미가 있어야 하며, 그것은 가벼운 것이 좋고 무섭거나 부정적이지 않아야 한다. 예를 들어, 세균을 두려워하는 아동은 '세균벌레'

나 '세균맨'을 선택할 수 있다. 불안감이 유발될 때 여러분과 자녀는 가능한 한 많이 별명을 사용할 것이다.

여러분의 자녀가 별명을 결정한 후에는 자녀가 별명을 사용하는 방법을 배우도록 도와줘라. 자녀의 공포온도계에서 높은 수치를 보일 때, 자녀는 스스로 별명을 생각해야 한다. "안녕, 세균벌레!" 별명을 사용하는 것은 대개 조용히 말하는 것이 좋은데, 왜냐하면 별명을 크게 말하다 보면 별명을 부르는 것이 일종의 의식절차가 되는 경우가 종종 있기 때문이다. 이렇게 되면 오히려 회복을 방해하게 되는데, 이에 대해서는 제5장에서 논의한다.

목표는 단순히 아동이 두려움에 꼬리표를 붙이고 객관적인 방식으로 두려움에게 인사하는 것이다. 여러분은 자녀가 "제발 사라져, 세균벌레!" "세균벌레, 너무 싫어!" 혹은 "재수없어, 세균벌레!"와 같은 방식으로 말하는 걸 원하지는 않을 것이다. 별명을 붙이는 아이디어는 부정적인 생각을 더하는 것이 아니라 객관성을 유지하기 위함이다. 아동이 별명을 붙여 불안감에 더 가볍게 반응할수록, 나쁜 감정을 보다 더 쉽게, 보다 더 건강한 방법으로 받아들일 수 있다. 어떤 아동은 별명을 붙이는 것만으로도 큰 도움이 된다는 것을 알게 된다.

여러분은 다음에 제시한 것처럼 상상력을 동원한 연습을 통해 자녀에게 별명 붙이기 도구를 소개할 수 있다.

예를 들어, 만약 여러분의 자녀가 세균을 두려워한다면, 깨끗하지 않다고 믿는 문 손잡이를 만지는 것을 상상해 보게 한다. 손잡이에 손을 대는 모습을 상상할 때 아이에게 공포온도계의 수치가 올라가는 것을 느끼는지 물어보라. 이 상황에 처하는 것을 상상하는 것만으로도 이 일이 일어난 것처럼 느끼기에 충분할지도 모른다. 만약 그렇다면 잘 된 일이다. 아이가 불안감을 느낄 때, "안녕, 세균벌레."라고 조용히 말해 보게 한다. 그리고 아이에게 실제 생활에서 공포온도계의 수치가 오를 때마다 그 별명을 사용하라고 말한다.

부모로서 어떻게 도울 수 있는가

여러분은 규칙적으로 별명 붙이기의 사용을 격려하고 보상해야 한다. (보상에 대해서는 이 장의 뒷부분에 설명되어 있다.) 매일 여러분의 자녀에게 별명 붙이기에 대해 말할 수 있는 시간을 설정하라. 여러분의 자녀는 두려움이 유발된 시간의 50%를 별명 붙이기에 사용하고 있는가? 혹은 더 자주 사용하는가, 덜 자주 사용하는가? 목표는 불안이 시작될 때마다 자녀가 계속해서 별명을 사용하는 것이다. 원하는 사용 빈도를 충족시키지 못한다고 아이를 벌주거나 꾸짖지 마라. 여러분은 어떤 실망감도 표현하고 싶지 않을 것이며, 대신에 첫 번째 별명 붙이기의 진행이 느리더라도 성공적으로 별명을 붙인 것에 대해 지지하는 것을 보여 줘야 한다.

두려움에 대한 반응으로 자녀에게 말할 때 별명을 사용해야 한다. 아이가 불안한 반응을 보이기 시작했다는 것이 보이면, 차분하고 사무적인 목소리로 "저게 바로 세균벌레인가?"라고 물어보면 된다. 이러한 언급은 아이에게 별명을 상기시켜 줄 수 있다. 별명을 사용하도록 촉진할 뿐 아니라 부모가 불안감에 대해 객관적이며 침착하게 수용하는 반응을 보이는 것을 모델링해 줄 수 있다.

자녀가 가끔씩 별명 사용 시도를 거부하더라도 놀라지 마라. 나는 많은 부모와 아이들로부터 불안이 급증하는 스파이크 속에서는 통찰력을 유지할 수 없다고 들었다. 이때 아이는 좌절감으로 반응할지도 모른다. "아니야, 이건 세균벌레가 아니야!" 이러한 반응을 보일 때에는 부모의 반응이 적을수록 오히려 더 좋다는 것을 기억하라. 그것이 진짜 걱정벌레라고 아이에게 납득시키려 애쓰지 마라. 대신 조금만 기다렸다가 아이에게 스스로 해결할 기회를 줘라. 그렇게 하면 부모도 모르게 아이의 두려움을 조장하는 행동을 할 여지를 줄여 주고, 여러분은 자녀에게 불안에 대해 중립적이고 차분하며 건설적인 태도를 보이는 모델이 된다.

걱정에 별명을 붙이는 것은 여러분의 자녀에게 두려움에 더 가까이 다가가도록(예: 노출하기) 하기 때문에, 아이는 이로 인해 걱정에 대한 생각이 더 많아져 불안해지게 될까 봐 염려할 수 있다. 처음에는 이러한 일이 발생할 수 있다. 아이는 단기적으로는 걱정거리에 대해 더 많이 생각할지도 모른다. 그리고 두려움에 직면하기 시작할 때, 고통의 느낌이 생길 것이다. 그러나 장기적으로 볼 때 자녀가 두려움에 직면할수록 불안감이 적어진다.

일부 부모는 아이가 커 가면서 별명 붙이기를 유치하거나 바보 같다고 여길 것이라는 의문을 보이기도 한다. 그러나 내 경험으로 볼 때, 동기 부여가 된 십대는 별명 붙이기에 반대하지 않을 것이다. 왜냐하면 자신이 이름을 스스로 선택할 수 있고, 그것은 침묵 속에서 사용하는 도구이기 때문이다. 십대가 선택한 이름은 대개 부모 이외의 다른 사람과 공유되지 않으므로, 이 도구는 사적으로 활용하기에 용이하다.

별명 게임

별명을 연습할 수 있도록 모든 연령대에서 자녀와 함께 할 수 있는 게임이 여기에 있다. 걱정거리와 별명, 이 두 가지 역할이 있다. 이 두 가지 역할을 번갈아 수행하라.

누가 걱정거리의 역할을 하던지 간에, 먼저 말한다. 걱정거리의 역할을 맡은 사람은 걱정거리와 그로 인해 아이가 무서움을 느끼게 되는 것을 말로 표현한다. 예를 들어, 만약 자신이 걱정거리의 역할을 맡았다면, "존(John), 쇼핑 카트를 만지면 세균이 묻을 거야."라고 말할 것이다.

그러면 별명 역할을 맡은 존은 "안녕, 세균벌레."라고 큰 소리로 말한다.

나는 계속해서 "만약 내가 지금 당장 특수 비누로 손을 씻지 않으면, 너는 엄청 불안해질 것이고, 결국 수업에 전혀 집중할 수 없을 거야."라고 말해 본다.

그래도 존은 "안녕, 세균벌레."라고 대답할 것이다.

이런 역할놀이를 몇 번 반복한 후에 역할을 바꿔 보라. 이 게임을 즐기도록 해야 한다. 누가 더 빨리 별명 붙이기로 세균벌레를 할 말

없게 만드는지 내기를 해도 좋다.

나는 환자가 별명 붙이기를 어떻게 사용하는지 이해할 수 있도록 이러한 게임을 한다. 이것은 어색함을 떨칠 수 있는 좋은 방법이어서 이를 통해 아동은 별명 붙이기를 사용할 준비가 되고 걱정이 줄어든다.

보상

여러분은 자녀에게 적절한 보상을 제공하여 인지행동치료 도구 상자를 사용하도록 촉진하여야 한다. 아이들마다 다양한 반응을 보이는데, 어떤 아이는 스스로 변화를 바라며 동기부여가 되어 보상이 많이 필요하지 않은 경우도 있고, 또 어떤 아이는 더 많은 보상이 있어야 움직이기도 한다. 여러분은 자녀의 동기의 정도를 측정할 필요가 있다. 나는 높은 동기를 가진 아동일지라도, 보상 체계를 갖출 것을 권한다. 보상의 사용에 대해 제6장에서 자세히 다루고 있는데, 여기서는 몇 가지 일반적인 지침을 다루려 한다.

보상은 시의적절하게 제공하는 것이 매우 중요하다. 따라서 여러분은 분명히 제공해 줄 수 있고 '지체 없이' 줄 수 있는 보상을 골라야 한다. 예를 들어, 만약 여러분이 사촌 집에 놀러 가는 여행을 약속했지만 실제 여행을 가는 것이 어려운 상황이라면, 다른 보상을 선택하는 것이 더 낫다.

또한 보상을 선택할 때는 자녀의 욕구에 초점을 맞춰야 한다. 여러분은 자녀에게 원하는 보상 목록을 제안하라고 요청할 테지만, 결국 여러분이 적절한 보상을 결정해야 한다. 기억하라. 아이는 도전적인 일을 기꺼이 할 만큼 충분한 보상을 받을 수 있어야 한다.

보상으로 점수 체계를 사용할 때는 주의하라. 사춘기 직전의 아동과 십대는 만족 지연(delayed gratification)이 가능할 정도의 인지 능력을 가지고 있다. 이 나이대의 아동은 인지적 성숙도에 따라, 기다리면 받을 수 있는 더 큰 보상(예: 가족 여행)을 기다리면서 상징화된 보상물(예: 칭찬 스티커)을 기꺼이 모을 수도 있다. 그러나 이러한 점수 시스템은 5~10세 어린 아동에게는 효과적이지 않다. 나는 어린 나이의 아이에게는 즉시 전달될 수 있는 물질적인 보상을 할 것을 제안한다. 아이스크림, 온라인 게임 시간 20분, 공원 산책 그리고 작은 장난감이 즉각적인 보상의 예이다.

여러분은 이 치료 프로그램이 자녀에게 힘든 일이라는 것을 인정할 필요가 있다. 보상 체계는 미리 계획되어야 한다. 협력을 장려하기 위한 노력으로 나중에 생각이 나서 다루는 것은 원하지 않는다. 만약 여러분의 자녀가 거부하고 초기 모니터링도 실패한 상태에서 여러분이 보상을 제안하면, 보상은 마치 뇌물을 받는 것처럼 느껴질 수 있다. 대신 보상을 사실적인 방식으로 다루어라. 또한 보상을 과도하게 제공하지 않도록 주의해야 한다. 왜냐하면 치료가 더 어려워질수록 주저하는 아이에게 동기를 부여하기 위해 더 큰 보상이 필요하기 때문이다.

스마트 톡

인지행동치료 도구 상자에 있는 강력한 도구는 '스마트 톡(smart

talk)'이라고 부르는 것이다. 이것은 여러분의 자녀가 두려움과 불안과 관련된 비이성적인 사고를 바로잡을 수 있도록 돕는 한 가지 방법이다. 스마트 톡은 이 장에서 다루는 다른 도구들보다 더 복잡하기 때문에 제7장에서 별도로 다루고 있다. 비록 스마트 톡은 처음에는 다른 기본적인 도구들보다 더 어려워 보일 수도 있지만, 아이가 일단 익숙해지면 다른 도구들처럼 쉽고 자동적으로 사용할 수 있을 것이다.

요약 | 이 장에서 여러분은 무엇을 배웠는가?

☑ 아동의 도구 상자에는 공포온도계, 걱정 언덕, 사탕 항아리, 별명 붙이기, 보상, 스마트 톡이 포함되어 있다.

☑ 공포온도계는 여러분과 자녀가 주어진 상황에서 자녀가 느끼는 공포나 고통의 정도를 평가할 수 있게 해 준다.

☑ 걱정 언덕과 사탕 항아리는 노출이 어떻게 어떤 원리로 효과를 보이는지 아동이 이해하도록 도와준다.

☑ 별명은 불안을 지칭하는 보다 건설적인 방식이 되어 준다.

☑ 별명 붙이기는 여러분과 자녀에게 객관성을 유지하고 두려움을 조절하도록 도울 수 있다.

☑ 보상을 사용하여 아동이 인지행동치료 도구 상자를 사용하도록 장려해야 한다.

☑ 스마트 톡은 아동이 가진 두려움과 불안감과 관련된 비이성적인 사고를 바로잡는 데 사용할 수 있는 도구이다.

제4장

우리 아이, 불안의 실체

" 불안은 대개 유동적인 감정이 아니다.
구체적인 무엇인가가 아동의 두려움
반응을 유발한다. "

이 장에서 여러분은 여러분과 자녀가 이 프로그램에 익숙해지게 되었을 때 사용할 도구들을 여러분의 도구 상자에 넣기 시작할 것이다. 특히 나는 불안을 유발하는 상황, 모니터링, 하향화살표 기법에 대해 설명할 것이다. 이것은 여러분의 자녀를 위한 노출을 계획하는 데 있어서 필수적인 요소들이다.

불안 유발 상황

여러분의 자녀가 특정 상황에서 불안 반응을 보일 때, 이것은 자녀가 그 상황에서의 특정 결과를 두려워한다는 것을 의미한다. 어떤 자녀는 강렬한 신체 증상(심장 두근거림, 떨림, 어지러움, 숨 막히는 기분, 가슴 조임, 메스꺼움)이 동반되고 느닷없이 발생하는 것처럼 보이는 불안의 급성 에피소드(acute episodes)를 경험한다. 여러분은 이러한 종류의 공황 발작을 어떻게 다루어야 하는지 제8장에서 배우게 될 것이다. 그러나 대부분의 자녀는 불안을 이유 없이 급습하는 유동적인 느낌(free-floating feeling)으로 경험하지 않는다. 아이는 비록 그것이 무엇인지 정확하게 알지 못하지만 무엇인가 그들의 불안 반응을 유발한다. 그것은 아침에 버스를 기다리는 것일 수 있고 단순하고 쓸모없는 물건을 버리는 것일 수 있다. 방에서 혼자 자는 것일 수 있고 수업 시간에 손을 드는 것일 수 있다. 선생님이 내는 퀴즈나 시험 결과를 받아 들고 성적을 확인하는 것일 수 있다. 따라서 불안을 해결하는 데 있어서 첫 번째 단계는 구체적인 불안 유발요인을 확인하는 것이다.

치료를 위해 자녀를 데려오는 많은 부모는 자녀의 불안을 유발하는 상황(trigger situation)을 쉽게 알아차릴 수 있다. 어떤 부모는 좀 더 힘든 시간을 보내고, 더 많은 도움을 필요로 한다. 나는 부모가 어떻게 불안이 작동하는지에 대해 더 많이 알게 될 때, 이러한 유발요인들과 상이한 수준의 두려움을 유발하는 많은 미묘한 상황적 변화들을 더 잘 알아차린다는 사실을 발견했다.

일단 유발요인이 확인되면 두려움의 구체적 내용 또는 체계가 명확해진다. 불안 유발 상황에 놓이게 될 때, 여러분의 자녀는 무슨 일이 일어나리라 생각하는가? 일반적으로 부모에게 불안 내용이나 체계를 알아차리는 것은 불안 유발요인을 알아차리는 것보다 어렵다. 예를 들어, 부모는 자녀가 수업 시간에 질문에 대답하라는 요청을 받을 때 걱정을 한다는 사실을 알아차릴 수 있다. 아이는 의자에 구부정하게 앉거나, 아래를 내려다보거나, 얼굴 일부를 머리카락으로 가림으로써 대답 요청을 받는 것을 피하기 위해 노력할 수 있다. 이 경우에 불안 유발요인—대답을 요청 받는 것—은 명확하다. 그러나 부모는 자녀를 두렵게 만드는 것이 무엇인지 구체적으로는 알지 못한다.

심지어 부모가 자녀에게 "반 친구들 앞에서 대답하는 것이 왜 너를 걱정스럽게 만드니?"라고 물을 때, "그냥 많은 사람 앞에서 이야기하는 것을 좋아하지 않아요."라는 식의 애매모호한 대답을 얻게 될 가능성이 있다. 부모는 종종 그 정도로 마무리하고 단순히 자녀가 수줍음이 많다고 생각해 버린다. 두려움의 내용은 미스터리로 남겨져 있지만, 그 내용을 확인하는 것은 여러분의 자녀를 돕는 데 꼭 필요하다. 예를 들어, 자녀는 다른 사람에게 부정적으로 평가받는 것에 대한 두려움을 가지고 있거나(사회 불안, social anxiety), 완벽해야 한다는 걱정(perfectionist worries)을 하거나, 틀린 답을 이야기할까 봐 겁을 먹은 것일 수도 있다.

이 장은 여러분에게 자녀의 불안 유발 상황을 어떻게 알아내고 이러한 상황에서 아이가 두려워하는 것이 무엇인지를 어떻게 확인할지 단계적으로 보여 준다. 여러분의 자녀가 자신의 두려움을 정복하도록 돕는 과정에서 자녀의 불안 유발요인과 두려움의 내용을 확인하는 것은 필수적이다. 자녀가 가진 두려움의 구체적인 내용에 대해서 알아야 할 것이 많으므로 이 과정을 서둘러 시도해서는 안 된다.

유발요인을 확인하는 가장 좋은 방법은 자녀를 관찰해서 자녀가 고통스러워하고 걱정하고 회피하는 상황을 확인하는 것이다. 우선, 여러분 자신에게 다음의 질문들을 해 보라.

• 어떤 상황에서 아이가 고통스러워하는가?
• 아이가 어떤 상황을 피하는가?
• 아이가 이전에는 문제가 없던 상황에서 고통스러워하는가?

만약 이 질문들이 여러분에게 자녀의 불안 유발요인에 대해 바로 알려 준다면 매우 훌륭하다. 하지만 자녀가 불안의 명백한 징후를 보이지 않을 수 있다는 사실을 기억하라(제1장의 〈표 1-1〉 참조). 예를 들어, 자녀는 축구 연습을 하는 공원에서 목줄이 풀린 개에게 물릴까 봐 무섭다는 사실을 인정하기보다는 단순히 더 이상 축구를 좋아하지 않는다는 사실을 여러분에게 이해시키려고 시도할 수 있다. 또는 여러분이 비이성적이거나 이상하다고 생각하는 변명을 만들어 내며 특정한 사회적 상황을 피하기 시작할 수도 있다. 많은 아동이 명확한 불안 징후를 보이지 않기 때문에 부모의 탐색 작업 (detective work)이 좀 더 필요할 수 있다. 이것은 모니터링으로 시작한다.

모니터링

모니터링(monitoring)은 자녀가 불안을 경험하는 상황을 관찰하는 것과 이러한 상황에서 여러분이 어떻게 반응하는지를 깨닫는 것을 모두 포함한다. 모니터링의 목적은 자녀와 여러분의 행동에 대한 정보를 축적하는 것이다. 모니터링은 자녀의 불안 행동에 대한 한계를 설정하는 것에서부터 시작하는데, 그것은 불안을 유발하는 상황이 무엇이든지 간에 자녀의 주의를 불안을 두려워하는 것으로부터 불안을 관리하고 정복하는 법을 배우는 것으로 옮긴다.

부모용 모니터링 활동지(Parent Monitoring Worksheet)를 사용해서 수집할 정보에는 날짜, 상황, 관찰된 행동, 여러분의 반응, (여러분에 의해 평가된) 1~10점 척도상에서 자녀의 고통스러움 수준이 포함된다. 여러분은 나중에 자녀의 불안의 원인이 될 수도 있는 여러분의 행동을 변화시키기 위해서 이 정보들을 사용할 것이다. 다음은 열한 살인 샐리(Sally)의 부모가 작성한 부모용 모니터링 활동지의 예시이다.

2월 11일

상황: 샐리는 발표 준비를 하고 있었는데, 내일 학교 가는 것 때문에 울기 시작했다.

아이에 대해 내가 관찰한 것: 샐리는 자신이 발표를 할 수 있으리라 생각하지 않는다고 말했다. "그건 너무 형편없고, 만약 내가 발표를 하면 모두들 나를 바보라고 생각할 거예요." 샐리는 흐느껴 울었고, 나에게 내일 자신이 집에 있을 수 있게 허락해 주거나 선생님에게 이야기해서 작문 숙제로 대체할 수 있게 해 달라고 사정했다.

나의 반응: 나는 샐리에게 잠시 진정이 된 후에 내 앞에서 연습을 해 보라고 요청했다. 샐리는 잘 해냈지만, 내가 반 친구들 앞에서 발표할 준비가 된 것 같다고 이야기했을 때에 다시 화를 냈다. 나는 아무도 완벽한 사람은 없으며, 어떤 사람은 다른 사람보다 더 잘한다는 사실을 설명하려고 노력했다. 이 노력은 샐리를 전혀 안정시키지 못했다.

공포온도계 수치: 9

2월 12일

상황: 아침 식사와 등교 준비

아이에 대해 내가 관찰한 것: 샐리는 자신이 매우 아프며 토할 것 같다고 이야기했다. 샐리는 열이 있는 것 같고 집에서 쉴 필요가 있다고 말했다.

나의 반응: 나는 샐리에게 모든 사람이 많은 사람 앞에서 발표하는 것에 대해 얼마나 긴장하는지 설명했다. 샐리의 체온을 쟀지만 열은 없었다. 샐리는 불안감 때문에 아프다고 느낀다는 사실을 부인했다. 나는 샐리가 학교에 가도록 했다.

공포온도계 수치: 8

2월 12일

상황: 학교에서 샐리를 데려올 때

아이에 대해 내가 관찰한 것: 샐리는 차 안에서 오열했다. 샐리는 앞으로 자신이 발표하지 않아도 되도록 선생님에게 이야기 해 달라고 나에게 사정했다. 내가 발표가 어땠는지 물었을 때, 샐리는 자신은 거의 아무 말도 하지 못했고, 이제 모든 사람이 자신을 바보로 생각한다고 이야기했다. 샐리는 반 아이들이 같은 축구 팀에 있고, 너무 창피하다는 이유로 다음 축구 시합에 참가하는 것을 거부했다.

나의 반응: 나는 샐리에게 발표의 구체적인 내용에 대해 물었고 발표는 네가 생각하는 것보다 더 좋았을 거라고 안심시켰다. 샐리는 내가 무슨 말을 하고 있는지 알지 못한다고 화를 내며 대답했다. 나는 샐리를 격려하고 설득하려고 노력했으나 샐리는 어떤 이야기도 받아들이지 않았다.

공포온도계 수치: 9

나는 적어도 일주일 동안 매일 여러분의 자녀를 모니터링할 것을 제안한다. 여러분은 온라인의 부록 A(http://www.newharbinger.com/39539)에서 부모용 모니터링 활동지를 찾을 수 있다. 다음은 여러분이 모니터링 활동에 집중하도록 도와주는 몇 가지 방법들이다.

- 아이의 하루 중에서 당신이 관찰하길 원하는 시간을 머릿속에 떠올려라: 기상, 아침 식사, 옷 입기와 몸단장, 등교, 숙제, 저녁 식사, 취침 준비, 수면
- 아이가 불안 또는 회피 행동을 보인다고 당신이 알아차린 시간 또는 활동을 집중적으로 관찰하라.
- 아이가 고통스러워하는 상황에 대한 교사, 다른 부모 또는 친구들의 피드백을 고려하라.
- 아이의 다른 부모 또는 자녀를 돌보는 사람(caregiver)과 함께 그들이 목격했던 자녀가 경험한 고통스러운 상황에 대해서 브레인스토밍(brainstorming)하라.
- 여러분이 배운 것을 써 보아라. 모든 세부 사항을 시간 순으로 나열하기보다는 가장 빈번하게 발생하고 가장 힘들었던 상황에 집중하라.
- 낮 동안에 간단한 노트를 작성하고, 저녁 때 혹은 여러분이 편한 시간에 이것을 활동지에 기록하라. 이 작업은 5~10분 정도의 짧은 시간 안에 끝낼 수 있어야 한다.

모니터링을 하는 동안 여러분은 사실에 기반을 둔 태도(matter-offact attitude)를 취해야 한다. 판단을 배제하고 관찰을 유지하라. 예를 들어, '존은 슈퍼마켓에 있었고 완전히 겁에 질렸다.'와 같이 기술하지 마라. 대신, 사실에 기반해서 이를 가능한 구체적이고 간결하게 다음과 같이 기록하라. '슈퍼마켓에서 존은 쇼핑 카트를 만지는 것을 거부했다. 아이는 자신의 손을 주머니에 넣고 있었으며, 짜증 나 보였고, 우리가 언제 떠날지 반복해서 물었다. 내가 내일 요리할 스파게티를 위해 다진 소고기를 사야 한다는 것을 잊어버렸다는 사실을 깨달았을 때 아이는 화를 냈다. 나는 존에게 뛰어가서 소고기 1파운드만 가져와 달라고 부탁했다. 존은 나에게 다음날 다시 오라며 설득했다. 아이는 끝내 고기를 가져오지 않았고, 내가 가져와야만 했다.' 공정한 관찰자가 사건을 보고하는 것처럼 아이의 행동을 기록하라. 이런 사무적인 관점이 치료를 위한 친절한 분위기를 마련할 것이다.

모니터링이 비밀스러울 필요는 없다. 자녀에게 이 과정을 숨기지 마라. "나는 정보를 모으고 있는 중이고 이를 통해 네가 덜 걱정하도록 도울 수 있을 것이다."와 같은 간단하고 직접적인 설명이면 대개는 충분하다.

어떤 아이는 자기 스스로 활동지를 만드는 것을 선택한다. 만약 자녀가 원한다면 그렇게 하도록 해 주어라. 나의 경험상, 11~12세 정도의 아동은 자기 모니터링(self-monitoring)이 가능하다. 하지만 여러분은 자녀의 능력을 알고 있으므로 나이를 기준으로 삼기보다는 능력에 따라서 실행하라. 온라인의 부록 B(http://www.newharbinger.com/39539)에서 아동용 모니터링 활동지(Child

Monitoring Worksheet)를 찾을 수 있다. 치료 계획을 세울 때는 모든 사소한 정보가 유용할 수 있다. 그러나 절대로 자녀에게 자기 모니터링을 하도록 강요하거나 강제해서는 안 된다.

만약 자녀가 여러분이 자신의 행동을 모니터링하는 것을 반대한다면, 이것은 자녀의 기분이 나아지게 도울 수 있는 유용한 방법이라고 설명하라. 만약 불안 반응을 관찰하게 된다면, 자녀에게 무슨 일이 벌어질 거라고 생각하는지 물어보라. 자녀는 아마도 자신의 불안에 대한 여러분의 증가된 관심으로 인해 자신이 그 불안에 대해 생각하고 느끼는 데 더 많은 시간을 보내게 될까 봐 두려워할 수 있다. 자녀에게 '걱정 언덕'에 대해 이야기해 주고, 그 언덕을 오르는 모든 단계가 불안감을 덜 느끼게 될 언덕 반대편 내리막길로 자녀를 어떻게 데려다 줄 수 있을지 설명하라.

하향화살표 기법

일주일 동안 부모용 모니터링 활동지에 관찰 사항을 기록하고 나면, 여러분은 자녀의 행동에서 패턴을 발견하게 될 것이다. 여러분은 아이의 불안 행동이 특정 유형의 상황에서 나타난다는 사실을 알아챌 것이다. 이제 아이와 함께 앉아서 그 상황에서 아이가 구체적으로 두려워하는 것에 대해 알아보아라.

하향화살표 기법(downward arrow technique)은 주어진 불안 유발 상황을 피하지 못할 때, 아동이 생각하기에 무슨 일이 생길지를 묻는 일련의 질문을 통해 여러분을 안내한다. 이 기법은 여러분으로

하여금 그 상황에서 아이가 가장 두려워하는 결과가 무엇인지 정확하게 알 수 있도록 한다. 각각의 화살표는 불안의 진정한 근원에 한 단계 더 가까워졌음을 나타낸다. 여러분이 자녀와 함께 완성할 수 있는 하향화살표 활동지(Downward Arrow Worksheet)는 온라인의 부록 C(http://www.newharbinger.com/39539)에 포함되어 있다.

자녀와 함께 하향화살표 기법을 사용할 때, 유발 상황과 두려워하는 결과에 대한 예시를 정리해 놓은 〈표 4-1〉을 참조하라. 이것은

〈표 4-1〉 흔한 불안 유발요인의 예와 두려워하는 결과들

상황	두려워하는 결과
수업 시간에 손들기	나는 틀리거나, 말을 더듬거나, 머릿속이 하얘질 것이다. 그리고 친구들은 내가 멍청하거나 이상하다고 생각할 것이다.
공중화장실 사용	나는 세균 또는 다른 사람의 체액을 만지게 될 것이고, 아프거나 나에게 더러운 것이 묻는 것을 걱정하게 된다.
책가방 싸기	나는 중요한 무언가를 잊어버릴 것이고, 내 성적은 떨어질 것이다.
부모가 외출하고 새 보모와 함께 있기	무엇인가 안 좋은 일이 일어나고, 부모님은 집에 오지 않을 것이다. 나는 기분이 좋지 않고 나를 도와줄 엄마가 필요할 수 있다.
통학 버스 타기	나는 매우 긴장하게 된다. 나는 구토를 할지도 모른다. 만약 내가 구토를 하면 친구들은 내가 징그럽고 이상하다고 생각할 것이다.
아는 사람과 간단한 이야기 나누기	나는 할 말이 없거나, 더듬거리면서 말을 이어나가고 어색한 침묵이 감돌 것이다. 다른 친구들은 내가 바보라 생각할 것이고, 더 이상 나를 좋아하지 않을 것이다.

엘리베이터 타기	엘리베이터가 고장 날 것이다. 나는 엘리베이터에 갇히고 너무 무서워서 몸을 떨게 되거나, 죽거나 심장마비를 일으키는 것처럼 느낄 것이다.
정리 안 된 물건들	정리가 안 된 물건을 보는 것은 너무나 신경이 쓰여서 나는 물건들을 올바른 순서대로 놓지 않으면 아무것도 하지 못하거나 편히 쉬지 못할 것이다.
큰 개와 맞닥뜨리기	개가 나를 물거나, 핥거나, 나에게 뛰어오를 것이다.

다양한 상황에서 여러분이 발견할 수 있는 것들에 대한 아이디어를 제공해 준다.

하향화살표 기법을 사용할 때의 요령은 집요하게 자녀가 가장 두려워하는 결과에 도달할 때까지 계속해서 질문하는 것이다. 나는 자녀와 함께 이 기법을 어떻게 사용해야 하는지 단계적으로 보여 주는 사례들을 통해서 여러분에게 이 과정을 설명할 것이다. 각 사례들은 부모가 자녀에게 유발 상황에서 무슨 일이 일어날 것인지(두려운 결과)를 물어보는 대화로 시작한다. 그런 다음에는 부모가 작성한 하향화살표 활동지가 뒤따른다. 이 기법을 사용할 때, 여러분이 사용할 수 있는 전략을 강조하기 위해서 나는 대화에 메모를 첨부했다. 모든 대화에서 나는 엄마 또는 아빠를 모두 '부모'라고 지칭했는데, 이것은 부모 중 어느 누구라도 이 역할을 담당할 수 있음을 강조하기 위해서다.

존(John, 8세)

부모: 존, 우리가 식료품 가게에 있는 동안 너는 카트를 만지는 것을

원하지 않고 매우 걱정스러운 것처럼 보였어. 그래서 묻고 싶은데, 카트를 만지면 무슨 일이 일어날 것 같니?

존: 잘 모르겠어요.

부모: 이 문제에 대해 생각해 본 적이 없겠지. 그런데 우리 그냥 한 번 가정해 보자. 만약에 네가 카트를 만진다면 무슨 일이 일어날 거라고 생각해? (존이 침묵을 유지한다). 나는 네가 지금 당장은 모를 수 있다는 것을 이해해. 그렇지만 같이 답을 찾아보자.

존: 잘 모르겠는데요, 엄마. 어떻게요?

부모: 음, 엄마는 우리가 그 답을 찾도록 도와줄 수 있는 몇 가지 방법에 대해 알게 됐어. 몇 가지만 질문할게. 존, 만약 네가 카트를 만지면 무슨 일이 일어날 것 같니?

존: 모르겠어요.

[여러분은 질문을 여러 번 해야 할 필요가 있을지 모른다. 낙담하지 말아라.]

부모: 좋아. 너는 만화책을 읽지. 만화책에서 등장인물이 생각하는 것을 보여 주는 말풍선을 알고 있을 거야. 만화 속에서 쇼핑 카트를 만지고 있는 너의 모습을 상상해 봐. 네 위에 있는 말풍선 속에 무슨 말들이 있을까?

존: 모르겠어요.

[이 단계에서 당신은 한 가지씩 예를 들어 줄 수도 있다.]

부모: 음, 어떤 사람은 세균을 만지는 것에 대해 걱정이 될 수 있어.

존: 네. 저는 세균을 만지는 것을 원하지 않아요.

부모: 그렇구나. 만약에 네가 세균을 만졌고 손에 세균이 남아 있다

는 사실을 알게 되면 무슨 일이 일어날까?

존: 구역질이 날 거예요. 전 아플지도 몰라요.

부모: 아프게 된다는 것은 무슨 의미지?

존: 전 감기나 독감에 걸릴지도 몰라요.

[이 지점에서 아이에게 지금까지 이야기했던 내용을 분명하게
정리해서 말해 주면 좋다.]

부모: 좋아, 존. 네가 나에게 이야기해 준 것은 너는 쇼핑 카트를 만
지는 것을 원하지 않는다는 거야. 왜냐하면 너는 세균을 만질지
도 모르고, 그렇게 되면 감기나 독감에 걸릴 수도 있으니까. 궁
금해서 그러는데, 만약 네가 감기나 독감에 걸리면 무슨 일이 일
어나게 될까?

존: 제가 감기에 걸리면 코가 막힐 거예요.

부모: 그렇구나. 그렇다면 만약 코가 막히게 되면 무슨 일이 일어
나지?

존: 그러면 숨쉬기가 힘들어져요.

부모: 맞아. 좋을 게 없지. 너는 코를 많이 풀고 코에 휴지를 넣어야
할 수도 있어. 그런데 만약에 숨 쉬는데 문제가 생기면 무슨 일
이 일어날까?

존: 저는 밤에 숨이 멈출까 걱정이 돼요.

부모: 아, 그건 정말 큰 걱정거리구나. 그러면 밤에 숨이 멎으면 무슨
일이 일어나게 될까?

존: 죽을 수도 있어요.

존의 어머니는 하향화살표 활동지(Downward Arrow Worksheet; [그림 4-1] 참조)를 작성하는 데 이 대화를 사용했다.

우리는 이제 여덟 살 존의 공포 체계를 만들었다. 존은 쇼핑 카트 자체를 두려워하지 않는다. 존은 쇼핑 카트에 묻어 있는 세균이 자신을 아프게 만들고, 밤에 숨을 쉬지 못하게 하고, 죽음으로 이어지게 할까 봐 두려워한다. 이것은 어린아이에게는 매우 무서운 상황이다. 여러분은 최종적으로 두려워하는 결과에 도달하기까지 끊임없이 질문해야 한다는 사실을 알 수 있다. 다음 단계의 화살표 질문을 하는 것은 비록 그것이 매우 분명하거나 무섭게 보일지라도 결코 해롭지 않다. 질문하고, 질문하고, 또 질문하라. 여러분은 알게 된 사실에 놀라게 될지도 모른다. 이번 사례의 경우, 존의 부모는 공중화장실 사용이나 공공장소에 있는 다른 물건 만지기와 같은 다양한 상황이 세균에 오염되고 너무 아파서 숨 쉴 수 없게 된다는 아이의 두려움을 유발한다는 사실도 알게 되었다.

다음 두 사례는 특정 상황에서 아동이 두려워하는 것에 대해 여러분만의 추측에 의존하지 않는 것이 왜 중요한지를 알려 준다. 두 아동은 비슷한 행동을 보일 수 있지만, 공포 체계는 상당히 다를 수 있다.

헤일리(Haley)와 카밀라(Camilla)는 열두 살이고 시험과 과제에서 높은 점수를 받고 학업 성적도 전반적으로 우수하다. 그러나 두 아이 모두 수업 시간에 이야기하는 것을 거부하고, 질문에 대답하기 위해 손을 들지 않으며 가능한 한 교실 뒤쪽에 앉는다. 교사들은 이 문제에 대해 부모에게 알렸고, 문제는 학기 동안 더욱 심해졌다.

상황

식료품 가게의 쇼핑카트를 만지는 것

이 상황에서 무슨 일이 일어날 것인가?

다른 사람들의 세균이 카트 여기저기에 있다.

만약 (사람들의 세균이 카트 여기저기에 있)다면, 무슨 일이 일어날 것인가?

나는 감기나 독감에 걸릴지도 모른다.

만약 (감기나 독감에 걸린)다면, 무슨 일이 일어날 것인가?

나는 기분이 안 좋고, 코가 꽉 막히게 될 것이다.

만약 (기분이 안 좋고 코가 막힌)다면, 무슨 일이 일어날 것인가?

나는 밤에 숨을 쉬지 못할 것이다.

만약 (밤에 숨을 쉬지 못한)다면, 무슨 일이 일어날 것인가?

나는 잠자면서 죽을 수도 있다.

[그림 4-1] 하향화살표 활동지(존의 부모가 작성함)

표면적으로 보기에 여러분은 두 아이가 공통의 문제를 가지고 있다고 생각할 수 있다. 그러나 하향화살표 논의는 각 아동마다 독특한 공포 체계를 보여 준다.

헤일리(Haley, 12세)

부모: 헤일리, 너도 알다시피, 어제 선생님과 면담을 했는데 계속 언급되는 이야기 중 하나가 네가 수업 시간에 좀 더 적극적으로 참여했으면 좋겠다는 거였어.

헤일리: (어깨를 으쓱거리며) 잘 모르겠어요, 아빠. 저는 그냥 수업 시간에 별로 할 이야기가 없었을 뿐이에요.

부모: 할 말이 없었다고? 정말? 우리 이 문제에 대해 함께 이야기해 보자. 역사 시간에 너는 무엇을 공부했니?

　[여기서 헤일리의 말을 검증할 수 있는 기회가 있다. 이것은 특히 나이 많은 아동에게 유용한 접근법이다.]

헤일리: 아즈텍 문명이요.

부모: 좋아. 선생님께서는 질문을 하셨을 거야. 무슨 질문을 하셨는지 기억나니?

헤일리: 네. 선생님은 "아즈텍의 태양신은 누구지?" 같은 멍청한 것을 물으셨어요.

부모: 왜 그것이 멍청한 질문이지?

헤일리: 모든 사람이 답을 아니까요.

부모: 너도 그 답을 아는 것 같구나. 그러면 대답을 할 수 있었을 텐데. 하지만 대답하지 않기로 결정했지. 그러면 영어 수업은 어땠

니? 너는 나에게 '아웃사이더(The Outsiders)'와 거기 나오는 '포니보이(Ponyboy)'를 얼마나 좋아하는지 말했었지. 선생님께서 그 책에 대한 질문을 하셨니?

헤일리: 네, 그러셨어요.

부모: 그리고 너는 그 답을 알았니?

헤일리: 네.

부모: 좋아, 역사 수업 시간에 있었던 일과 비슷하게 들리는구나. 너는 두 시간에 모두 손을 들고 발표하는 것을 원하지 않았구나.

헤일리: 음.

부모: 너는 다른 사람들과 함께 나눌 만한 이야기가 있었던 것처럼 보이는구나. 아마도 우리는 그 나눔을 가로막는 것이 무엇인지 찾을 수 있을 거야.

[여러분과 자녀는 함께 증거를 검토해 나가며 할 말이 없었다는 아이의 주장이 잘못됐음을 밝혀냈다. 여러분은 하향화살표와 함께 이 작업을 계속할 수 있다.]

부모: 헤일리, 만약 네가 친구들 앞에서 이야기를 하면 무슨 일이 일어날 거라고 생각하니?

헤일리: 잘 모르겠어요.

부모: 영어 수업시간에 너의 모습을 머릿속에 그려 봐. 만약 네가 질문의 답을 알고 그래서 손을 들면 무슨 일이 일어날 것 같니?

헤일리: 긴장하게 될 때, 제 목소리가 떨릴 수도 있어요.

부모: 그 사실을 발견하다니 정말 잘했구나! 만약 네가 대답을 하고 목소리가 떨리게 되면 무슨 일이 일어날까?

헤일리: 제가 쉬운 질문에 대답하는 데 긴장한다는 사실을 모두 알게 될 거예요.

부모: 좋아. 흥미롭구나. 네가 질문에 답을 하고, 목소리가 떨려서 모든 사람이 네가 긴장했다는 사실을 안다고 가정해 보자. 다음에는 무슨 일이 일어날까?

헤일리: 잘 모르겠어요. 전 그냥 다른 사람들이 제가 긴장했다는 사실을 알게 되는 걸 원하지 않아요.

부모: 사람들 앞에서 긴장하는 것은 언짢은 일이라는 사실을 충분히 이해한다. 그런데 무슨 일이 벌어질까? 다른 사람들이 네가 똑똑하지 않다고 생각할까 걱정되니?

헤일리: 대부분의 아이들은 제가 똑똑하다는 것을 알아요.

부모: 그렇다면 네 목소리가 떨리는 것과 다른 아이들이 네가 긴장했다는 사실을 아는 것이 뭐가 그렇게 나쁜 걸까?

[여러분은 이 기법을 여러 번 반복할 필요가 있다는 사실을 기억하라.]

헤일리: 아이들이 제가 이상한 아이라고 생각할지도 몰라요.

부모: 정말 흥미롭구나. 그러면 우리 한 단계만 더 나아가 보자.

헤일리: 아빠는 만약 다른 아이들이 저를 이상하다고 생각하면 무슨 일이 생길지 물으실 거죠?

부모: 정말 똑똑한데, 헤일리. 그래서?

헤일리: 만약 다른 아이들이 저를 이상하다고 생각하면, 아이들은 저를 좋아하지 않을 거고 더 이상 제 친구가 되기를 원하지 않을 거예요.

상황

손을 들고 반 아이들 앞에서 질문에 답하는 것

이 상황에서 무슨 일이 일어날 것인가?

나는 긴장해서 목소리가 떨릴 것이다.

만약 (네가 긴장하고 목소리가 떨린)다면 무슨 일이 일어날 것인가?

다른 아이들은 내가 긴장했다는 사실을 알게 될 것이다.

만약 (아이들이 네가 긴장했다는 사실을 알게 된)다면 무슨 일이 일어날 것인가?

아이들은 내가 긴장하는 것이 이상하다고 생각할 것이다.

만약 (네가 긴장한 것처럼 보여서 아이들이 네가 이상하다고 생각하게 된)다면 무슨 일이 일어날까?

아이들은 더 이상 나를 좋아하지 않을 것이다.

무슨 일이 일어날 것인가?

[그림 4-2] 하향화살표 활동지(헤일리의 부모가 작성함)

부모: 정말 잘했어, 헤일리! 내 생각에는 이것이 우리가 계획을 떠올리는 것을 도와줄 거야. 그래서 사람들이 네가 이상하다고 생각하는 것에 대해서 조금은 덜 걱정할 수 있을 거란다. 우리 이제 가서 간식 먹자, 어때?

헤일리의 아버지는 이 대화가 끝난 후에 하향화살표 활동지를 작성했다. 각각의 대답이 헤일리의 설명을 얼마나 정확하게 요약하고 있는지 확인해 보자.

카밀라(Camilla, 12세)

카밀라는 헤일리와 유사한 행동을 보였지만, 다음의 대화는 카밀라의 불안은 다른 이유를 가지고 있음을 보여 준다.

부모: 카밀라, 너도 알다시피, 어제 선생님을 만났는데 네가 수업 시간에 참여하지 않는 것에 대해 걱정하시더구나. 너의 과제는 매우 훌륭하지만, 참여도 점수가 감점되면 이것은 결국 성적에도 영향을 줄 수 있어.

카밀라: 뭐라고요? 점수가 깎인다고요?

부모: 음, 우리가 정말 걱정하는 것은 성적이 아니라 네가 말하는 것을 싫어한다는 거야. 수업 시간에 참여하지 않는 데 특별한 이유라도 있니?

카밀라: 엄마, 저도 잘 모르겠어요. 그냥 긴장이 돼요.

부모: 그 이유를 알아내고 너를 도와줄 수 있도록 엄마가 몇 가지 질

문을 해도 될까?

카밀라: 좋아요. 그게 도움이 된다고 생각하신다면요.

　　　[카밀라가 헤일리보다 좀 더 협조적인 사실에 주목하라.]

부모: 네가 손을 들 수 있었지만 손을 들지 않았던 지난주 수업 시간을 생각해 보자.

카밀라: 좋아요.

부모: 손을 들지 않기로 결심했을 때, 무슨 생각을 했었니?

카밀라: 저는 대개는 제 대답이 100퍼센트 맞는지 확신할 수 없다고 생각해요.

부모: 네가 오직 80퍼센트만 확신하더라도 손을 들었다고 생각해 보자. 그러면 무슨 일이 일어날까?

카밀라: 저는 모든 아이들 앞에서 틀린 답을 이야기할지도 몰라요.

부모: 좋아, 카밀라. 이제서야 이해가 되기 시작하는구나. 네가 대답을 했고 그 답이 틀렸다고 생각해 보자. 그러면 무슨 일이 일어날까?

　　　[이 질문은 불안 반응을 야기할 수 있다. 아이는 울먹이거나 화를 내는 것처럼 보일 수 있다.]

카밀라: 글쎄요, 저는 똑똑해요. 그리고 대부분의 아이는 제가 답을 맞힐 거라고 기대해요.

부모: 나도 이해한다. 그런데 만약 네가 한번에 정답을 맞히지 못하면 무슨 일이 일어날까? 너는 창피를 당할까 봐 걱정이 되니? 아니면 너를 괴롭히는 다른 것이 있니?

카밀라: 틀렸다는 것에 대해 제 자신에게 더 화가 날 것 같아요. 저는

어떤 것도 틀리고 싶지 않아요. 저는 대개 답을 제출하기 전에 모든 답을 확인해요. 그런데 만약 제가 옳다고 확신할 수 없으면, 저는 틀린 답을 내놓을지 모르고 전 그건 정말 싫어요.

부모: 너를 무섭게 하는 것은 네가 정답을 안다고 확신하지 못하고 수업 시간에 네가 제대로 하고 있는지 확인할 수 없는 거로구나.

카밀라: 맞아요. 제가 옳다는 걸 확실히 알지 못한다는 게 저를 긴장하게 만들어요.

부모: 인상 깊구나. 우리가 너에 대해 얼마나 많은 것을 알게 되었는지 봐. 그러니까 너는 정답을 안다고 100퍼센트 확신할 수 있을 때에만 질문에 대답하기 위한 시도를 하는구나. 이 사실은 엄마를 슬프게 하는구나. 왜냐하면 너는 배우기 위해서 학교에 있는 거거든. 어느 누구도 네가 이미 모든 것을 알고 있다고 생각하지 않는단다. 이것은 너에게 분명 어려운 일이겠구나.

카밀라: 저도 제가 실제보다 더 많이 걱정한다는 것을 알아요. 만약 제가 틀려도 선생님은 신경 쓰지 않을 거라는 것도 알아요. 선생님은 제게 가장 중요한 것은 노력이라고 백만 번쯤 말해 줬어요. 그래도 저는 제가 틀릴까 너무 무서워요. 선생님이 저를 지정해서 시킬 때에도, 저는 너무 긴장돼서 대답할 수가 없어요.

부모: 카밀라, 엄마는 네가 이 문제에 대해 이야기해 줘서 너무나 자랑스럽구나. 엄마가 계속 같은 이야기를 반복하는 것처럼 들리겠지만, 너의 답이 옳다고 확신하지 못할 때 너를 무섭게 만드는 것이 뭘까? 네가 답을 확신할 수는 없지만 위험을 감수해서 어쨌든 답을 이야기하기로 결심했고, 결국 너의 답이 틀린 것으로 밝

혀졌다고 생각해 보자.

카밀라: 그런 생각은 저를 무섭게 만들어요. 저는 틀리는 걸 정말 싫어한단 말이에요! 그런 위험은 절대 감수하지 않을래요.

부모: 알고 있어. 그냥 네가 그렇게 했다고 한 번 상상해 보자는 거지. 너의 머리 위에 말풍선이 있다면 거기엔 뭐라 적혀 있을까?

카밀라: '카밀라, 만약 네가 틀리면 선생님이 너에게 나쁜 점수를 주실 거야.'라고 이야기해요.

부모: 좋아. 엄마는 선생님께서 네가 한 번 틀렸다고 나쁜 점수를 주실 거라고는 생각하지 않는단다. 심지어 선생님도 너에게 그런 이야기를 많이 하셨잖아. 그런데 만약 네가 답을 틀리고 나쁜 점수를 받는다면? 그러면 무슨 일이 일어날까?

카밀라: 그러면 제 모든 성적이 낮아질 거예요.

부모: 좋아. 만약 너의 성적이 낮아지면 무슨 일이 일어날까?

카밀라: 저는 모든 과목에서 A를 받기를 원해요. 엄마도 아시잖아요.

부모: 물론 엄마도 그 사실을 알지. 그런데 우리가 이런 걱정의 원인을 알아낼 수 있도록 엄마의 질문에 대답하려고 노력해 보렴.

카밀라: 음, 만약 제 성적이 좋지 않으면, 저는 좋은 대학에 갈 수가 없어요. 저는 엄마처럼 하버드에 정말 가고 싶어요. 만약 제가 나쁜 성적을 받는다면, 저는 하버드에 못 갈 거예요.

부모: 엄마는 네가 하버드에 가지 못할까 봐 걱정하는지 몰랐는걸. 그건 정말 먼 미래 이야기야.

카밀라: 음, 고등학교를 위해서 제 성적은 지금부터 중요해요. 만약 제 성적이 충분히 좋지 못하면, 저는 좋은 고등학교에 가지 못

할 거고, 그렇게 되면 저는 하버드에 못 갈 거예요.

부모: 좋아. 마지막 질문이야. 만약 네가 하버드에 가지 못하면 무슨 일이 일어날까?

카밀라: 그러면 제가 정말 좋아하는 좋은 직장을 갖지 못 할 거예요. 저는 결국 가난하고 엄청 불행하게 될 거예요. 완벽한 성적을 받기 위해 제 자신을 좀 더 몰아붙이지 않은 것에 대해 저는 항상 후회할 거예요.

[마지막 단계는 이전 단계들처럼 세분화될 필요가 있을지 모른다.]

부모: 카밀라, 정말 잘했다. 엄마는 네가 지나치게 걱정하지 않게 되도록 그리고 그 두려움이 너의 학교생활을 방해하지 않도록 어떻게 노력할 수 있을지 알게 되었어. 이에 대해서는 다른 날에 더 이야기하자.

카밀라: 좋아요, 엄마. 지나치게 걱정해서는 안 되지만 걱정을 하기 때문에 왠지 모르게 제가 바보가 된 것처럼 느껴지네요.

카밀라의 어머니는 [그림 4-3]의 하향화살표 활동지를 작성했다. 만약 여러분이 이 활동지를 헤일리의 활동지와 비교해 본다면, 여러분은 첫 번째 화살표에서부터 아이들의 대답이 어떻게 다른지 볼 수 있을 것이다. 이것은 각각의 아이가 다른 불안 문제를 가지고 있음을 시사한다.

상황

반 아이들 앞에서 손을 들고 질문에 대답하는 것

이 상황에서 무슨 일이 일어날 것인가?

나는 틀릴 수도 있다. 반 아이들 앞에서 말하기 전에 나는 내가 맞다는 사실을 100퍼센트 확신해야 할 필요가 있다.

만약 (네가 맞다는 사실을 100퍼센트 확신할 수 없)다면, 무슨 일이 일어날 것인가?

모든 아이들이 내가 맞을 거라고 기대하고, 나는 틀리는 것을 싫어한다.

만약 (네가 틀린)다면, 무슨 일이 일어날 것인가?

나는 실망하고 스트레스받을 것이다.

만약 (네가 실망하고 스트레스를 받는)다면, 무슨 일이 일어날 것인가?

그것은 기분이 좋지 않은 일이고, 나는 좋은 대학을 가지 못하거나 좋은 직업을 갖지 못할 것이다.

만약 (네가 좋은 대학교에 가지 못한)다면, 무슨 일이 일어날 것인가?

나는 끔찍한 인생을 살고, 결코 행복하지 못할 것이다.

[그림 4-3] 하향화살표 활동지(카밀라의 부모가 작성함)

하향화살표 기법 적용하기

이 기법은 자녀가 실제 불안 유발 상황에 놓이는 것은 아니지만 마음속에 있는 자신의 두려움과 직면해야 하기 때문에 약간의 불편감과 불안을 야기할 수 있다. 여러분은 불안을 불러일으킨 사건 다음에 이러한 대화를 가지는 것이 가장 이상적이다. 비록 여러분은 자녀가 여전히 불안해하는 상태에서 이 대화를 바로 시도하는 것이 내키지 않을 수 있지만, 여러분과 자녀의 마음속에 그 상황이 여전히 생생할 때 하향화살표 기법을 적용하는 것이 가장 좋다.

하향화살표 분석에 참여하는 것은 그 자체만으로도 치료 효과를 가질 수 있다. 자녀는 자신의 두려움에 대해 이 정도로 깊이 있게 논의하고, 두려움의 비이성적인 본질을 객관적으로 보게 된 것에 때때로 놀란다. 자녀는 대부분 두려움에 대해 생각하는 것을 피해 왔을 것이며, 그래서 그것을 단순히 드러내는 것만으로도 긍정적인 효과를 보일 수 있다. 내가 부모와 아동에게 사용하기 좋아하는 비유는 '한밤의 괴물'이란 표현이다. 어둠 속에서 아이는 방 안에 숨어 있는 괴물을 상상할 수 있다. 그러나 낮에는 그 두려웠던 물건이 빨래더미로 보일 수도 있다. 두려움에 대한 진실도 동일하다. 하향화살표 기법을 통해서 두려움을 알아 나가는 것은 아동에게 자신의 불안에 대한 훨씬 더 객관적인 시각을 제공할 수 있다.

그러나 하향화살표 기법의 기본적인 목적은 아동의 공포 체계를 평가하는 것이다. 아이가 두려워하는 결과가 얼마나 비이성적인 것인지를 보여 주기 위해 이 기법을 사용하려는 유혹에서 벗어나라.

그것은 역효과를 낳는다. 여러분과 자녀는 이 기법에서 얻은 공포 체계에 관한 정보를 스마트 톡이나 노출을 통한 생각 오류 수정하기와 같은 이 프로그램의 다음 단계로 나아가기 위해 사용할 것이다.

몇 가지 당부와 주의 사항

여러분의 자녀는 자신의 불안에 대해 이야기하는 것을 어떤 방식으로든 계속해서 거부할 수 있다. 그러한 거부에 낙담하지 말아라. 여러분은 자녀가 자신의 감정에 대해 기꺼이 말로 표현하고자 하고 그렇게 할 수 있는 적절한 시작 시점을 기다려야 할 필요가 있다.

여러분은 또한 아이가 이야기하는 것에 대해서 여러분 자신만의 감정적인 반응을 한다는 사실을 알게 될 수 있다. 불안한 자녀의 공포 체계는 놀랍고 무섭고 이상하고 또는 실망스러울 정도로 바보스럽게 보일 수 있다. 아이가 이야기하는 것에서 너무 많은 내용을 읽어 내려고 노력하지 말아라. 예를 들어, 만약 여러분의 자녀가 우연히 다른 누군가를 다치게 할까 봐 걱정하거나 섬뜩한 장면을 마음속에서 떨쳐내지 못한다고 해서 아이에게 과도한 분노나 폭력적인 성향이 있다고 함부로 추측하지 말아라. 일방적으로 판단하지 말고 호기심 있는 태도를 유지하라. 만약 여러분이 걱정하는 것처럼 보이면 아이는 이를 알아차리고 이 과정에서 여러분을 신뢰하지 않을 수 있다. 그러므로 아이를 지지하고, 아이가 자신의 두려움을 이야기할 때 칭찬해 주어라. 아이가 비교적 편안해하는 속도로 진행하라. 만약 아이가 그 순간에 압도된 것처럼 보인다면, 뒤로 물러서거나 잠시 쉬는 시간을 가져라. 그러나 그 과정으로 다시 돌아올 것이라는 것을 확실히 해 두어라.

부모로서 여러분은 치료자나 의사가 아니며, 그렇게 되기를 기대해서도 안 된다는 사실을 기억하라. 여러분은 단지 이 책에 있는 정보를 사용함으로써 여러분의 자녀를 도울 수 있다. 아동의 공포 체계에 대한 명확한 이해를 갖는 것이 이 프로그램의 첫 번째 단계 중 하나이다. 여러분이 일단 이것을 갖게 되면, 여러분 자녀와 함께 두려움을 정복할 수 있는 작업을 시작할 수 있다. 아이의 두려움에 대한 지식은 여러분이 노출 작업을 계획할 때에도 중요할 것이다.

마지막으로, 만약 여러분이 아이가 가진 두려움의 내용에 대해서 지나치게 걱정이 되거나 불편하다면, 나는 불안 장애 아동 치료 경험이 있는 인지행동 치료자를 만날 것을 제안한다. 하지만 이 책 전체를 읽어 보아라. 여기에서 여러분이 배운 것은 아이를 위한 효과적인 도움을 발견하는 데 기여할 것이기 때문이다.

요약　이 장에서 여러분은 무엇을 배웠는가?

☑ 불안 유발요인을 알아내고 공포 체계와의 관계를 확인하기 위해 도움이 되는 과정은 모니터링과 하향화살표 기법을 포함한다.

☑ 불안은 대개 유동적인 감정이 아니다. 구체적인 무엇인가가 아동의 두려움 반응을 유발한다.

☑ 여러분은 아이가 괴로워하고 걱정하고 회피하는 상황을 알아차림으로써 무엇이 아이의 불안을 유발하는지를 확인할 수 있다.

☑ 모니터링은 아이가 불안을 경험하는 상황을 관찰하고 여러분 자

신이 이러한 상황에 놓인 아이에게 어떻게 반응하는지 알아차리는 것을 포함한다.

☑ 시작하기 위해, 최소 일주일 동안 매일 아이를 모니터링하라.

☑ 하향화살표 기법은 여러분과 자녀가 공포 체계를 알아가고, 각각의 불안 유발 상황에 대한 결과를 인식하는 것을 가능하게 한다.

☑ 하향화살표 분석을 이용하는 것은 그 자체만으로도 치료 효과를 가질 수 있다. 그러나 이것의 주 목적은 아동의 공포 체계를 알아내는 것이다.

제5장

부모가 키우는 자녀의 두려움

66 부모는 본의 아니게 아동의 두려움을
강화시킬 수 있다. 99

모든 건강한 아동은 부모가 제공할 수 있는 안정, 조언, 보호가 필요할 때 이를 요구한다. 불안한 아동은 불안하지 않은 아동보다 더 큰 괴로움을 경험하기 때문에 두려울 때면 부모에게 더 많이 의지하려는 경향이 있다. 나는 매일 불안한 자녀를 안심시키기 위해 다양한 방법으로 노력하는 부모들을 만나는데, 이들은 이러한 노력이 피곤하고, 스트레스를 주며 가족의 일상에 지장을 준다고 말한다. 부모는 가끔 아이의 불안과 그 불안을 안심시키려는 노력에 대해 큰 무기력감을 느끼게 되고, 스트레스를 받게 된다. 그래서 그들은 아이에게 화가 나고 기분이 더 나빠지게 된다.

내가 만났던 많은 부모는 자녀에게 그들의 두려움이 불합리하다는 것을 납득시키기 위하여 안심시키려 하거나 그럴듯하게 설명을 하느라 너무 지쳐 있었다. 회피는 아동의 두려움을 강화시키는 것임에도, 부모들은 자포자기하는 심정으로 불안을 야기하는 상황들을 자녀가 피하도록 도울 것이다. 그들은 이 외에는 고통을 줄일 수 있는 다른 효과적인 방법들을 모르기 때문에 이 방법을 택하곤 한다. 실제로 어떤 부모는 정신과 의사, 행동 의학자, 심리학자, 다른 정신 건강 전문가들까지도 자녀가 덜 괴로워하는 방법으로 일종의 회피나 주의분산 기술들을 추천했다고 한다. 그러나 이러한 권고 사항들은 역효과를 낳을 뿐만 아니라 타당하지도 않고, 현재의 과학적 근거에 기초하지도 않는다.

예를 들어, 혼자 자는 것을 불안해하는 자녀가 있다면, 많은 부모는 감미로운 음악을 들려주거나, 아주 편안한 이불을 깔아 주거나, 부모와 함께 자는 것을 허락해 주거나, 바닥 위에 침낭에서 잘 수 있게 해 주는 등 여러 가지 정교한 수면 의식들을 개발한다. 청소년기 자녀를 둔 많은 부모는 자녀가 모든 것이 잘 되고 있다는 확인을 받기 위한 문자를 지나치게 많이 보낸다고 말한다. 어떤 부모는 절박한 심정으로 자녀가 결석하는 것을 허용하기도 하는데, 이렇게 '정신건강의 날'을 두는 것이 안심을 제공하고, 적어도 해를 주지는 않는 방법이라고 여긴다.

부모는 틀에 박힌 행동을 하기 쉽다. 불안한 자녀를 위해 수년 동안 노력을 해 왔던 부모는 가끔 자신의 행동에 대한 능력과 영향력에 대한 관점이 흐려지게 된다. 교육을 많이 받고, 지적이며, 선한 부모조차도 불안한 자녀에게 극단적인 행동으로 반응할 수 있다. 부모가 취하는 이러한 행동들을 과학자들은 '부모의 순응(parental accommodations)'이라고 부른다. 부모의 순응은 불안 장애로 힘들어하는 자녀를 둔 가정에서 발생하는 현상으로 광범위하게 연구되었고, 잘 입증되고 있는 현상이다. 이러한 '부모의 순응' 수준이 높을수록 치료 결과가 나빠지는 경향이 있다. 연구들은 부모가 불안한 자녀에게 순응을 더 많이 할수록 아동의 불안 증상은 더 심각해진다는 것을 보여 준다(Garcia et al., 2010; Merlo et al., 2009). 예일대학교(Yale University)의 연구자들은 부모의 순응 행동을 줄이는 것만으로도 불안한 자녀에게 충분한 치료 효과를 보이는지에 대한 연구를 진행하고 있다.

내가 했던 경험들은 이러한 과학적 연구 결과들과 일치한다. 사실, 나에게 자문을 받는, 선의를 가진 대부분의 부모가 자녀의 두려움에 순응함으로써 자녀의 문제를 의도치 않게 키우고 있다. 이것이 내가 부모의 순응 행동을 서서히 줄여 가기 위해 그들과 면밀하게 작업하는 이유이다. 이 책을 통하여 여러분은 순응의 수준을 줄일 수 있는 방법 또한 배우게 될 것이며, 자신의 행동을 다룸으로써 자녀가 회복하는 데에 중요한 역할을 하게 될 것이다. 이 장에서는 이러한 순응 행동에는 무엇이 있으며, 어떻게 하면 그러한 행동을 줄여 나갈 수 있는지에 대해 설명할 것이다.

우리는 이제 여러분이 부모로서 할 수 있는 다른 대안적 행동에 대해 이야기할 것이며, 이를 통하여 여러분은 자녀의 불안 문제에 기여하는 몇 가지 요인에 대한 통제력을 가질 수 있을 것이다. 이는 여러분의 양육 방법 등을 비판하기 위한 것이 아님을 알아주길 바란다. 이는 여러분 자녀의 불안에 기여하는 요인들과 올바른 대응에 대해 합리적으로 확인하는 과정이다. 우선 우리는 회피 행동과 안전 행동에 대해 살펴볼 것이며, 여러분이 자녀에게 이런 행동을 하는 것을 줄이기 위하여 할 수 있는 몇 가지 과정을 이야기할 것이다.

하지만 우선은 강박 장애(Obsessive Compulsive Disorder: OCD)의 용어와 특징에 대하여 설명하도록 하겠다. 인지행동치료에서는 불안 문제를 동반하는 순응 행동을 '회피 행동과 안전 행동'이라고 부른다. 회피 행동(avoidance behaviors)은 두려움을 유발하는 상황에 대해 생각하지 않거나 경험하지 않으려고 하는 어떠한 시도이다. 안전 행동(safty behaviors)은 유발 상황에서 염려하는 두려운 결과에 대한 고통을 줄이고자 사람이 수행하는 것(생각이나 행동)을 말한다. 강박 장애가 있는 사람은 자신의 두려움을 차단하는 순응 행동이나 이를 완화시킬 수 있는 의식절차를 개발한다. 불안한 자녀를 둔 부모가 자녀의 회피와 안전 행동에 휘말릴 수 있듯, 강박 장애를 가진 자녀를 둔 부모도 자녀의 강박행동과 의식절차에 관여하게 되는 경우가 종종 있다. 예를 들어, 만약 아이가 오염에 대한 강박 관념을 가지고 있다면, 여러분은 손 살균제를 주거나, 음식점에서 식기류를 닦거나, 표면이 깨끗하다는 과도한 확신을 주는 것과 같은 의식절차에 참여하게 될 수 있다. 만약 여러분의 자녀가 강박 장애를 가지고 있다는 의심이 든다면 제10장과 제11장으로 건너뛰지 말아라. 자녀의 강박 장애와 불안 장애를 극복하도록 돕는 방법에는 차이점보다는 유사점이 더 많기 때문에 계속 읽어 보는 것이 좋을 것이다.

회피 행동

회피는 불안이 유발되는 상황에 직면했을 때 아동이 사용할 수 있는 전형적인 첫 번째 전략들 중 하나이다. 이는 많은 부모에게도 본능적인 반응이 될 수 있다. 아이가 개를 무서워할 때 여러분은 자녀를 돕기 위하여 개에서 멀리 떨어뜨려 놓겠다는 결정을 할 수 있다. 문제가 해결됐다. 아니, 어쩌면 여러분은 그렇게 생각할지도 모른다.

단기적으로 본다면 회피가 통한다. 만약 아동에게 불안 유발 상황이 전혀 일어나지 않을 것이라면 불안은 유발되지 않을 것이다. 그러나 불행하게도, 장기적으로 보았을 때 회피는 결국 해롭다. 회피는 두려운 상황이 정말 두려울 것이라고 뇌를 훈련시킴으로써 오히려 아동의 두려움을 키운다. 아동이 상황을 피할 때마다 아동의 뇌는 그러한 상황을 더 두려워하도록 학습된다. 게다가 회피는 아동이 두려움을 극복하는 방법을 배우는 것을 불가능하게 만든다.

회피는 더 많은 회피를 낳고 다른 상황들에까지 일반화될 수 있어 아동의 두려움을 점점 더 커지게 할 수 있다. 광장공포증 (agoraphobia)이 이에 대한 좋은 예가 될 수 있다. 광장공포증은 공황 장애의 한 가지 유형으로 공황 발작을 경험한 사람이 또 이러한 상황을 다시 경험하게 될 것에 두려움을 느끼는 것이다. 공황 발작은 주로 특정 상황에서 처음 발생한다. 예를 들어, 여러분의 자녀가 공원에서 미끄럼틀을 타다가 공황 발작을 경험했다고 하자. 아이는 또다시 공황 발작을 경험하지 않도록 공원을 피해야 한다고 느낄 수 있다. 그러나 후에 다른 상황, 예를 들어 도서관에서 다른 발작을 경험할 수 있다. 이제 아이는 공원과 도서관 모두를 피해야 한다고 느끼게 되고, 곧 마트도 마찬가지가 될 것이다. 결국 아이는 집을 유일하게 안전하고 발작을 경험하지 않는 장소로 인식하게 됨으로써 외출을 회피하게 될 것이며, 아주 많은 상황에 노출되는 것을 피하게 될 것이다.

그러므로 회피는 아동의 두려움을 강화시키고, 실제적으로 더 커지고 만연화되게 하는 원인이 된다. 따라서 여러분은 회피 전략을 그만두어야 한다. (회피 전략을 사용한다면) 여러분이 아이를 돕고 있다고 생각하겠지만 사실은 오히려 방해가 된다. 이러한 이유로 불안 장애 전문가인 마이클 톰킨스(Michael Tompkins, 2013)는 모든 공포와 불안을 극복하는 가장 중요한 방법은 회피를 줄이는 것이라고 하였다.

안전 행동

안전 행동은 아동이 유발 상황에 처했을 때 자신이 두려워하는 결과를 발생할 가능성을 줄이고자 아동과 부모 모두가 채택하는 적응 전략이다. 예를 들어, 여러분의 아이가 구토하는 것을 두려워한다고 해 보자. 여러분과 자녀는 함께 구토하지 않을 만한 특정 식단을 짤 것이다. 이것이 바로 여러분이 함께 할 수 있는 안전 행동이다. 이는 비록 실용적으로 보일 수도 있지만 궁극적으로는 구토에 대한 두려움이 감소되기보단 증가되게 만들 것이다.

수많은 안전 행동이 여러분 자녀의 인생에서 아이 혼자 그리고 아이의 인생에 중요한 다른 사람들과 함께 사용될 수 있다. 내 경험으로는, 불안한 자녀를 둔 많은 부모가 어떤 면에서는 자녀의 안전 행동에 기여를 하고, 때론 심지어 그들의 안전 행동을 보완하거나 강화하는 행동을 스스로 발전시키기도 한다. 여러분의 아이가 놀이 시간에 초대를 받았다고 가정해 보자. 자녀가 강아지를 두려워하는 것을 걱정하면서 여러분은 놀기로 한 친구의 가족이 강아지를 키우지 않는다는 것을 사전에 확인하기 위하여 전화를 할 것이다. 이러한 예에서, 여러분은 공포 체계를 중심으로 자녀의 사회적 삶을 구축한 것이다. 여러분은 단기적으로는 여러분이 문제를 해결함으로써 자녀를 돕고 있다고 믿을 수도 있지만, 여러분이 이러한 행동을 할 때마다 그러한 상황에 대한 자녀의 불안감에 기여를 하고, 아이가 공포를 극복할 가능성을 줄이게 되는 것이다.

자녀의 불안감에 직면하였을 때 불안한 아이에게 과도한 안심을 제공하는 것은 부모가 안전을 보장하고자 시도하는, 흔하지만 해로운 방법 중 또 다른 예이다. 구토를 두려워하는 아동과 그 어머니 사이의 다음과 같은 대화를 생각해 보자.

자녀: 엄마, 저 그 사과 먹으면 토하게 될까요?
부모: 얘야, 사과는 괜찮아. 그건 먹어도 안 아플 거야.

이것은 비록 부모의 입장에서는 악의 없는 대답일 수 있으나, 자녀는 모든 음식이 부모를 통해서 확인되어야 한다는 메시지를 얻을 수 있고, 위험이 사라지지 않는 한 어떤 것을 먹는 것은 안전하지 않다는 메시지를 받게 된다. 다음에도 이 아동은 먹으려고 앉았을 때 비슷하게 불안해할 수 있다. 모든 음식이 공포 반응을 유발하기 때문에 아동은 매번 안정시켜 주는 말을 요구한다. "엄마, 이 바나나를 먹으면 내가 아플까요?" "샌드위치는요? 이건 괜찮을까요?" 부모는 자녀의 모든 질문에 확인 대답을 해 줌으로써 무의식적으로 자녀의 공포를 조장하고 아이가 음식을 덜 두려워할 수 있도록 배우는 것을 막는다.

이 시점에서, 나는 여러분이 "음. 그럼 내가 자녀의 불안에 기여하지 않고 반응하기 위해서는 어떻게 해야 한다는 거야?"라는 질문을 가지게 될 것이라 확신한다. 이제 우리는 여러분의 행동을 바꾸기 위해 할 수 있는 여러 단계에 대해 이야기해 볼 것이다.

회피 행동과 안전 행동 멈추기

먼저, 여러분이 자녀에게 회피 행동과 안전 행동을 하지 않는 방법에 대해 간략히 설명할 것이다.

1단계 여러분의 행동을 확인하라

우선 여러분이 자녀의 불안을 어떻게 강화시키고 있는지 알아내는 것부터 시작하라. 〈표 5-1〉에는 부모가 자녀의 공포를 촉진하고 부추기는 데에 관여하는 몇 가지 행동들이 있다. 역효과를 내는 여러분의 행동을 확인할 수 있는가?

〈표 5-1〉 부모의 일반적인 행동들

회피 행동	안전 행동
자녀가 특정 장소(예: 공원, 마트, 영화관)를 피하는 것을 허용함	자녀가 두려워할 상황에서 과도하게 안심시켜 주려 함
자녀가 친구의 집에서 자거나 노는 것을 피할 수 있도록 핑곗거리를 만들어 줌	자녀에게 두려움이 왜 비이성적인지에 대해 합리적이고 명백하게 설명을 함
뉴스 보는 것을 피하게 하거나, 자녀의 두려움을 유발하는 현재의 사건에 대해 토론을 함	자녀의 두려움을 감당할 수 있게 자녀의 스케줄을 변경함
자녀가 불안함을 느낀다면 그 상황에서 물러날 수 있도록 함	자녀가 편히 먹을 수 있는 음식만을 제공하거나 특정 '안전한' 식당에만 감

제4장에서 작성한 부모 모니터링 활동지를 확인하는 것이 자신의 행동 확인에 도움이 될 것이다. 자녀의 불안에 반응하는 자신의

행동과 반응 패턴을 확인하라. 그런 다음, 온라인의 부록 D(http://www.newharbinger.com/39539)에 있는 '회피 행동과 안전 행동 활동지-부모용'을 작성해 보라. 〈표 5-2〉는 헤일리의 아버지가 작성한 활동지이다.

〈표 5-2〉 회피 행동과 안전 행동 활동지(헤일리 아버지가 작성한 부모용 활동지)

상황	회피 행동과 안전 행동
헤일리의 친구 어머니가 전화하여 친구 집에서 놀거나 자고 갈 것을 제안한다.	• 헤일리가 가야 한다는 압박감을 느끼지 않게 하기 위하여 핑곗거리를 만들어 준다. • 헤일리에게 가면 괜찮을 것이라고 안심시켜 주고, 매우 재미있을 거라고 설득하려 한다.
헤일리의 여동생 마리가 친구들을 초대하였다.	• 헤일리가 마리의 친구들을 피해 그녀의 방에서 저녁 식사를 하는 것을 허락해 준다. • 마리와 그녀의 친구들에게 헤일리가 학교 숙제가 있어 방에서 혼자 숙제를 해야 한다고 말한다.
헤일리가 구두 발표를 해야 한다.	• 헤일리를 반복적으로 안심시킨다. • 헤일리가 왜 걱정을 안 해도 되는지를 설명한다. • 진정 효과가 있는 카모마일 차를 준다.

2단계 여러분의 관여를 줄이기 위한 계획을 세우라

여러분은 회피 행동과 안전 행동에 관여하는 것을 서서히 그만두기 위한 계획을 세울 필요가 있다. 여러분이 이러한 행동을 하는 동안 자녀가 의지를 더 많이 하면 할수록 둘 다 그러한 방책을 바꾸는 것이 더 어려워질 것이다. 여러분이 뒤로 물러나기 시작하는 걸 알면 자녀의 공포온도계 수치는 올라갈 것이다. 이러한 괴로움을 완화하기 위해, 여러분이 이러한 행동들에 했던 관여를 줄이는 과정이

점진적으로 이루어지도록 계획해야 한다.

　이전 단계에서 작성한 목록을 사용하는 것을 시작으로, 여러분이 배운 내용에 대하여 대화할 수 있는 조용한 시간을 찾아라. 아동은 이미 자신의 두려움을 극복하는 것과 관련된 과정에 친숙하기 때문에, 이러한 토론이 뜬금없이 이루어지는 것처럼 보여서는 안 된다. 자녀가 걱정을 할 때 여러분이 반응하는 몇 가지 방법이 아이에게 도움이 되지 않을 것이라는 걸 설명하라. 실제로 이러한 반응들 중 몇 가지는 불안감을 극복하는 자녀의 능력을 저해할 수 있다.

　여러분이 작성한 목록을 통해 여러분이 하는 회피 행동과 안전 행동을 자녀와 함께 살펴보며, "이런 상황에서 만약 내가 이런 행동을 하지 않으면 너의 두려움 수치가 얼마나 높을 것 같아?"라고 물어보라. 예를 들어, 헤일리의 아버지가 두려움 유발 상황에서 각각의 행동에 관여하는 것을 삼간다면 얼마나 힘들지 물어보았을 때, 헤일리가 작성한 공포온도계 추정 수치들을 살펴보자. 헤일리는 공포 수치를 특정 값이 아니라 수치 구간으로 추정하였는데, 그녀의 아버지가 그런 행동을 하는 다양한 상황의 성격에 따라 달라지기 때문이다. 예를 들어, 헤일리의 아버지가 안심과 합리화를 제공하지 않으면 그녀의 공포 수치는 2와 4 사이가 될 것이다.

- 안심시키고 합리적인 설명을 함(2~4)
- 그녀가 상황을 피할 수 있도록 함(5~9)
- 두려운 상황을 피할 수 있게 하기 위하여 핑곗거리를 만듦(2~6)

헤일리의 목록을 검토해 보면, 그녀의 아버지가 안심과 합리화를 제공하는 것을 멈추는 것이 헤일리의 공포온도계 수치를 가장 조금 상승시키기 때문에 이것부터 시작해야 한다는 것을 알 수 있다. 헤일리와 아버지는 아버지가 그녀를 안심시키려는 것을 그만두고, 특정 상황에서 왜 많이 걱정하지 않아도 되는지에 대해 설명하고자 하는 충동을 억제해야 한다는 것에 합의해야 한다.

비록 자녀가 아직 공식적으로 노출 훈련을 시작한 것은 아니지만, 부모의 회피 행동과 안전 행동을 줄이는 것은 분명 어느 정도의 노출이 따르고 고통을 가져올 수도 있다. 헤일리의 경우에서처럼, 여러분의 자녀가 그나마 가장 덜 불안하게 만드는 행동부터 포기한다면 이 과정은 좀 더 견딜 만할 것이다. 이러한 걸음마 단계는 또한 프로그램에 참여하려는 아동의 의지를 증가시킬 것이다.

3단계 여러분의 행동을 바꾸라

여러분과 자녀가 첫 번째로 그만둘 행동을 확인했다면, 여러분의 목표는 앞으로 일어나는 상황에서 그만두기로 합의된 행동을 하지 않는 것이다. 여러분의 자녀는 분명 다른 아동보다 더 힘든 날들을 경험하게 될 것이며, 여러분에게 다시 그 행동을 해 달라고 애원할 수도 있다. 여러분은 그러한 유혹에 흔들리지 말아야 하며, 특히 만약 자녀가 여러분의 순응 없이 지내야 할 때 괴로움을 경험하는 경우 더욱 그렇다. 다음은 여러분과 자녀가 목표에 도달할 수 있도록 돕기 위한 몇 가지 제안들이다.

첫째, 여러분이 실제의 생활을 바꾸기 전에 자녀와 함께 앞으로 어떻게 할지를 시험적으로 해 보라. 이처럼 사전에 문제를 해결해 보는 것은 여러분이나 자녀가 특정 회피 또는 안전 행동을 멈추는 것이 어려울 것이라 예상하는 경우에 특히 도움이 된다. 여러분은 비록 이 첫 단계가 상대적으로 별것 아닌 것으로 여길지도 모르지만, 사전에 미리 연습을 하는 것은 항상 최고의 준비가 될 것이다. 연습과 반복은 불안감을 극복하는 과정에서 큰 부분을 차지한다. 여러분과 자녀는 연습을 할 때마다 새로운 것을 배우게 될 것이다.

　문제를 해결하는 가장 좋은 방법은 여러분이 목표로 하는 안전 또는 회피 행동을 하게 만드는 전형적인 유발 상황을 실제 겪고 있는 것처럼 가정하여 자녀와 예행 연습을 하는 것이다. 준비하기 전에 다음의 질문들을 생각해 보라.

- 만약 나와 아이가 이러한 행동들을 그만하면 어떤 일이 벌어질 것인가?
- 나는 아이를 안심시키는 말 대신에 뭐라고 말할 것인가?
- 아이가 괴로워할 때 나는 어떻게 대처할 것인가?
- 이러한 순간에 나는 아이를 어떻게 도울 수 있는가?
- 어려운 일이 있을 때 아이가 혼자서 할 수 있는 행동에는 무엇이 있는가?

　여러분과 자녀는 벌어질 수 있는 일들에 대하여 가능한 해결책을 알아보고 연습하길 원할 것이다. 이를 위하여, 여러분과 자녀가 이미 배운 적이 있는 기본적인 도구들(두려움에 별명 붙이기, 공포온도계 수치 보기)과 여러분이 이 책에서 앞으로 배우게 될 다른 가능한 전략들[예: 스마트 톡(제7장) 또는 자녀의 다른 부모와 팀 태그(team tag) 놀이를 하는 것]을 살펴볼 것이다.

다음은 헤일리와 아버지가 사전에 문제를 해결하고 그들의 새로운 행동을 시험해 보는 과정 초기에 나눈 대화이다.

부모: 헤일리, 나는 이제 네가 다른 아이들이 너를 좋아하지 않을까 봐 걱정할 때, 너를 안심시키거나 왜 걱정하지 않아도 되는지를 설명해 주지 않을 거야. 그리고 이렇게 하자는 데에 우리 둘 다 동의를 했어.

헤일리: 맞아요.

부모: 그럼 어떻게 될지 얘기해 보자. 예를 들어 볼까? 어느 날 내가 학교로 너를 데리러 갔는데, 너는 미셸(Michelle)이 너를 이상하게 생각하고 있는 것 같다고, 그날 네가 수학 문제에 답변하면서 말을 더듬었을 때 미셸이 너를 안 좋게 보았기 때문이라고 말했어. 그리고 너는 계속해서 있었던 일을 설명하면서 네가 이상한 짓을 한 게 아무것도 없다는 것을 내가 확인해 주길 원하는 거야. 그랬는데도 만약 내가 너를 안심시켜 주지 않으면 너는 어떻게 될까?

헤일리: 짜증이 날 수 있겠죠.

부모: 솔직하게 말해 줘서 고마워. 그런 일이 일어난다면 우리가 무엇을 할 수 있을까? 우리가 가지고 있는 도구들을 사용할 수 있을까?

헤일리: 내가 지은 별명을 사용할 수 있어요.

부모: 좋은 생각이다. '걱정 괴물'이 널 괴롭히고 있는지 물어보면 될까?

헤일리: 물어보지 않는 게 더 낫겠어요. 그냥 '걱정 괴물'이라고만 말해 주세요.

부모: 좋은 생각이야. 이게 우리가 이런 연습을 하는 이유야. 우리는 어떤 게 가장 효과가 있을지 알아야 하겠어. 또 우리한테 도움이 될 만한 다른 아이디어는 없어?

헤일리: 우리는 '공포온도계'를 사용할 수 있어요.

부모: 좋아. 정확히 어떻게 하면 될까? 네가 나에게 안심시켜 주길 원할 때, 나는 너에게 공포온도계의 수치가 어느 정도인지를 물어보면 될까?

헤일리: 좋아요. 그렇게 해요.

부모: 지금까지 네가 말했던 것들은 대단히 좋아. 우리는 별명과 공포온도계를 가지고 있으니까 몇 번은 이것들을 연습해 보는 게 좋겠다.

헤일리: 어떻게요?

부모: 너한테 어떤 사건이 생겼다고 가정하고 도구들을 사용해 볼 수 있어. 방금 얘기한 상황으로 한번 해 보자. 내가 너를 학교로 데리러 갔는데 너는 미셸이 널 싫어한다고 걱정을 하고 있다고 가정해 보자. 알았지?

헤일리: 네. 그리고요?

부모: 지금 시작하는 거야. 내가 지금 너를 데리러 왔어. (예행 연습을

시작하며) 우리 딸! 오늘 학교 어땠어?

헤일리: 아, 알겠어요. (예행 연습에 들어감) 학교는 괜찮았어요, 아빠. 그런데 미셸이 수학 수업이 끝나고 저를 무시해서 너무 화가 나요. 쿡(Cook) 선생님이 저에게 수학 문제를 질문했는데, 제가 대답하는 데 오래 걸리고 바보 같은 소리를 했거든요. 미셸이 이젠 저를 이상하다고 생각하고 있어요.

부모: 걱정 괴물 얘기처럼 들리는데, 넌 어떻게 생각해?

헤일리: 그럴 수도 있을 것 같아요.

부모: 별명을 사용하니 어때? 너는 마음속으로 그걸 할 수 있을 거야.

헤일리: (잠시 멈춘 후 미소 지으며) 네, 했어요.

부모: 지금 공포온도계 수치는 어떻게 돼?

헤일리: 4 정도요. 미셸이 학교 끝나고 저에게 '잘 가.'라고 얘기하기 전까지는 6이었어요. 그런데 '잘 가.'라고 하긴 했지만 저를 볼 때 여전히 좋아 보이지는 않았어요.

부모: 우리가 해냈다. 난 널 안심시키지 않았는데 네가 그 두 가지 도구를 사용했어. 어떻게 생각해?

헤일리: 제 생각엔 꽤 잘했어요.

부모: 나는 우리가 잘했다고 생각해. 이제 더 준비가 되었다고 느끼는데 넌 어때?

헤일리: 네, 하지만 전 아직도 가끔은 힘들 거라는 생각이 들어요.

부모: 나도 그럴 거라고 생각해. 그래도 우리가 계속 연습을 하다 보면 점점 더 쉬워질 거고, 너의 걱정들이 그렇게 너를 힘들게 하지는 않게 될 거야.

자녀와 문제를 해결할 때 기존의 해로운 행동에 의지하거나 여러분만의 혼합 행동 양식을 만들어 내는 대신 이 책에서 배운 도구들을 사용하라. 여러분은 안전 행동에 의지하는 것이 너무나 익숙해서 다른 시도를 하는 것은 어렵게 느낄 수 있다. 그래도 그만두지는 말아라. 여러분이 어색함을 느끼든, 자녀가 여러분의 새로운 행동이 싫다고 말하든 상관없다. 후자는 여러분을 예전처럼 행동하게 하려는 술책일 것이다. 인내심과 일관성을 가진다면 여러분과 자녀는 요령을 알게 될 것이다.

4단계 여러분이 변화시킬 다음 행동을 결정하라

여러분과 자녀가 첫 번째 회피 행동과 안전 행동을 하지 않아도 편안함을 느끼게 되면, '회피 행동과 안전 행동 활동지–부모용'으로 돌아가 자녀와 다시 토론을 하고, 다음으로 멈추고 싶은 행동을 함께 결정하라. 첫 번째 행동에서 그랬던 것처럼 미리 연습하고 문제를 해결하라. 여러분의 모든 회피 행동과 안전 행동이 없어질 때까지 이러한 과정을 계속 반복하라. 다시는 어떠한 행동도 하지 않도록 하라. 만약 여러분이 하게 된다면, 재발을 일으킬 수 있다.

팁과 문제해결: 인지행동치료에서 여러분이 더 이상 진행하기 어려울 때 할 수 있는 전략

어떤 부모는 다른 부모보다 회피 행동과 안전 행동을 그만두는 것을 더 어려워한다. 또한 어떤 아동은 이러한 차이 때문에 한쪽 부모에게 더 많이 찾아가게 될 수 있다. 내 경험으로 보면, 전통적인 가정에서는 아동이 부모에게 회피 행동과 안전 행동을 하도록 끌어들이려고 할 때 아버지보다는 어머니가 더 표적이 되는 경향이 있다. 덜 전통적인 가정에서는 좀 다를 수 있다. 하지만 일반적으로 어느 한 부모에게 더 의지하게 된다. 또한 자신의 불안 문제로 힘들어하는 부모가 그렇지 않은 부모보다 자녀의 이러한 행동에 더 관여하게 되는 경향이 있다.

어쨌거나 부모로서 여러분은 아이가 힘들어할 때 본능적으로 위안을 주고 싶어 할 수 있다. 여러분은 아이가 힘들어하는 걸 보게 되면 발 벗고 나서서 그것을 해결하고 싶어 할 것이다. 부모가 이렇게 어려워할 때 도움이 되는 몇 가지 전략이 있다. 여러분이 바람직한 궤도로 돌아올 필요가 있을 때마다 다음의 전략들을 참고하라.

전략 1: 기본으로 돌아가라

만약 아동의 두려움에 대하여 반응을 하지 않는 것이 어려울 경우, 나는 여러분에게 도구 상자로 돌아갈 것을 제안한다(예: 모니터링, 별명 붙이기). 활동지를 통하여 수집한 데이터를 참고하여 객관적인 반응을 생각해 내라. 여러분의 '부모 모니터링 활동지'로 돌아가 여러분이 배웠던 더 나은 대처 방법을 상기해 보라. 효과적이었던 이전의 단계로 돌아가는 것은 항상 좋은 전략이다. 당신에게 가장 편안하고 도움이 되었던 경험이라고 생각했던 도구를 사용해 보라. 여러분과 자녀 둘 다 이러한 기술을 사용함으로써 행동과 반응을 바꿀 필요가 있다는 것을 기억하라. 기본으로 돌아가면 프로그램이 안정되고, 노력에 다시 초점을 맞출 수 있다.

전략 2: 일관성을 가지라

부모가 자녀를 도와 회피 및 안전 행동을 할 수 있게 지원할 수 있는 방법은 셀 수 없이 많고, 부모가 그렇게 하도록 영리한 자녀가 영향을 미치는 방법도 셀 수 없이 많다. 여러분의 자녀처럼 여러분도 이러한 해로운 도움과 지원의 반복을 끝내기 위하여 자신의 행동을 변화시키려 노력을 해야 한다. 회피 행동과 안전 행동을 그만두려고 하지 않는다고 여러분 자녀의 능력을 과소평가하지 말아라. 여러분의 자녀가 할 수 있다는 기대를 가지고, 자녀의 모든 행동을 포기하지 말고 발전될 수 있도록 꾸준히 도전하라. 강해져야 하며, 일관적이어야 한다.

만약 여러분이 일관성 있게 행동하지 않는다면 자녀는 어려움을 겪을 것이다. 만약 여러분이 가끔씩 굴복한다면, 자녀는 끊임없이 구걸하거나 간청하거나 화를 냈을 때 자신이 원하는 것을 얻을 수 있다는 것(여러분이 회피 행동이나 안전 행동을 할 것이라는 것)을 학습하게 될 것이다. 결국 자녀는 여러분이 그러한 행동을 그만두려고 노력을 다시 할 때 더 극단적이거나 과도한 구걸이나 간청을 하게 될 것이다. 행동 이론에 따르면, 우리는 이런 종류의 극단적인 반응을 '소거 폭발(extinction burst)'이라고 부른다. 소거 폭발은 누구에게도 즐겁지 않다. 마찬가지로, 여러분이 부분적으로 비일관적일 경우 주어진 유발 상황에 자녀가 대처하기가 더 힘들 수 있다. 만약 자녀가 여러분이 안전 행동을 하도록 유인할 수 있다는 것을 알면,

자녀는 여러분이 결코 그러지 않을 것이라고 생각할 때보다 더 힘들어할 수 있다. 따라서 여러분의 역할을 제대로 수행하는 것은 자녀에게 직접적인 도움이 된다.

전략 3: 창의성을 발휘하라

여러분이 회피 행동과 안전 행동을 그만두는 데에 있어서 창의성과 유연성은 매우 중요하다. 예를 들어, 완벽주의에 대한 강박과 실수에 대한 걱정 때문에 괴로워하는 열한 살 매트(Matt)의 어머니는 자주 그를 축구 연습장으로 데려다 준다. 만약 매트가 어머니를 연습에 빠지기 위해 울거나 괴로워하거나 애원함으로써 안정을 얻으려는 사람으로 여긴다면 어머니는 매트를 연습에 데려다 주어서는 안 될 것이다. 매트를 다른 친구들과 단체 버스로 태워 보낼지 아버지에게 데려가 달라고 할지를 생각해 보라. 이러한 행동 변화는 회피 행동과 안전 행동에 관여하는 사람이 없기 때문에 매트의 행동을 바꾸는 것을 더 쉽게 만들 것이다. 따라서 매트는 그런 행동을 하고 싶은 충동도 약해질 것이다. 당연히 매트는 초기에 일시적으로 안전 행동을 못할 때 더 높은 공포온도계 수치를 보일 것이다. 하지만 점차 안전 행동을 하지 않는 것이 더 쉬워지게 되면 매트는 다시 어머니와 함께 차를 타고 갈 수 있다. 매트는 안심시켜 주기를 요구하는 것을 그만두기 위해 노력해야 하며, 어머니는 이를 제공하지 않는 것에 동의해야 한다.

전략 4: 논쟁과 합리화에 저항하라

부모는 종종 자녀에게 왜 특정 상황에서 걱정하지 않아야 하는지를 설명하기 위해 긴 대화를 한다. 여러분의 이러한 설명은 합리적이겠지만, 그러나 이런 대화는 역효과를 낳는다. 이는 자녀의 두려움을 키운다. 예를 들어, 완벽주의적 행동을 보이는 열두 살 카밀라를 다시 살펴보자. 카밀라는 틀린 대답을 하게 되는 것이 두려워 수업에 참여하기를 싫어했다. 카밀라의 어머니는 딸이 사리분별을 하지 못하는 것 같아 의심스러워지고 화가 났다. 그녀는 "카밀라, 누구도 매 순간 옳을 수는 없어. 물론 너도 알고 있지 않아?" 그리고 "실수는 우리가 새로운 것을 배우기 위한 한 부분일 뿐이야. 그렇지?"와 같은 말을 한다. 카밀라의 어머니가 딸에게 표현한 감정은 이해가 된다. 두려움은 종종 아주 비이성적이기 때문에 불안한 자녀에게 왜 걱정을 하지 말아야 하는지를 설명하고 싶어진다. 하지만 이런 종류의 합리화는 단기적으로는 자녀를 편안하게 해 줄 수는 있겠지만 장기적으로 보면 두려움이 계속 지속되게 만들 뿐이다. 따라서 합리화하지 말아라. 논쟁도 그만두어라. 대신, 이 책에 있는 도구들을 사용하라.

전략 5: 팀으로 노력하라

부모가 있는 가정에서는 부모가 이 과정 동안 서로를 지지해 줄 필요가 있다. 말했듯이, 자녀와 부모 둘 다에게 이러한 행동을 수정하는 것은 부담이 될 수 있다. 만약 여러분의 부모가 여러분을 모니터링하고 있다면 여러분은 어떤 상황에서 어떤 부모가 관여하고 있는지에 대해 더 명확한 감각을 갖게 될 것이다. 만약 한 부모가 좌절감을 느끼거나 이러한 계획을 지키는 것이 불가능하다면, 한걸음 물러나 다른 부모에게 대신해 줄 것을 요청할 필요가 있다. 이렇게 역할을 교대하는 방식은 가능한 한 언제든지 권장되기 때문에, 부모 모두 일관된 프로그램을 유지하는 것에 대한 중요성을 이해해야 한다. 게다가, 여러분의 배우자는 여러분이 약해지거나 결정에 의문을 갖게 되었을 때 반향 판이 되어 줄 수도 있다. 한 부모가 다른 부모의 행동과 정서를 인정해 주는 것은 이 치료가 한 팀으로 이루어지도록 더욱 강화한다.

전략 6: 잠깐 쉬라

자녀가 자극을 받게 되면 두려움을 믿는 경향이 있다는 것을 기억하라. 일시적으로 통찰력을 잃을 수 있고, 과거에 도움이 되었던 도구와 전략들을 계속 사용하는 것이 어려울 수 있다. 부모와 자녀 모두 이러한 상황에 대해 이야기하지 않고 잠깐 휴식을 취하는 시간을 가지는 것이 도움이 될 수 있다.

자녀와 이 전략들을 사용하기 전에 '잠깐의 휴식' 개념을 자녀에게 소개해 주어야 한다. 제2장에서 불안이 자녀의 뇌에서 어떻게 작용하는지에 대한 지식을 활용하라. 자녀에게 불안이 스파이크로 온다는 것을 상기시켜 주고 지금 그것을 경험하고 있다고 설명하라. 불안의 스파이크가 지나간 후에 상황을 논의하는 것이 훨씬 더 도움이 된다고 설명하라. 이 전략이 회피 행동이 되지 않도록 조심하라. 만약 자녀가 잠깐의 휴식을 가짐으로써 불안에 대해 이야기하는 것을 피할 수 있다고 생각하게 된다면 이 전략은 그만두어라.

전략 7: 해를 끼치지 말라

안정감을 주지 않는 것은 너무 힘이 들 수 있다. 나는 부모가 "내 목표는 내 아이가 안정감을 느끼게 하는 거예요."라고 주장하는 것을 들었다. 주의할 점은 이것이 목표가 되어서는 안 된다. 여러분의 목표는 자녀를 회복력이 있고, 정신적으로 유연하며 강한 사람으로 키우는 것이다. 만약 여러분의 임무가 자녀를 모든 고통으로부터 보호하는 것이라고 믿고 있다면 여러분은 사고방식을 바꿔야만 한다.

아동이 불안감을 극복하는 방법을 배울 때 작은 단계부터 밟기 시작하는 것과 마찬가지로, 부모도 감당할 수 있는 변화에서부터 시작하여 단계들을 밟아 나갈 수 있을 것이다. 비록 여러분이 자녀의 불안에 직면하여 무력감을 느낄 수도 있지만, 이 책은 여러분이 히포크라테스 선서의 첫 번째 규칙을 따르는 것을 도울 수 있다. 해를 끼치지 마라. 허용하지 마라. 도와주지 말고 지원하지 마라. 언제나 안정감을 주지 마라. 감정에 휘둘리지 마라. 행동을 바로잡아 갈 계획에 처음에는 압도될 수 있지만, 여러분이 문제를 더 이상 악화시키지 않음을 확인하는 것으로부터 시작해 보라.

여러분이 자녀에게 두려움에 맞서라고 하는 것이 자녀에게 인색하게 구는 것은 아니라는 사실을 기억하라. 이 장에 있는 이러한 지침들을 준수함으로써, 여러분은 입증된 인지행동치료 방식을 통하여 자녀를 도울 수 있을 것이다. 여러분이 벌을 주거나 판단하거나 실망감을 보이지 않게 조심하는 한, 자녀를 잘못 대하는 것이 아니다.

☑ 회피 행동은 걱정이나 두려움을 유발하는 특정 상황에 놓이거나 이에 대해 생각하지 않기 위한 시도이다.

☑ 안전 행동은 두려움이 유발되는 상황에서 두려운 결과가 발생될 가능성을 줄이려는 전략이다.

☑ 부모는 회피하는 것을 허락하고, 과도하게 안심시키거나 합리화 시키려고 하며, 안전 행동에 의지하도록 하고, 의식절차에 참여 하는 것과 같은 행동을 함으로써 본의 아니게 아동의 두려움을 강화시킬 수 있다.

☑ 자녀와 그 아이에게 여러분이 반응하는 것을 모니터링한 데이터 를 검토함으로써 이러한 행동들에 여러분이 참여하고 있는지를 확인하라.

☑ 이러한 행동들에 참여하는 것을 점차 줄여 가서 최종적으로는 중단하기 위한 계획을 개발하고 시행하라.

☑ 회피 행동과 안전 행동을 그만두는 데 도움이 되는 팁에는 기본 으로 돌아가기, 일관성을 유지하기, 창의성을 발휘하기, 논쟁이 나 합리화하지 않기, 팀으로 협력하기, 잠시 쉬기, 해 끼치지 않기 등이 있다.

제6장

자녀 스스로 키우는 불안

" 두려움은 생존하고 자라기 위해
혈액 공급이 필요한 종양과 같다. "

높은 수준의 불안을 겪고 있는 아동은, 부모가 자신을 보호하기 위해 제공해 주는 것과 별개로 스스로 고통을 줄이기 위한 자신만의 전략을 필연적으로 개발한다. 앞 장에서 논의하였듯이, 불안한 아동은 종종 두려움을 유발하는 상황을 피한다. 또한 다른 사람들, 특히 부모, 형제, 친구, 교사 등과 협력하여 그들로 하여금 자신에게 안정감을 주고, 자신이 두려워하는 일을 대신해 주고, 다른 적응적인 행동에 참여하도록 한다. 마찬가지로 불안한 아동은 자신의 일을 과도하게 점검하고, 주의를 딴 곳으로 돌리려고 시도하고, 반복적으로 질문하는 등 두려운 결과가 발생하지 않도록 하는 수많은 전략과 의식절차를 사용한다.

　표면적으로 이러한 전략은 자녀가 불안에 대처하는 데 도움이 될 수 있고, 일시적으로 고통을 완화할 수 있다. 그러나 자녀의 불안에 대한 여러분의 반응이 아이의 두려움을 유발할 수 있는 것처럼, 아동 자신이 발전시킨 많은 전략은 결국 두려움을 강화하고 아동이 불안을 극복하지 못하게 한다. 이러한 이유로, 아동은 두려움을 식별해야 하고 줄여 가야 하며, 바라건대 결국에는 없어져야 한다.

　내가 종종 아동들과 부모들에게 사용하는 비유가 있다. 두려움은 생존하고 자라기 위해 혈액 공급이 필요한 종양과 같다. 부모와 자녀의 회피 행동과 안전 행동은 두려움이란 종양에 혈액을 공급한다. 아동이나 부모가 회피 행동이나 안전 행동을 중단할 때마다 종양에 공급되던 혈류가 제한된다. 시간이 지남에 따라 종양, 즉 두려움은 줄어든다. 유발 상황에서 자녀에 대한 여러분 자신의 반응을 확인하고 바꾸는 것처럼, 여러분은 이제 자녀가 독립적으로 사용하는 회피 행동과 안전 행동을 찾을 수 있도록 도와야 한다. 이 과정부터 살펴보자.

회피 행동과 안전 행동 멈추기

자녀가 회피 및 안전 행동에 관여하는 것을 멈추도록 돕기 위해 당신이 따를 수 있는 네 가지 단계가 있다.

1단계 회피 행동과 안전 행동을 확인하라

두려움을 유발하는 상황에서 자녀의 행동에 대해 브레인스토밍을 할 시간을 가져라. 가능하다면 다른 부모와 함께 앉아 생각을 비교하라. 이제 여러분은 이러한 패턴을 식별하는 데 능숙할 것이다. 보다 체계적이고 철저하게 확인하기 위해서는 제4장의 부모 모니터링 활동지를 검토하고(〈표 6-1〉 참조), 자녀의 일반적인 회피 행동과 안전 행동 목록에 열거된 것을 참고하여 아이의 행동에 대한 예비 목록을 작성하면 된다. 회피 및 안전 행동은 특이하고 극단적일수 있으며, 때로는 그냥 평범하고 기이하고 바보 같아 보일 수 있음을 명심하라. 여러분이 보기에 이해가 되지 않거나 미친 것처럼 보이는 행동을 살펴보는 데 주저하지 말아야 한다.

이제 이 과정에 자녀를 초대하라. 자녀가 말하는 행동과 함께(나는 아동이 말하는 것들로 시작하는 것을 추천한다) 〈표 6-1〉을 참조하여 일반적인 행동 양상 중에 자신에게 관련된 것이 있는지 물어보라. 회피 및 안전 행동과 관련하여 자녀만의 독특하고 개인적인 방

〈표 6-1〉 아동들의 일반적인 회피 행동과 안전 행동

회피: 명백한 것도 있으나 감지하기 어려운 것도 있음. 특정 상황을 피하기 위한 계획 활동을 포함
재확인: 부모에게 하는 질문들, 인터넷 검색, 두려운 결과가 발생하지 않을 것이라는 확신을 얻기 위한 다른 조치들
주의 전환 전략: TV 시청, 독서, 즐거운 생각
확인 행동: 명백한 것도 있으나 감지하기 어려운 것도 있음. 자녀의 마음속에서 이루어지는 정신적인 확인을 포함
두려움에 대한 반응을 유발하는 상황을 떠나거나 벗어나는 것
안전한 음식만을 선택적으로 먹음
불안이나 고통을 겪을 때 휴대전화로 부모에게 전화를 걸거나 문자 메시지를 보냄
사회적 연락을 피하거나 주의를 분산시키기 위해 휴대전화나 컴퓨터를 사용
불안할 때 앉거나 누워 있기
다양한 의식절차

법에 주의를 기울이라. 직접적이고 단순하게 협력하는 방식으로 접근하는 것이 가장 생산적이다. 유발 상황에 있을 때 이러한 행동 중에 하나라도 하는 것이 있는지 자녀에게 단순히 직접 물어보면 된다. 여러분이 지켜본 적이 없다고 해도 자녀가 특정 안전 행동을 하는 것을 의심하지 말고 물어보라.

여러분과 자녀가 이러한 많은 전략에 대해 어떤 형태로든 친숙해져 있다는 것을 발견할 것이다. 창의적이고, 친절하며, 철저하고, 사실적인 태도를 유지하라. 기억해야 할 것은 특정 행동을 확인하여 자녀가 더 나아질 수 있도록 하기 위한 것이지 자녀의 잘못을 찾는 것이 아니다.

2단계 **활동지를 작성하라**

이제 여러분과 자녀는 '유발 상황에서의 회피 행동과 안전 행동 활동지-자녀용'을 작성할 준비가 되어 있다. 활동지는 온라인의 부록 E(http://www.newharbinger.com/39539)에서 찾을 수 있다. 부모 자신의 행동을 확인하는 활동지를 완료한 것과 같은 방법으로 자녀와 이 활동지를 작성한다.

여러분과 자녀가 수집한 데이터를 검토할 수 있는 조용한 시간을 만들라. 자녀가 이미 여러분으로부터 중요한 교훈을 많이 배웠기 때문에, 아이는 이 과정에서 훌륭한 조력자가 되어 줄 것이다. 특히 아동이 자신의 두려움을 극복하려는 동기가 있다면 더욱 그러하다.

불안 반응을 일으키는 모든 상황을 왼쪽 열에 나열하면서 활동지를 작성하기 시작한다. 그런 다음 각 상황별로 아동이 해당 상황에서 사용하는 회피 행동과 안전 행동을 결정한다. 예를 들어, 축구 연습이 유발 상황일 경우 다음과 같은 회피 행동과 안전 행동이 발생할 수 있다.

- 엄마나 아빠에게 오늘 운동장에 개들이 얼마나 많이 있을 것이라 생각하는지 묻는다. (안심 구하기)
- 가지 않기 위해 신체 증상을 호소한다. (핑계를 만들어 회피하기)
- 내게 너무 많은 과제가 있다고 말한다. (핑계를 만들어 회피하기)
- 엄마나 아빠한테 축구는 더 이상 재미없다고 말한다. (부정확한 설명을 만들어 회피하기)

- 스스로 운동장에서 가능한 한 개와 멀리 떨어져 있는 위치에 있다. (안전 행동)
- 엄마나 아빠한테 사람들이 공원에서는 반드시 개에게 목줄을 채워야 한다는 규칙을 지켜야 한다고 말한다. (안전 행동)

자녀와 함께 활동지를 완성하면서 여러분은 아이가 각각의 상황에서 하나 이상의 안전 행동 또는 회피 행동을 함께 사용하는 경향이 있다는 것을 알게 될 것이다.

3단계 공포온도계를 사용하라

유발 상황에서 사용되는 각각의 행동들을 살펴보고 만약 안전 행동을 하지 않을 때 느낄 고통의 정도를 공포온도계로 수치화하여 활동지의 맨 오른쪽 열에 기록한다. 〈표 6-2〉는 헤일리가 '유발 상황에서의 회피 행동과 안전 행동 활동지-자녀용'을 완료한 것이다. 여러분은 헤일리의 아버지가 헤일리와 목록을 작성하면서 어떤 질문들을 했는지 보여 주는 예시에서 도움을 받을 수 있을 것이다.

- "헤일리, 공포온도계를 사용해 보자. 네가 교실에 겨우 1분 이내로 딱 맞추어 가게 한다면 괴로움의 수치는 어느 정도일까?
- "헤드폰을 쓰지 않고 통학 버스에 앉아 있는 것은 얼마나 고통스러울까?"
- "만약에 통학 버스의 앞쪽으로 앉는다면 공포온도계의 수치는 얼마나 될까?

〈표 6-2〉 유발 상황에서의 회피 행동과 안전 행동 활동지-자녀용(헤일리가 작성함)

상황	회피 행동과 안전 행동(두려움 측정)
교실에 도착함	일찍 도착하여 바쁜 것처럼 행동하기(6)
수업 참여	머리카락으로 얼굴 가리기(4) 매우 작게 말하기(6) 손들지 않기(8)
수업 시간, 쉬는 시간, 점심 시간 사이에 돌아다니기	잘 모르는 아이들 피하기(9) 인사할 필요가 없도록 보고도 못 본 체하기(4) 아이들이 내가 바쁘다고 생각하도록 헤드폰 사용하기(3) 아이들이 나에게 말 걸기 어렵도록 주변을 서둘러 다니기(4) 친한 친구들이 바쁘면 점심 시간에 도서관 가기(4)
통학 버스 탑승 중	헤드폰을 사용해 아이들이 내가 바쁘다고 생각하게 하기(3) 아이들이 나를 보지 못하게 버스 뒤에 앉기(3)

4단계 자녀가 회피 행동과 안전 행동을 포기하도록 계획을 세우라

회피 및 안전 행동은 불안을 강하게 증가시키므로 우리는 그것들을 줄이고 가능한 한 빨리 제거하기를 원한다. 여러분의 자녀가 회피 행동과 안전 행동을 없애도록 돕는 두 가지 방법이 있다. 하나는 자녀의 일상생활에서 그러한 행동을 포기하도록 도울 수 있는 계획을 세우는 것인데, 이것은 이 장에서 설명한다. 다른 하나는 제8장에서 상세히 논의하는데, 노출 기법을 사용하여 자녀가 행동을 포기하도록 돕는 것이다. 첫 번째 방법으로 성공하면 충분하므로 노출이 불필요할 수 있다. 그렇지 않더라도, 노출을 시작하기 전에 일상생활에서 회피 및 안전 행동에 대한 의존도를 줄이면 노출 훈련 과정을 가속화할 수 있다.

종종 아동은 안전 행동이나 회피 행동을 포기하는 것이 어렵지 않을 때에도 그것에 계속 의존하고 있는 경우가 있다. 두려움은 변하기 때문에 아동이 이전에 의존했던 안전 행동이 더 이상 필요하지 않게 된 경우에 이런 일이 종종 발생한다. 이 경우 아동은 두려움보다는 습관적으로 안전 행동에 매달린다. 이러한 경우에 안전 행동을 제거하기가 가장 쉽다.

자녀를 위한 계획을 수립하려면, 방금 완료한 '유발 상황에서의 회피 행동과 안전 행동 활동지-자녀용'을 사용하면 된다. 먼저, 행동을 확인하고 공포온도계의 수치가 정확한지 확인한다. 자녀가 프로그램을 진행함에 따라 온도가 낮아질 수 있음을 기억하라. 때때로 객관성을 가지고 상황과 행동을 바라보고 계획을 세우는 것은 자녀가 이러한 행동을 그만두는 과정에 대해 두려움을 덜 느끼고 더 의욕을 보이도록 도울 수 있다. 자녀가 전보다 낮은 공포온도계 수치를 매기는 것을 보고 기분 좋게 놀랄지도 모른다. 또는 여러분이 생각하기에는 중단하기 너무 어려울 것 같았던 행동을 자녀는 중단할 수도 있다. 인지행동치료에서는 빠른 변화가 올 수 있고, 우리는 이에 항상 기뻐한다.

이제 쉽게 달성할 수 있는 목표로 가장 낮은 공포온도계 수치를 확인하라. 예를 들어, 헤일리의 '유발 상황에서의 회피 행동과 안전 행동 활동지-자녀용' 활동지(〈표 6-2〉 참조)에서 가장 낮은 공포온도계 수치를 찾는다면, '헤드폰을 사용하는 것'과 '통학 버스에서 뒤에 앉기' 행동을 중단하는 것이 될 것이다. 이 단계에서 고른 행동 중 하나는 둘 이상의 상황에서 발생하는 것인데, 그래도 괜찮다.

수치가 낮은 행동들을 골라 새 목록을 작성하고, 가장 아래쪽부터 가장 적은 수치의 행동부터 사다리 형태로 적어 올라가면 된다. 숫자 개념을 익히지 않은 어린아이는 이 작업에 대한 추가적인 도움이 필요할 수 있음을 유념하라.

- 인사할 필요가 없도록 보고도 못 본 체하기(4)
- 아이들이 나에게 말 걸기 어렵도록 주변을 서둘러 다니기(4)
- 수업 시간에 머리카락으로 얼굴 가리기(4)
- 친한 친구들이 바쁘면 점심 시간에 도서관에 가기(4)
- 아이들이 내가 바쁘다고 생각하도록 헤드폰을 사용하기(3)
- 아이들이 나를 보지 못하게 버스 뒤에 앉기(3)

이 새로운 짧은 목록을 만들었으면, 여러분의 자녀에게 어떤 행동을 그만두는 것이 가장 자신 있는지 물어보라. 다음은 헤일리와 아버지가 회피 행동과 안전 행동을 포기하기 위한 계획을 세워 가는 대화의 예이다.

부모: 헤일리, 넌 걱정을 어떻게 관리하는지 배우는 과정을 정말 잘 해내고 있어.

헤일리: 고마워요, 아빠.

부모: 일상에서 어떤 회피 행동과 안전 행동을 기꺼이 포기할 수 있을지 생각해 보자.

헤일리: 항상 그래야 하는 거죠?

부모: 응. 그거야. 우리는 그런 행동들이 일시적으로는 너에게 도움

을 주는 것처럼 보이지만 결국 그 행동들은 걱정을 더 강하게 만들어 준다는 것을 알고 있어.

헤일리: 맞아요. 그럼 어떻게 해야 할까요?

부모: 우리가 함께 완성한 활동지를 보자. 기억해, 각각의 행동을 하지 않는다면 공포온도계 수치가 어떨 것인지 물어본 것을 기억하니? (헤일리와 아버지는 함께 활동지를 살펴본다.) 여전히 그 수치니? 좀 바뀌었니?

헤일리: 저는 지금은 '도서관에 가지 않는 것'이 이전보다 더 낮아진 것 같아요. 어제 마샤(Marsha)는 점심을 먹은 후 다른 여자 아이들과 놀고 있었고, 저는 불편함을 느끼지 않기 위해 도서관에 가고 싶었어요. 하지만 가지 않았어요.

부모: 와, 헤일리, 넌 정말 용감하구나. 어떻게 그럴 수 있었는데?

헤일리: 그건 그렇게 어렵지 않았어요. 잠시 후, 재스민(Jasmine)이 와서 나에게 새 게임을 보여 주었어요. 전 그것에 빠져서 전혀 걱정하지 않았어요.

부모: 네가 정말 자랑스러워! 잘 모르는 아이들과 함께 있는 것을 피하기 위해 도서관에 가는 것을 그만두는 것에 대한 두려움은 이제 얼마나 되니?

헤일리: 제 생각에 3이요. 그럼 이제 내가 어떻게 하면 될까요?

부모: 가장 쉬운 것부터 새 목록을 만들어 보자. 3이나 4인 걸 말해 봐. 그리고 '도서관에 가지 않기'에 새로운 수치를 추가할 수도 있어.

헤일리: (새로운 목록을 만들었다.) 제가 여기에 적힌 모든 것을 해야

하나요?

부모: 아니, 네가 가장 쉽게 할 수 있다고 생각하는 것부터 하면 돼. 어느 것을 고르겠니?

헤일리: 버스에서 헤드폰 사용하지 않는 것은 꽤 쉬울 것 같아요.

부모: 그건 3이야. 그게 나머지 것들보다 더 쉽다고 생각하는 것이니?

헤일리: 네. 그건 어렵지 않을 거예요.

부모: 대단해! 그럼 이걸 내일부터 시작해 볼까?

헤일리: 좋아요, 아빠. 할 수 있어요.

이상적인 목표는 일주일에 하나씩 회피 행동과 안전 행동을 포기하는 것이다. 어려운 목표보다는 쉬운 목표가 훨씬 좋다. 우리는 자녀가 성공할 수 있고 가능한 한 다루기 쉬운 행동부터 계획을 세우기를 원한다. 자녀가 더 많은 성공을 경험할수록 더 의욕적으로 그 계획을 따를 것이다.

여러분과 자녀가 포기할 첫 번째 회피 및 안전 행동을 선택한 후 아이가 얼마나 잘하고 있는지 알아보기 위해 매일 정기적으로 자녀와 함께 확인하는 일과를 만들라. 이것은 계획의 중요한 요소이다. 여러분이 정기적으로 확인하는 일과를 자녀가 기분 좋게 받아들일 것이라고 섣불리 생각하지 말아야 한다. 매일 하나씩 물어봐도 괜찮은지 자녀에게 물으라. 이러한 행동을 포기하는 것에 대해 자녀에게 보상하는 방법과 문제해결 전략은 다음 절에서 설명한다.

자녀가 회피 및 안전 행동을 멈추도록 동기부여하기 위해 보상을 사용하라

제3장에서 가치 있는 도구로 보상에 대해 논의하였다. 보상은 회피 및 안전 행동을 포기하게 만드는 데 효과적이다. 일반적으로, 이 프로그램은 아동이 하면 '안 되는 것'에 많은 중점을 둔다. 비록 그러한 의도는 아니었을지라도, 이러한 부정적인 강조는 처벌로 지각될 수 있다. 이전 장에서 언급한 것처럼, 이러한 위험을 피하기 위해서 처벌보다는 보상을 통해서 자녀를 동기부여하는 것이 더 효과적이라는 사실을 명심하라. 자녀에게 자주 보상을 주어라. 보상은 여러분의 아이의 욕구에 맞춰져야 할 뿐만 아니라 동기부여가 되기에 충분해야 한다.

어떤 아동은 보상을 전혀 필요로 하지 않는다. 이들은 두려움에 대한 통제권을 얻을 수 있다는 것만으로도 충분히 동기부여된다. 그러나 일반적으로는 보상의 여러 가지 유형이 치료 계획 내에 포함되어야 한다.

그러므로 아동에게 동기부여하는 보상의 사용 과정을 실행해 보자. 기본적인 전제는 아동이 회피 및 안전 행동을 하고자 하는 충동을 견디는 것에 대해서 상을 받는다는 것이다. 이 전략은 불안 문제 외에도 많은 행동 문제를 변화시키는 데 효과적이다.

1단계 목표 행동을 확인하라

여러분은 이미 '유발 상황에서의 회피 행동과 안전 행동 활동지—

자녀용'을 통해 목표 행동을 설정해 놓았다.

예를 들어, 오염 강박을 가진 아동이 자신의 과제를 끝마치고 저녁 식사를 하기 전, 여러분에게 식사에 대해서 질문하는 밤마다 하는 의식절차를 가지고 있다고 가정해 보자. 이 아이의 목표는 모든 것이 깨끗한지 확인하는 것이다. "아빠, 그 칼 씻으셨어요?" "그 옥수수는 어디에서 사셨어요?" "엄마, 그 치킨은 안전해요?" 여러분의 목표는 그 질문하는 행위를 없애는 것이다. 작성한 활동지에 기반해서, 여러분은 아이가 이러한 질문들을 하지 않는 것에 공포온도계 수치로 3을 주었다는 것을 아는데, 이것은 아이의 목록에서 멈출 수 있는 가장 쉬운 행동이다.

2단계 목표 시간을 확인하라

다음으로, 목표가 되는 짧은 시간을 정하라. 모니터링은 여러분이 시간을 정하는 데 도움을 줄 수 있다. 대개 이행 시간(예: 잠자리 들기, 학교에서 귀가하기)이 가장 효과적인데, 그것은 매일 대략 동일한 시간대에 발생하기 때문이다. 이러한 규칙적인 시간대를 찾아내어 매일 연습하라. 우리의 예에서, 이것은 자녀가 과제를 끝마치고 가족이 저녁 식사를 위해 자리에 앉는 10~15분이 될 수 있다. 여러분은 자녀가 매일 안심 추구 의식절차(reassurance-seeking rituals)를 하고 싶은 욕구를 참을 수 있는 저녁 시간대를 정한다.

자녀가 참아야 하는 시간은 여러분과 자녀가 합의하여 결정하여야 한다. 자녀에게 5분, 10분, 15분, 기타 등등의 시간 동안 견디는 것에 대한 공포온도계 수치를 물어보라. 시간이 얼마나 짧은지는 상관없다. 중요한 것은 자녀가 자신이 성공할 수 있다고 매우 자신하는 것이다. 나는 아동에게 있어서 차라리 과제가 너무 어렵기보다는 너무 쉬운 편이 좋다고 생각한다. 과제를 어렵게 만드는 것은 쉽지만, 아동이 실패한 시도로부터 회복하는 것은 어렵다. 하지만 비록 아동이 예상보다 더 어려운 도전을 하고, 너무 어렵다는 사실을 발견하고, 회피 행동이나 안전 행동 사용으로 되돌아가더라도 아동은 그 시도로부터 무언가를 배울 수 있다. 이러한 목표를 달성하는 과정에서 아이가 실패하더라도 흔들리지 말아라. 자녀에게 무엇을 배웠는지 물어보라. 자녀가 배웠을지도 모르는 것에 대해 자녀와 공유하라. 그러고 나서 자녀가 다음 시도를 좀 더 편안하게 느낄 수 있는 새로운 계획을 짜는 데 실패에서 얻은 정보를 사용하라.

3단계 보상을 확인하라

자녀가 성공했을 때 획득할 수 있는 보상을 계획하라. 그것은 동기를 부여하는 보상(예: 특별한 디저트)이어야 하고, 도전의 어려움에 상응해야만 한다. 예를 들어, 공포온도계 4에 해당하는 안전 행동을 없애는 것은 2에 해당하는 안전 행동을 없애는 것보다 더 큰 보상을 주어야 한다. 그리고 만약 주어지지 못한다면 자녀를 망연자실하게 만드는 보상은 선택하지 말라.

여러분 가족의 가치를 반영하는 연령에 적합한, 그리고 가족 모두에게 적합한 보상을 선택하라. 어린아이에게 보상으로 쿠키를 주는 것은 의식절차를 없애도록 아동을 동기부여 하는 데 충분할 수 있다. 더 큰 연령의 아동을 위한 보상 체계는 점수 체계를 포함하면서 좀 더 복잡해질 수 있다. 여러분의 자녀는 순전히 물질적인 보상을 향해 노력할 필요는 없다. 많은 아동이 부모와 함께 특별한 시간을 가지거나, 주말에 볼 가족 영화를 선택하는 권한 등을 주는 방식으로도 동기부여될 수 있다.

4단계 자녀에게 상기시키라

동의한 시간이 되면 자녀에게 상기시켜 주라. "좋아, 존. 6시 15분이구나. 6시 30분까지 확인하는 질문을 하지 않고 견딜 준비가 되었니? 이에 대한 보상으로 우리가 디저트로 아이스크림을 먹을지 파이를 먹을지 네가 선택할 수 있게 해 준다고 약속했었어. 나는 네가 가장 좋아하는 민트칩 아이스크림과 블루베리 파이를 사 놓았단다."

존은 시계를 보고 고개를 끄덕거린다. 무엇을 기대할 수 있는지 알고 있고 그 계획에 대해 동의했기 때문에 존은 기꺼이 순응할 것이다. 비록 6시 30분이 지난 다음에 존은 확인을 위한 질문을 했지만, 자신의 상을 받았다. 그러나 여러분은 어떠한 확인도 해 주어서는 안 되며, 대신 별칭을 사용하고 자녀에게 이 행동은 도움이 되지 않는다고 친절하게 상기시켜 주어야 한다. "존, 그것은 마치 걱정벌레처럼 들리는구나. 소금과 후추 좀 건네 주렴."

5단계 보상을 주라

만약 자녀가 성공하면 보상을 주라. 그러나 만약 보상을 받는 것에 저항을 보이고 안전 행동을 고집한다면, 이번에는 자녀가 보상을 놓치도록 내버려 두라. 그러나 다음에 그것을 다시 제시하라. 자녀는 여러분을 시험하는 것일 수 있다. 만약 여러분이 비일관되게 보상 또는 처벌을 제공한 전력이 있다면, 자녀는 자기 뜻대로 시도하고자 더 많은 에너지를 쏟으려 할 것이다. 아이는 만약 자신이 고집부리고, 기다리고, 떼를 쓰면, 여러분이 결국 굴복할 거라고 생각하기 때문이다.

6단계 필요하다면, 재평가하라

만약 보상 계획이 실패하면, 당연히 여러분은 보상을 재평가해야만 한다. 모든 아동이 각각 다른 요인에 의해 동기부여된다. 부모로서 자녀를 위해 여러분의 지식과 경험을 사용하고, 좋은 동기 요인이 될 만한 보상을 생각해 내는 것은 여러분의 몫이다.

보상을 주는 것에 대한 여러분 자신의 태도를 재평가하라. 어떤 부모는 보상을 사용하는 것이 뇌물의 형태라고 우려하며 이념적으로 거부한다. 또 어떤 부모는 보상을 사용하는 것을 자신에게 효과적인 육아 기술이 부족함을 의미한다고 느낀다. 또 다른 부모는 보상을 주는 것이 자녀를 버릇없게 만든다고 걱정한다. 나의 경험상 보상을 사용하는 것은 어떠한 부정적인 효과도 가져오지 않는다. 그러나 만약 여러분이 보상의 사용에 대해 이러한 혹은 이와 유사한 반대 의견을 가지고 있다면, 나는 이러한 새로운 전략을 가지고 실험하는 것에 열린 자세를 가지라고 조언하고 싶다. 궁극적으로, 여러분은 자녀가 불안을 극복하도록 돕기를 원한다. 자녀를 망칠 수 있는 모든 위험은 회피 및 안전 행동을 감소시키는 장점에 의해 충분히 가려진다.

☑ 불안한 아동은 회피 행동과 안전 행동을 통해 걱정과 두려움을 감소시키는 정신적인 전략들을 개발한다. 그러나 이러한 행동은 본의 아니게 아동의 불안을 키운다.

☑ 아동이 하는 흔한 회피 및 안전 행동은 회피, 안심 추구, 확인 행동, 불안을 유발하는 상황 탈출, 떼쓰기, 불안 유발 상황을 피하거나 탈출하기 위한 변명 만들기, 의식절차 행하기, 부모가 안전 행동에 동참해 달라고 요청하기를 포함한다.

☑ 회피 행동과 안전 행동을 확인하기 위해서 아동과 협력하라.

☑ 여러분이 완성한 활동지를 사용하여 자녀가 이러한 행동을 포기하도록 돕는 계획을 세우고 실행하라.

☑ 아동이 이러한 행동들을 포기하는 순서를 정하기 위해 공포온도계를 사용하라.

☑ 회피 행동과 안전 행동을 멈추기 위한 아동의 동기를 증가시키기 위해 보상을 사용하라.

제7장

스마트 톡, 차근차근 말해요

" 스마트 톡은 부모와 자녀에게 생각
오류에 대응하고 이를 수정할 수 있는
건설적인 방법을 제공한다. "

1960년대에 현대 인지치료의 아버지로 불리는 아론 벡(Aaron Beck) 박사는 우울하고 불안한 사람들이 만들어 내는 무수히 많은 '생각 오류(thinking errors)'에 놀랐다. 그는 이러한 오류들이 빈번하게 불쑥 나타난다는 사실을 알아차렸고, 사람들이 그것에 대해 생각하지 않아도 무의식적으로 발생하기 때문에 '자동 사고(automatic thoughts)'라고 일컬었다. 그의 연구 및 이론의 타당성을 입증하는 수많은 임상 시험에서, 벡(1979)은 생각 오류를 만들어 내는 사람은 특정한 생각이 주어진 상황을 정확히 반영하지 않는다는 것을 알아차리지 못한다는 사실도 알게 되었다. 현대의 인지치료는 대체로 생각 오류 수정에 관한 것이며, 이것은 매우 효과적이라는 사실이 증명되고 있다. 불안한 아동들(뿐만 아니라 성인들)이 가진 몇 가지의 생각 오류들은 〈표 7-1〉에 나열되어 있다.

생각 오류는 성인과 아동 모두 상황 그 자체보다는 상황에 대한 자신의 생각과 믿음에 반응하게 만들기 때문에 위험하다. 바꾸어 말하면, 그들은 실제 상황과 일치하지 않는 상상의 상황에 대한 정보를 처리한다. 그리고 그들은 특히 불안이 유발되는 순간에 자신의 생각 오류를 믿는다.

이런 이유 때문에, 부모인 여러분에게 자녀의 두려움은 비합리적이거나 매우 지나친 것으로 보일 수 있다. 게다가 생각 오류는 여러분이 그것을 확인하고 구체화할 때까지 알 수 없다. 자녀는 자신의 생각이 정확하지 않을 수 있고, 부정적인 결과들을 극적으로 과장할 수 있다는 사실을 인식하지 못한다. 따라서 빨라지는 심박 수, 두근거림, 땀으로 축축해진 손바닥, 공포감 같은 결과들을 경험한다.

〈표 7-1〉 흔한 생각 오류

오류의 유형	행동
파국화(catastrophizing)	최악의 시나리오가 발생할 것이라고 가정하기
예견하기(futurizing)	미래에 대한 부정적이거나 두려운 시나리오 예측하기
과대 확률화(overprobablizing)	부정적 결과의 발생 확률 과대평가하기
흑백논리 (black-and-white thinking)	극단적으로 생각하기—상황을 모두 좋거나 혹은 모두 나쁜 것으로 인식하기
독심술(mind reading)	다른 사람이 생각하는 것을 안다고 가정하기

부모는 언제 자기 자녀가 정확하게 생각하지 않는지 잘 알아차리는 경향이 있다. 이에 대한 대응으로, 일반적으로 부모는 자녀의 두려움이 비현실적이라는 사실을 확신시키려고 시도한다. 우리는 이미 왜 부모의 이러한 시도가 역효과를 낳는지 논의하였다. 하지만 생각 오류를 수정하는 데 효과적인 인지 전략들이 있다. 이 장에서는 그 가운데 하나인 스마트 톡에 대해 다룬다.

스마트 톡

'스마트 톡(smart talk)'은 자녀가 자신의 불안의 원인이 되는 생각 오류를 수정하도록 돕기 위해 여러분이 사용할 수 있는 도구이다. 자녀는 불안이 유발되는 일상생활에서 회피 및 안전 행동에 대한 의존도를 감소시키기 위한 도구로써 스마트 톡을 사용할 수 있다. 스마트 톡을 지속적으로 사용하면 자녀의 개선된 생각은 생각 오류만큼이나 습관적이고 무의식적인 것이 된다. 이 외에도, 비록 노출(exposure) 동안에는 사용될 수 없지만, 스마트 톡이 노출을 통해 습득된 새로운 학습이 강화되도록 돕는다는 증거가 있다(Craske et al., 2015). 궁극적인 목표는 두뇌를 재훈련하는 것이다. 인간은 두려움을 없애는 방법보다 무엇인가를 두려워하는 방법을 훨씬 효과적으로 학습한다. 그러므로 재훈련은 많은 연습을 필요로 한다.

여러분은 아마도 제4장의 하향화살표 기법을 사용할 때, 불안 유발 상황에서 자녀가 만들어 내는 수많은 생각 오류를 관찰했을 것이다. 사실, 여러분은 생각 오류를 확인하는 과정에서 이미 많은 탐색 업무를 완수했을지 모른다. 이제 여러분과 자녀는 이러한 생각 오류의 원인이 되는 증거들을 탐색하고 스마트 톡으로 그 오류들을 어떻게 수정할지 배울 것이다.

자녀에게 스마트 톡 가르치기

스마트 톡은 4단계의 과정이다. 첫 번째, 자녀가 생각 오류를 확인하도록 도와라. 두 번째, 자녀가 오류를 지지하거나 반박하는 증거들을 평가하도록 도와라. 세 번째, 자녀가 보다 현실적이고 증거에 기반을 둔 관점(스마트 톡)을 반영하는 생각을 하도록 도와라. 마지막으로, 수정된 생각인 스마트 톡을 사용하도록 자녀를 이끌어라. 각 단계에 대해서 자세하게 살펴보자.

조용한 때 여러분의 자녀와 함께 앉아서 이렇게 이야기해 보라. "너는 지금까지 걱정벌레를 이겨내는 일을 너무나 잘 해내고 있구나. 좀 더 도움이 될 수 있도록 너에게 알려 주고 싶은 다른 도구가 있어. 이것은 네가 불안한 상황에 있을 때, 너의 생각과 관련이 있는 거야. 우리는 이미 불안이 유발되는 상황에 있을 때, 네가 생각하는 것에 대해 몇 가지 알고 있어. 그러나 우리는 약간의 탐색 작업을 더 하려고 해. 어떨 것 같아?" 당신과 자녀가 함께 노력할 수 있는 구체적인 예를 제시할 수도 있다.

예를 들어, 자녀가 개에 대한 비합리적인 두려움을 가지고 있다고 가정해 보자. 이 두려움에 대한 하향화살표 기법을 완료했을 때, 여러분과 자녀는 개를 보는 것에 대해서 궁극적으로 두려워하는 결과는 공격당하고 물리는 것이라는 사실을 확인했다. 이제 여러분의 과제는 개를 볼 때 자녀의 불안 반응의 원인인 자녀가 만들어내는 생각 오류가 무엇인지 알아내는 것이다.

여러분은 만화의 예를 들어서 자녀에게 스마트 톡에 대해 설명할 수 있다. 자신의 생각 과정에 대해 인식하기 어려운 연령대의 자녀에게는 자신의 머리 위에 있는 말풍선 속 생각을 상상하라고 하면 이를 손쉽게 해낸다.

나는 빈 말풍선이 있는 만화를 사용하기 좋아하는데, 그렇게 하면 아동은 자신의 스마트 톡 글귀를 풍선 안에 넣을 수 있다. 이렇게 하면 아동이 스마트 톡을 사용하는 습관을 기르도록 도와주고 그 과정에 재미를 부여한다. 빈 말풍선 양식은 온라인의 부록 F(http://www.newharbinger.com/39539)에서 찾을 수 있다.

여러분과 자녀가 불안 유발 상황에서 아이가 가진 특별한 생각들에 집중할 때, 〈표 7-1〉에 나열된 생각 오류들을 만들어 내는지 생각해 보라.

• 아이가 최악의 상황을 가정하고 있는가? (파국화)
• 아이가 현재에 실제로 발생하는 일보다 미래의 공포스러운 상황에 집중하는가? (예견하기)
• 아이가 자신이 그 상황에 있을 때마다 끔찍한 일이 일어날 것이라고 가정하는가? (과대 확률화)
• 아이가 실생활의 미묘한 차이나 중립적인 부분에 대한 고려 없이, 오로지 극단적인 생각에만 몰두하는가? (흑백논리)
• 아이가 다른 사람이 자신에 대해 부정적인 생각을 한다고 믿는가? (독심술)

특정한 유발 상황에서 여러분과 자녀가 확인한 모든 생각 오류들을 기록하라. 다시 한 번 말하지만, 이것은 자녀의 결점을 확인하기 위해서가 아니다. 자녀의 생각에 대해 호기심 있는 태도를 가지고, 생각을 수정하려고 하지 말아라. 긍정적인 태도를 유지하고, 비록 자녀의 생각 중 일부에 동의하지 않더라도 자녀가 어떤 생각을 말하든지 칭찬해 주어라. 자녀에게 불안 유발 상황을 살펴보는 다른 방식의 기회를 제공하는 것이 정확한 생각 오류를 확인하는 것보다 더 중요하다.

많은 아동이 이미 자신의 걱정스러운 생각이 정확하지 않다는 사실을 감지하고 있다. 그러나 불안의 스파이크 동안에는 그러한 생각에 의존할 수밖에 없다. 생각 오류는 특히 좀 더 나이가 많고 자의식이 강한 아동에게는 좌절과 혼란스러움을 느끼게 할 수 있다([그림 7-1] 참조).

저 개는 나를 물 거야!

[그림 7-1] 생각 오류

2단계 증거를 평가하라

증거를 평가하는 효과적인 방법은 자녀의 생각에 대해 질문하여 자녀가 대안적인 결과를 생각할 수 있도록 하는 것이다. 인지행동치료자는 이 과정을 "유도된 발견(guided discovery)"(Padesky, 1993)이라고 부른다. 유도된 발견은 교사가 학생의 비판적 사고를 자극하여 자신만의 결론에 도달하도록 돕기 위해 일련의 질문을 던지는 전통적인 소크라테스 문답법과 유사하다. 하지만 소크라테스 문답법이 다소 심문처럼 느껴질 수 있다면, 유도된 발견은 개방형으로, 열린 사고를 바탕으로 진행되는 협력적인 토론처럼 느껴질 수 있다. 자녀가 자신의 두려움의 원인이 되는 추측과 믿음에 대한 다른 생각을 고려할 수 있도록 조심스럽게 안내하라.

유도된 발견은 ① 자녀에게 질문하기, ② 자녀의 대답 경청하기, ③ 자녀가 이야기한 내용 요약하기, ④ 그 상황에 대한 다른 사고방식을 촉진하는 질문하기를 포함한다.

- 걱정벌레의 생각이 현실에서 일어나는 일과 항상 일치하니?
- 걱정벌레가 너에게 이야기하는 일이 항상 일어나니, 가끔 일어나니, 아니면 거의 일어나지 않니? (비율을 사용하면 자녀가 상황을 객관화시키는 데 도움이 될 수 있다.)
- 네가 그 상황에 있을 때, 열 번 중에 몇 번이나 걱정벌레가 정확하게 맞았니? (실제 예를 들어서 구체적으로 제시하라.)
- 걱정벌레가 맞는다는 것을 어떻게 알았니?
- 다른 일이 발생할 가능성이 있었니?
- 걱정벌레가 틀린 적이 있었니?
- 네가 생각한 일이 발생하지 않았던 순간을 생각할 수 있었니?

다음의 대화에서, 아홉 살 소년 헨리(Henry)의 아버지는 헨리가 목줄이 풀린 개가 자신을 물 것이라는 두려움을 지지하는 증거들을 평가할 수 있도록 조심스럽게 안내했다.

부모: 헨리, 네가 생각하기에 만약 축구 경기장이나 공원에서 목 줄 풀린 개가 주변에 있으면 무슨 일이 생길 것 같은지에 대해 좀 더 이야기할 수 있을까?

헨리: 이미 아시잖아요. 저는 개한테 물릴 거라고 생각해요.

부모: 알았다. 만약 목줄이 풀린 개를 본다면 그 개가 널 물 거라고 생각한다는 이야기구나.

헨리: 제 말이 그거예요.

부모: 같은 말을 되풀이해서 미안하구나. 그리고 아빠는 네가 이 문제에 대해서 이야기하기 싫어한다는 것을 안단다. 그래서 네가 인내심을 갖고 아빠와 함께 해 줘서 고맙구나.

헨리: 괜찮아요, 아빠. 또 무엇이 알고 싶으세요?

부모: 아빠는 걱정벌레가 너에게 이야기하는 것이 항상 맞는지 알고 싶구나.

헨리: 무슨 말씀이세요?

부모: 음, 예를 들어서 너를 물지 않았던 목줄 풀린 개가 주변에 있었던 적이 있는지 궁금하구나.

헨리: 그런 적이 있었죠. 그러나 조만간 개가 저를 물 거라서 저는 여전히 무서워요.

부모: 알겠구나. 너는 아직까지는 물린 적이 없지만 미래에 언젠가는 개가 너를 물 거라고 꽤나 확신하는구나.

헨리: 네.

부모: 가끔씩 네가 노는 동안에 윙(Wong)의 강아지 듀크(Duke)가 마당 밖으로 나와서 네 주위를 돌아다닐 때가 있단다. 지난 일요일

에도 그랬었는데, 기억나니?

헨리: 그럼요. 저는 무서웠어요.

부모: 무슨 일이 일어났었지?

헨리: 저는 너무 무서워서 움직일 수 없었고, 듀크가 떠날 때까지 기다렸어요.

부모: 듀크가 너를 물었니?

헨리: 아니요, 그렇지만 물 수도 있었어요.

부모: 듀크는 너를 물지 않았지만 물 수도 있었지. 아빠가 생각하기에도 그건 사실이구나. 듀크가 그날 왜 너를 물지 않았다고 생각하니?

헨리: 저도 모르겠어요. 아마도 그럴 기분이 아니었나 보죠.

부모: 일요일에 듀크는 너를 물 기분이 아니었다는 거구나. 듀크가 너에게 다가왔을 때, 그 개는 어떻게 행동했니?

헨리: 듀크는 꼬리를 흔들었어요. 그리고 입에 테니스 공을 물고 있었어요.

부모: 테니스 공을 가지고 있었구나. 왜 듀크가 공을 가지고 왔다고 생각하니?

헨리: 아마도 제가 그 공을 던져 주기 원했나 봐요. 듀크는 윙 아저씨가 공을 던질 때면 미치니까요.

부모: 나도 안단다! 듀크는 던진 물건 가져오기를 좋아하지. 그것이 너를 괴롭히니?

헨리: 저는 싫어요. 듀크는 너무 정신없어요.

부모: 만약 듀크가 정신없으면 무엇을 할까?

헨리: 저한테 뛰어올라요.

부모: 뛰어오르지만 너를 물지는 않지?

헨리: 비록 제가 공을 던지지는 않더라도 아마 듀크가 너무 정신이 없으면 저를 물 수도 있어요.

부모: 가능한 일이라고 생각한다. 그런데 네가 듀크를 만났던 10번 중에 듀크가 너를 몇 번이나 물려고 했었지?

헨리: 한 번도 없었어요.

부모: 듀크가 사람들을 물지 않는 것이 가능하다고 생각하니?

헨리: 아마도요, 하지만 저는 절대 알 수 없죠.

부모: 그러면 너는 그런 위험을 무릅쓰고 싶지 않은 거구나.

헨리: 맞아요.

부모: 가끔 우리의 생각들은 실제로 일어나는 것과 일치하지 않는 일들도 믿게 만든다. 아빠가 보기에는 개에 관한 너의 생각도 이와 비슷한 것 같구나. 어떻게 생각하니?

헨리: 아마도 약간은, 맞아요.

이 유도된 발견 사례에서 우리는 〈표 7-1〉에 나열되었던 여러 가지 생각 오류를 발견한다. 헨리는 파국적인 결과를 상상했고(개가 자신을 물 거라는 대단히 심각한 결과를 예측함), 부정적 사건의 발생 확률을 과대평가했으며(개를 마주치는 순간마다 개가 자신을 물 것이라고 믿음), 미래 사건에 대해 부정적으로 예견했고(개가 미래에 자신을 물 거라고 예측함), 흑백논리적 사고(개가 순하거나, 자신과 놀고 싶어 할 수 있고, 자신에게 뛰어오를 수 있다는 식의 가능한 모든 결과를 고려하지 않음)를 했다. 결국, 헨리는 자신의 생각 오류를 인정하는 방향으로 움직이고 있다.

3단계 스마트 톡을 만들라

다음 단계는 합리적인 대답, 즉 스마트 톡을 만드는 것이다. 스마트 톡은 자녀가 만드는 생각 오류들을 쉽고 직접적이고 간단한 방식으로 수정해야만 한다. 예를 들어, 만약 여러분의 자녀가 어떤 일이 일어날 가능성을 과대평가한다면, 합리적인 대답은 "가능하긴 하지만 지극히 드문 일이지."가 될 수 있을 것이다. 이와 비슷하게, 만약 자녀가 흑백논리적인 사고를 하고 오로지 극단적인 결과가 일어날 거라고 가정한다면, 여러분은 다음과 같이 말함으로써 그 생각 오류를 수정할 수 있다. "그럴 수도 있지. 하지만 다른 많은 일들도 일어날 수 있단다."

자녀가 기억하고 계속해서 사용해야 하기 때문에 스마트 톡은 간결하고 단순해야 한다. 또한 스마트 톡을 그저 단순한 안심이나 격려의 말로 만들지 않도록 주의하라. 그것은 효과적이지 않다. 어떤 자녀들, 특히 나이가 어린 아동에게는 자신이 선택한 불안을 일컫는 별명을 사용하는 것이 도움이 되는데, 이는 생각 오류를 수정할 뿐만 아니라 아동에게 불안이 유발되고 있음을 알리는 효과도 있다. 이것은 아동이 불안 스파이크 상황에 직면해서도 균형감을 유지하도록 돕는다.

다음은 여러분과 자녀가 아이의 필요에 맞춰서 사용할 수 있는 몇 가지 일반적인 스마트 톡 글귀를 제시하고 있다.

- "친구가 인사를 하지 않았다고 해서 나를 좋아하지 않는 것은 아니야."
- "나는 미래를 볼 수 있는 수정 구슬을 가지고 있지 않아."
- "그것은 가능해. 하지만 많은 다른 일이 일어날 가능성이 더 크지."
- "걱정벌레야, 너는 어떻게 일이 진행될지 알지 못해."
- "그것은 최악의 시나리오야! 다른 많은 일이 일어날 수도 있어."
- "어느 누구도 훌륭한 독심술사는 아니야."
- "그건 가능한 일이지만, 일어나지 않을 거야."

스마트 톡을 만들어 내고 사용하는 과정은 여러분의 컴퓨터에서 문장을 수정하는 일에 견줄 수 있다. 여러분은 바꾸고자 하는 글귀를 삭제하고 새로운 내용을 입력한다. 이와 비슷하게, 자녀는 생각 오류를 스마트 톡으로 대체하는 것을 배울 것이다. 만약 개와 마주칠 때 자녀가 항상 최악의 결과가 발생할 거라고 가정한다면, '저 개가 나를 물 거야.'라는 생각을 '그건 가능한 일이지만 일어나지 않을 거야.'라는 스마트 톡으로 대체할 수 있다.

다음은 헨리와 그의 아버지가 어떻게 스마트 톡을 생각해 냈는지에 대한 예시이다.

부모: 목줄이 풀린 개가 너를 물 수 있다는 걱정에 대해 우리가 어떻게 이야기했었는지 기억하렴. 그리고 아빠는 너에게 듀크에 대해서, 그리고 개가 물까 봐 걱정했지만 물지 않았던 다른 상황들에 대해서 묻고 싶구나.

헨리: 좋아요.

부모: 그 대화를 통해 무엇을 배웠니?

헨리: 제가 해야 하는 것보다 더 많은 걱정을 하고 있다는 사실이요.

부모: 걱정벌레가 너에게 이야기한 내용을 살펴보자. 네 주변을 돌아다니는 듀크를 볼 때, 걱정벌레는 무슨 이야기를 하지?

헨리: 듀크가 저를 물 거라고 이야기해요.

부모: 좋아. 그리고 듀크가 너를 물었니?

헨리: 아니요.

부모: 그러면 지금까지 걱정벌레 말이 모두 맞았니?

헨리: 아니요, 최근까지는요.

부모: 그러면, 이것이 생각 오류의 예가 될 수 있겠구나. 그것은 너의 공포온도계 수치가 올라가고, 네가 듀크로부터 도망가도록 만드는구나.

헨리: 아빠가 말씀하시는 것을 저도 알아요.

부모: 만약 우리가 너의 걱정벌레 생각을 바로잡을 수 있는 몇 가지 스마트 톡을 생각해 낼 수 있다면, 네가 듀크를 볼 때 무서움을 느끼지 않을 거야. 그리고 스마트 톡은 너의 걱정을 더 크고 더 강하게 만드는 회피 행동과 안전 행동을 하려는 충동에 저항하도록 도와줄 거야.

헨리: 알았어요. 우리가 그것을 어떻게 하죠?

부모: 우리는 사실과 좀 더 관련된 생각들을 떠올릴 거야. 아빠가 다른 아이들이 사용했던 스마트 톡 목록을 읽어 줄게. 그래도 괜찮을까?

헨리: 그럼요.

부모: 어디 보자. (그는 스마트 톡 목록을 읽는다.) 어떻게 생각하니?

헨리: 제가 사용할 수 있는 두 가지가 있어요. "그것은 최악의 시나리오야! 다른 많은 일들이 일어날 수 있어."와 "그건 가능한 일이지만 일어나지 않을 거야."예요.

부모: 훌륭하구나! 너의 걱정벌레가 만든 생각 오류를 잘 바로잡는 가장 짧은 글귀로 골라 보자. 잠시 시간을 갖고, 듀크가 너에게 뛰어오고 있는 상상을 해 보는 것이 어떻겠니? 다음에 너의 공포온도계 수치를 확인하자. 그리고 각각의 스마트 톡 글귀를 너 자신에게 말한 다음에 어떤 글귀가 가장 좋은지 알아보자.

헨리: 좋아요.

부모: 듀크가 너에게 달려올 때, 너의 공포온도계 수치는 얼마지?

헨리: 대략 3이요.

부모: 좋아. 이제 첫 번째로 선택한 스마트 톡 글귀를 말해 보자. 아빠가 이것을 너의 걱정거리에 맞추어서 이 카드에 적어 두었단다. 만약 이것을 외울 수 없다면 읽어도 된다. "그것은 최악의 시나리오야! 다른 많은 일들이 일어날 수 있어."

헨리: 도움이 되는걸요.

부모: 잘됐구나! 이제 다른 것들을 시도해 보자. 이렇게 하면 네가 목줄이 풀린 개를 볼 때 어떤 스마트 톡 글귀를 사용할지 결정할 수 있단다.

여러분과 자녀가 함께 적절한 스마트 톡을 고른 다음에는 여러분, 자녀, 그리고 다른 중요한 양육자가 쉽게 확인할 수 있도록 그것을 종이에 써 보라([그림 7-2] 참조). 대개 아동은 각각의 두려움마다 한 가지의 스마트 톡 대답을 갖는다. 여러분의 자녀는 그것을 암기하고 정확하게 사용해야 할 필요가 있다. 이는 매우 중요한데, 불안 반응이 한창일 때 아동은 종종 자신의 스마트 톡을 덜 효과적인 방식으로 바꾸기 때문이다.

[그림 7-2] 스마트 톡으로 수정된 사고

스마트 톡을 연습하는 효율적인 방법은 자녀에게 불안 유발 상황에 있는 것을 상상하도록 요청하고 공포온도계 수치가 상승하는지를 알아본 다음에 생각 오류를 중단시키는 스마트 톡 구절을 사용하는 것이다. 자녀가 그것에 숙달되었음을 보여 줄 때까지 10~15회

정도 반복하고 또 반복하라. 이것은 또한 아동이 자신의 두려움을 정복하도록 돕는 가장 중요하고 유일한 기법인 노출을 제공한다. 이에 대해서는 제8장에서 논의한다.

자녀가 스마트 톡에 익숙해지도록 돕는 다른 방법은 스마트 톡을 연습하는 게임을 만드는 것이다. 여러분과 자녀는 순서대로 걱정벌레와 스마트 톡이 된다(걱정벌레의 별칭을 사용하라). 자녀에게 먼저 어떤 역할을 원하는지 물어보라. 역할이 여러 번 교체되기 때문에 누가 첫 번째인지는 전혀 중요하지 않다. 걱정벌레 역할이 먼저 대화를 시작한다. 걱정벌레는 마치 자녀에게 말하는 것처럼 생각 오류를 말로 표현한다. 걱정벌레 역할은 걱정벌레가 자녀에게 이야기할 수 있는 모든 무서운 내용들을 생각해 내는 것이다. 스마트 톡 역할을 하는 사람이 누구든지 간에 자녀의 스마트 톡 글귀로 간단하게 대답하라. 개를 무서워하는 헨리는 다음과 같이 진행할 수 있다.

걱정벌레: 헨리, 너는 오늘 공원 가는 것에 대해 정말 걱정해야만 해. 거기에는 많은 개가 있고 어떤 개는 너를 물 거야.
스마트 톡: 그건 가능한 일이지만 일어나지 않을 거야.

이 협력 게임은 자녀가 자신의 두려움에 관해서 유리한 위치에서 참여할 수 있도록 안내한다. 게임을 할 때는 용감하고 창의적이고 즐겁게 하라. 여러분과 자녀 모두 걱정벌레의 여러 측면을 표현하기 위해 최선을 다해야 한다. 여러분은 자녀에 대해서 잘 알고 있으며, 걱정벌레가 자녀에게 압력을 가하는 많은 방법에 대해서도 알고 있다. 게임을 할 때 이 지식을 사용하라.

이 게임은 자녀의 불안을 유발하는 것에 대한 가벼운 수준의 노출을 포함한다는 사실을 기억하라. 따라서, 자녀가 공포온도계 수치의 상승을 경험하는 것은 지극히 정상적이다. 이것은 사실 긍정적인 결과이다. 만약 자녀가 고통스러워하는 것을 눈치챘다면, 자녀에게 공포온도계 수치를 물어봄으로써 그것을 알아차렸음을 알리고, 자녀가 좀 더 편안해 보일 때까지 게임을 계속하라(반복, 반복, 또 반복하라). 아이는 (심지어 간접적인 방식으로라도) 두려운 상황에 노출되면 될수록, 더 빠르게 그 두려움을 없애버릴 것이다. 두려움을 유발하는 것들을 절대로 피하지 말아라. 그것을 해결하는 방법을 찾고, 비록 아주 작은 진전이 있다 하더라도 그 방법을 향해 움직여라.

이 게임을 하는 동안에 자녀를 도울 수 있는 많은 방법이 있다.

- 자녀의 공포온도계 수치를 물어보고, 온도가 오르거나 떨어질 때 그 이유를 살펴보라.
- 게임을 많이 반복하라. 노출은 자녀가 새로운 것을 배울 수 있도록 도와준다.
- 스마트 톡을 연습함으로써 무엇을 배울 수 있었는지 자녀에게 물어보라.
- 게임을 하는 동안에 어떠한 안전 행동(제5장 참조)도 하지 말 것을 자녀에게 상기시켜라. 이것이 억제 학습(inhibitory learning)을 방해할 수 있다.
- 게임하는 것에 대한 보상을 줌으로써 자녀를 격려하라.

팁과 문제해결: 스마트 톡 사용을 위한 몇 가지 주의 사항

몇 가지의 추가적인 지침이 스마트 톡과 함께하는 자녀의 작업이 생산적이 되도록 도와줄 것이다.

스마트 톡과 노출

스마트 톡은 계획된 노출 전과 후에 모두 사용될 수 있다. 그러나 억제 학습을 방해할 수 있기 때문에 계획된 노출 중에 사용되어서는 안 된다.

스마트 톡과 강박 장애

스마트 톡을 사용하기 전에, 제4장에서 보여 준 것처럼 여러분 자녀의 문제를 명확하게 확인하는 것이 필수적이다. 수업 시간에 문제가 있는 열두 살 소녀 헤일리와 카밀라는 비슷한 행동을 보였다. 하지만 문제가 확인된 이후에, 두 아동의 공포 체계가 꽤나 다르다는 것이 분명해졌다. 헤일리가 사회불안 장애라면, 카밀라는 강박 장애와 범불안 장애의 흔한 파생물인 완벽주의(perfectionism)를 보여 주었다.

강박 장애를 다룰 때 스마트 톡을 사용해서는 안 된다. 강박 장애가 있는 아동은 매우 빈번하게 자신의 스마트 톡을 의식절차로 바꿔 버리고 이는 치료에 역효과를 낳는다. 따라서 카밀라와 같은 강박 장애 아동은 걱정벌레와 대화해서는 안 된다. 제10장에서는 강박 장애 아동을 위한 구체적인 도구와 기법을 다룬다.

만약 당신의 자녀가 스마트 톡을 좋아하지 않는다면

스마트 톡 사용이 불안 반응에 완벽하게 효과적일 것이라고 기대해서는 안 된다. 스마트 톡은 여러분과 자녀가 불안을 관리하도록 도울 수 있는 많은 도구 가운데 하나이다. 어떤 아동은 스마트 톡으로부터 많은 이익을 얻는다. 비슷하게, 어떤 아동은 스마트 톡을 좋아하지만 다른 아동은 좋아하지 않는다. 비록 여러분의 자녀가 스마트 톡을 하는 것을 특별히 좋아하지 않더라도, 아이는 이 스마트 톡을 찾아가는 대화 과정을 통해서 이익을 얻을 수 있다. 따라서 나는 아동이 궁극적으로 스마트 톡을 사용하건 아니건 간에 이 과정을 진행해 볼 것을 추천한다. 하지만 몇 번의 시도 후에도 이 방법이 유용하지 않은 아동에게는 '결코' 강요하지 않는다.

스마트 톡에 관한 기대

스마트 톡 사용에 대해서 현실적인 기대를 유지하는 것이 중요하다. 여러분이 단순히 이 도구를 사용했다고 해서 자녀가 갑자기 합리적으로 반응할 거라고 기대하지 말아라. 자녀가 개에게 겁먹은 다음에 나는 여러분이 다음과 같이 말하기 원하지 않는다. "자, 기억해 보렴. 우리는 이 상황에 대해서 이야기 나눴었지. 모든 개가 너를 물 거라고 믿는 것은 비합리적이야."라고 말하는 대신에, "걱정벌레니? 너의 공포온도계 수치는 얼마지? 스마트 톡을 사용해 보지 않을래?"라고 물으면서 시작하라. 목표는 자녀가 여러분과 자신이 합의했었던 스마트 톡 글귀를 사용하면서 자신에게 이야기하는

것이다. 특히 어린 아동은 부모의 다정하고 용기를 북돋아 주는 조
언으로 효과를 본다.

이 장에서 여러분은 무엇을 배웠는가?

☑ 불안한 아동은 많은 생각 오류를 빈번하게 만든다.

☑ 불안이 스파이크 상태일 때, 아동은 자신의 잘못된 생각을 믿기
  때문에 생각 오류를 만드는 것은 불안을 야기하고 강화하는 역
  할을 한다.

☑ 아동이 만들어 내는 흔한 생각 오류들은 파국화, 예견하기, 과대
  확률화, 흑백논리, 독심술을 포함한다.

☑ 부모는 아이의 생각 오류를 잘 알아채지만, 대개는 의도치 않게
  그 불안을 강화하는 방식으로 대응한다.

☑ 스마트 톡은 부모와 자녀에게 생각 오류에 대응하고 이를 수정
  할 수 있는 건설적인 방법을 제공한다.

☑ 스마트 톡을 사용하기 위해서는 생각 오류를 확인하고, 유도된
  발견을 통해 증거를 평가하고, 스마트 톡을 만들며, 스마트 톡을
  연습하라.

☑ 비록 아동이 스마트 톡을 사용하지 않더라도, 스마트 톡을 만드
  는 과정에 참여하는 것은 도움이 된다.

제8장

노출 계획 세우기

66 원치 않는 결과들이 실제로는 일어나지
않거나, 일어난다 하더라도 견딜 만한 것
임을 배우는 것이 노출의 목표이다. 99

만약 여러분이 이 책의 이전 장들에서 제시된 단계들을 따라왔다면, 여러분은 자녀가 두려움을 이기는 데 가장 도움이 되는 것, 즉 노출(exposures)을 시작할 준비가 된 것이다. 제1장에서 언급했던 것처럼, '노출'이란 여러분의 자녀가 회피 행동을 하거나 안전 행동을 하지 않고 버티면서 공포를 유발하는 상황을 점진적으로 반복하여 접하는 것이다. 이러한 노출을 일종의 실험으로 생각할 수 있다. 노출의 목표는 자녀가 공포 유발 상황에서 두려워하는 원치 않는 결과들이 실제로는 일어나지 않거나, 일어난다 하더라도 견딜 만한 것임을 배우는 데 있다.

이 장에서는 여러분이 활용할 수 있는 다양한 노출 방법에 대해 설명하려 한다. 여러분은 자녀를 위한 노출 실험을 계획하고, 자녀와 함께 '노출 사다리(exposure ladder)'를 만들며, 이를 적용시켜 볼 것이다. 이러한 노출 치료는 여러분이 이전 장들에서 해 왔던 것들을 바탕으로 한다.

노출 방법

노출에는 세 가지의 주요한 방법이 있는데, 실제 노출, 상상 노출, 불안의 신체감각에 대한 혹은 내부감각 수용 노출이다. 여러분은 어떤 노출 방법이 자녀의 두려움에 가장 적절하고 효과적일지에 따라 하나 이상의 노출 방법을 자녀에게 적용할 수 있다.

실제 노출

실제 노출(in vivo exposures)은 실제 상황에서 이루어진 노출을 말한다. 실제 노출을 계획할 때에는 아동의 공포 구조에 잘 맞는 상황을 선택하는 것이 중요하다. 예를 들어, 하향화살표 기법을 통해 여러분의 자녀가 개를, 특히 개가 냄새 맡거나 더 심하게는 핥는 것을 두려워한다는 사실을 알게 되었다면, 노출은 단순히 개와 가까이 있는 것뿐만 아니라 개(자녀에게 친숙한 개를 이용하면 수행 가능성이 높아질 수 있음)가 아이를 냄새 맡고 핥는 것까지 포함시켜야 한다.

실제 노출에 사진, 동영상 혹은 그 밖의 묘사적 요소들을 포함시켜 활용할 수 있다. 유튜브(Youtube) 동영상과 구글(Google) 사진들은 아주 좋은 자료의 원천인데, 여러분은 자녀가 두려워하는 거의 모든 것에 대한 동영상 혹은 사진들을 쉽게 찾을 수 있다. 그런데 자녀에게 사용하기 전에 동영상과 사진들을 먼저 보면서 자녀의 연령에 적합한지 확인하여야 한다.

상상 노출

상상 노출(imaginal exposures)은 여러분의 자녀에게 두려움을 유발하는 상황에 놓여있다고 상상하도록 하는 것이다. 상상 노출은 특히 ① 유발 상황이 실제에서는 드물거나 일어나기 힘든 상황일 때, ② 생각 혹은 이미지 그 자체를 두려워할 때, ③ 자녀가 유발 상황을 완전히 회피하고 실제 노출을 사용하기에는 공포온도계의 수치가 너무 높을 때에 유용하다.

상상 노출은 아동이 자신의 모든 감각을 동원하여 상상할 수 있을 때 가장 효과적이다. 따라서 여러분은 자녀에게 유발 상황을 떠올리며 보이는 것, 들리는 것, 냄새, 맛, 느낌 등을 모두 상상할 수 있도록 격려해야 한다. 여러분은 다음과 같은 질문을 하여 자녀가 상상 노출에 충분히 몰입할 수 있도록 도와줄 수 있다.

- "버스에 타고 있는 동안, 무슨 소리가 들리니?" (아이가 통학 버스를 탔을 때 토할까 봐 두려워하는 경우)
- "너는 그 남자애와 얼마나 가까이에 서 있니? 그 애가 널 보고 있어?" (아이가 자신이 다른 사람을 해칠 것 같다는 생각에 두려워하는 경우)
- "그 방은 어떻게 생겼어? 그 방에서 시계가 똑딱똑딱거리는 소리가 들리니?" (아이가 너무 두려워해서 실제 그 방에 들어가기가 어려운 경우)

상상 노출을 하는 데 타고난 재능을 가진 아동도 있지만, 어떤 아동은 상황을 상상하는 것에 어려움을 겪기도 한다. 만약 여러분의 자녀가 충분히 몰입한다면 상상 노출만으로도 높은 수치의 공포온도계 반응을 보일 것이다. 이런 경우 상상 노출은 치료적이며, 회복 과정에서 유용한 역할을 한다. 하지만 여러분의 자녀가 상상 노출을 하면서 거의 혹은 전혀 불안해하지 않는다면, 이러한 방식의 노출은 효과적이지 않다. 상상 노출이 효과적이려면 유발 상황에 있는 것을 상상하는 것으로 공포온도계에서 적어도 1 혹은 2 이상의 수치를 보일 정도가 되어야 한다.

아동은 때때로 상상 노출을 혼동하여 실제 노출 시 공포온도계 수치를 예상하는 것으로 오해할 수 있다. 이런 경우, 여러분은 "실제 뱀을 만진다면 공포온도계 수치가 10까지 오를 것 같다는 말이구나. 그렇다면 뱀을 만진다고 상상하는 것만으로는 공포온도계 수치가 어느 정도가 될까?" 하는 식으로 분명하게 그 차이를 설명해 주어야 한다. 만약 이렇게 했는데도 여러분의 자녀가 그 차이를 정확히 분간하지 못한다면 상상 노출은 아이에게 최적의 방법은 아닐 것이다.

불안의 신체감각에 대한 노출

불안은 종종 극적이고 강렬한 생리적 요소를 동반하기도 한다. 많은 아동이 심장 두근거림, 어지러움, 구역질, 떨림, 숨가쁨, 과호흡, 열감, 발한, 오한, 가슴 통증, 가슴 조임 혹은 압박, 터널시야(tunnel vision), 간지러움 등과 같은 감각들에 겁먹기도 한다. 실제로 공황장애에서는 감각 자체와 그런 감각을 가지게 될 것이라는 두려움이 가장 중요하다. 이 장애를 가진 아동은 그런 감각을 항상 경계하며, 그런 감각이 나타날 때 바로 두려움을 느낀다.

아동을 감각에 노출시키기 위하여 우리는 '내부감각 수용 노출(interoceptive exposures)'을 사용한다. 이 용어는 복잡해 보이지만, 이는 단순히 신체감각을 동반한 노출을 일컫는 전문 용어일 뿐이다. 의도적인 과호흡이나 제자리 뛰기가 이러한 노출을 위해 사용할 수 있는 효과적인 방법인데, 이를 통해 여러분의 자녀가 공포를 느낄 때 가지는 감각과 비슷한 감각을 느끼도록 할 수 있기 때문이다. 자녀와 내부감각 수용 노출을 어떻게 진행할지에 대한 구체적인 사항은 다음 장에서 다룰 것이다.

자녀에게 노출에 대해 어떻게 설명할 것인가

자녀에게 처음 이야기를 꺼낼 때, 노출을 하는 목적을 유발 상황에 놓였을 때 아이의 뇌가 무서운 빨간색 사탕이 아닌, 불안하지 않은 초록색 사탕을 꺼내 들 수 있도록, 뇌 안에 초록색 사탕을 많이 만들어 두는 과정으로 설명하라. 노출을 설명하는 한 가지 방법은 노출을 일종의 실험을 수행하는 것으로 비유하는 것이다. 이렇게 하면 "노출을 하자."라고 말하는 것보다 자녀에게 덜 위협적으로 들린다. 자기 자신에 대한 하나의 실험이라는 발상은 아이의 호기심을 자극하고 동시에 객관적인 태도를 길러 줄 수 있다. 자녀에게 "무언가를 시험해 본다."라고 이야기하는 것은 평생 동안 두려운 무언가를 계속하게 될 것이라는 가능성에서 오는 불안을 줄여 준다.

노출하기

여러분은 자녀와 함께 노출을 계획하면서 이미 이전 장에서 얻은 정보들, 즉 부모용 혹은 자녀용 모니터링 활동지, 자녀의 유발 상황 목록, 하향화살표 기법의 결과, 유발 상황에서의 회피 행동과 안전 행동 활동지-자녀용 및 부모용을 사용할 것이다. 이를 하나하나 단계별로 살펴보자.

1단계 불안 유발 상황 목록을 만들라

먼저, 자녀의 걱정을 유발하는 모든 상황 목록을 만드는 것부터 시작하라. 이미 여러분은 필요한 정보를 가지고 있기 때문에 이는 쉬운 일일 것이다. 여러분이 이미 작성한 모니터링 자료를 살펴 가며 자녀의 두려움을 유발했던 상황들의 목록을 만들어라. 그런 다음 자녀와 함께 목록에 적힌 유발 상황과 그 유발 상황에서의 공포온도계 수치가 현재에도 맞는지 확인하라. 여러분과 자녀가 이 목록을 만드는 동안 시간이 흘렀기 때문에 몇몇 공포 수치가 변화했을 수 있고, 당시에는 놓쳤던 유발 상황을 발견했을 수도 있다. 새로운 유발 상황을 추가하고, 전체 상황 목록을 불안 수치가 가장 높은 것에서부터 낮은 것 순으로 위에서 아래로 정렬하라.

다음 예시는 사회 불안을 겪는 열한 살 바시티(Vashti)가 작성한 유발 상황 목록으로, 각 상황의 공포온도계 수치에 따라 순차적으로 정렬한 것이다.

- 가깝지 않은 친구들과 함께 집에서 하룻밤 놀기(8)
- 잘 알지 못하는 아이와 가벼운 대화 나누기(8)
- 내가 필요한 것을 다른 사람에게 요청하거나 부탁하기(7)
- 내가 잘 알지 못하는 친구를 집에서 하룻밤 놀자고 초대하기(6)
- 내가 잘 알지 못하는 여자아이의 생일 파티에 참석하기(5)
- 다른 아이와 눈을 맞추고 "안녕!" 하고 인사하기(4)
- 친한 친구 없이 쉬는 시간에 학교를 돌아다니기(4)

• 다이애나(Diana) 집에서 하룻밤 놀기(3)

2단계 **불안 유발 상황을 고르고 세부 상황을 파악하라**

최근 연구들의 결과는 노출 시 공포온도계 수치가 낮은 것부터 시작하기보다는 무작위 순서로 상황에 노출시키는 방법을 더 지지하지만, 자녀가 더 어려운 노출에 맞닥뜨리도록 설득하는 것은 쉬운 일이 아니다. 따라서 우리는 자녀가 노출에 보다 쉽게 성공할 수 있도록 낮은 수치의 불안 유발 상황부터 노출해 가는 방식을 추천한다. 만약 여러분의 자녀가 보다 높은 수치의 상황부터 시작하기를 원한다면 (제5장에 논의했듯이) 그렇게 해도 좋다. 하지만 나의 경험으로는 대부분의 아동은 비교적 쉬운 것부터 시작하여 점차 노출 사다리를 올라가는 것을 선호한다.

하나의 유발 상황은 보통 몇 개의 세부 상황으로 더 나누어질 수 있다. 만약 여러분의 자녀가 유발 상황을 덜 압도적이고 보다 감당할 수 있는 것으로 느낀다면 아이는 자신감을 좀 더 갖고 노출에 임할 수 있다. 자신감은 동기를 북돋고, 이는 자녀가 좀 더 성공할 수 있게 도와준다. 세부 상황을 확인하는 것은 또한 하나의 상황에 내재된 미묘한 차이를 인식할 수 있게 해 준다. 여러분이 이렇게 알게 된 정보는 자녀의 공포 체계를 보다 정확하게 겨냥한 노출 실험을 구성하는 데 활용할 수 있는데, 이를 통해 여러분의 자녀가 자신의 노출 사다리를 올라가면서 보다 빠르고 오랫동안 지속되는 발전을 보일 것이다.

때때로 자녀의 가장 낮은 공포온도계 수치를 일으키는 유발 상황이 드물게 일어나는 것일 수 있다. 이러한 경우에는 수치가 더 높은 유발 상황 중에 정기적으로 일어날 수 있는 상황을 선택하는 것이 최선의 전략이다. 여러분은 그 유발 상황을 세부 상황들로 나눌 수 있고, 그중에서 공포온도계 수치가 가장 낮은 것을 첫 노출로 선택할 수 있다.

다음 대화는 바시티와 어머니가 하나의 유발 상황을 여러 세부 상황으로 어떻게 나누는지, 그리고 이러한 과정에 여러분이 가진 회피 및 안전 행동에 대한 정보를 이용하는지 보여 준다.

부모: 자, 우리가 첫 번째 노출 실험으로 어떤 상황을 고를 수 있을지 살펴보자. 처음은 공포온도계 수치가 낮은 것부터 시작하는 게 좋아. 우리는 네가 쉬운 것부터 차근차근 시작하길 원하거든.

바시티: 다이애나 집에서 자고 오는 게 3이라고 했어요. 이게 가장 쉬울 것 같아요.

부모: 맞아. 하지만 좀 더 자주 일어나는 일을 고르는 게 좋을 거 같아. 다이애나 집에서 자고 오는 것은 한 달에 한 번만 가능하잖니.

바시티: (활동지를 살펴보며) 그런데 제가 수치로 4를 준 건 너무 하기 어려워요. 잘 모르는 아이에게 인사하는 것도 마찬가지고요. 그렇게 하고 싶지 않아요.

부모: 그래, 그 마음을 이해한단다. 그렇다면 우리는 밤샘 파티하는 것과 비슷하면서 보다 일상적으로 벌어지는 상황을 찾아보자.

바시티: 음. 그럼 다이애나 집에 더 자주 놀러 가는 것은 어떨까요? 아마 이것도 수치는 3 정도일 거예요.

부모: 그거 좋은 생각이다. 바시티! 잠깐 생각해 보자. 일단 활동지에 있는 것은 아니구나. 혹시 이와 관련된 회피 행동이나 안전 행동이 있을까?

바시티: 네. 아마 제가 피하지 않았다면 좀 더 자주 그 집에 갔을 것 같아요.

부모: 좀 더 이야기를 해 주렴. 그 집에 찾아가면 어떤 것들이 너를 불편하게 만들까?

바시티: 우선 첫째로, 제가 다이애나의 오빠를 만나게 될지 모르니까요.

부모: 알렉스가 집에 있을까 봐 걱정인 거구나. 그리고 인사도 해야 할 거고?

바시티: 맞아요. 그런데 그보다도 먼저 다이애나 집 문을 노크하는 것부터 높은 두려움 수치를 느낄 것 같아요.

부모: 문을 노크하는 것을 두렵게 느끼도록 하는 것은 무엇 때문일까?

바시티: 누가 문을 열지 모르니까요! 알렉스일지도 모르잖아요, 그게 절 긴장하게 만들어요. 우리가 전에 말했던 것처럼요.

부모: 이전의 하향화살표 결과를 말하는 거지? 그때 너는 너무 긴장하게 되면, 머릿속이 하얗게 되고, 결국 아무 말도 못 하게 될 것 같다고 했었지. 그리고 그렇게 되면 알렉스는 너를 이상한 애로 생각하고 다른 아이들에게 너에 대해 안 좋게 이야기할 것 같다고 했었고?

바시티: 바로 그거예요. 그래서 전 보통 다이애나에게 문 앞에 있다

고 문자를 보내요. 그럼 전 노크를 할 필요가 없잖아요.

부모: 방금 좋은 것을 하나 떠올렸구나. 방금 네가 또 다른 안전 행동을 발견한 것인데, 그렇지 않니?

바시티: 전 그렇게 생각해 본 적 없는데, 맞아요. 이것도 안전 행동의 하나 같아요. 이걸 우리 안전 행동 목록에 추가해야 할까요?

부모: 응, 그렇게 하자. 만약에 이렇게 미리 문자를 보내는 안전 행동을 하지 않고 그냥 문을 바로 노크한다면 여기에 공포온도계 수치는 얼마일까?

바시티: 4일 거 같아요.

부모: 다른 세부 상황들을 얼마나 더 찾아낼 수 있을지 같이 생각해 보자꾸나. 지금까지 문 두드리는 걸 생각해 냈고, 다음에는 어떤 일이 벌어질까?

바시티: 저는 대개 다이애나와 함께 다이애나 방에 들어가죠.

부모: 좋아. 그럼 다이애나의 방에서 네 공포온도계 수치는 얼마니?

바시티: 0이요. 그런데 조금 지나면 우리는 보통 과자를 먹으러 부엌에 가요. 만약 부엌에 아무도 없다면 수치로 2예요.

부모: 그럼 만약에 부엌에 다른 사람이 있다면 어떻게 되니?

바시티: 알렉스가 부엌에서 공부를 할 때면 알렉스는 말을 많이 해요. 게다가 때로는 알렉스는 자기 친구와 함께 있기도 하는데, 그렇게 되면 수치가 더 높아져요.

부모: 알렉스가 친구와 함께 있다면 수치는 얼마가 될까?

바시티: 아마도 7이요. 특히 제가 모르는 친구라면요.

부모: 잘 찾아냈구나. 우리는 이 정보를 갖고 활용할 수 있을 것 같

아. 알렉스와 친구들은 보통 어떤 이야기를 하지?

바시티: 그냥 평범한 것들이요. 뭐 축구부가 어떻다 하는 그런 거요.

부모: 그건 그냥 소소한 잡담이구나.

바시티: 아마도요.

부모: 좋아. 그렇다면 네가 그런 소소한 대화를 알렉스와 하게 된다면 공포온도계 수치는 얼마일까?

바시티: 음. 5 정도일 거 같아요.

부모: 그렇다면 이런 소소한 대화 상황에서 네가 할 것 같은 회피 행동이나 안전 행동은 어떤 것이 있을까?

바시티: 만약 부엌에서 사람들이 이야기하는 소리가 들리면 저는 다이애나에게 과자를 먹지 않아도 된다고 해요.

부모: 그런 회피 행동이나 안진 행동은 어떤 종류에 들어갈까?

바시티: 변명하기에 들어갈 것 같네요.

부모: 맞아! 그런데 혹시 네가 과자를 먹으러 부엌에 갔을 때 다이애나의 다른 가족이나 알렉스의 친구가 있다면 할 것 같은 또 다른 회피 행동이나 안전 행동이 있을까?

바시티: 때로는 저는 그들과 눈 맞추는 것을 피해요. 그들이 저에게 말을 걸지 않도록 하는 거죠. 아니면 저는 잡지를 읽기도 해요. 제가 다른 일에 바쁜 것처럼 보일 수 있게요.

부모: 잘 떠올렸어. 우리는 이것들을 모두 '유발 상황에서의 회피 행동과 안전 행동 활동지-자녀용'에 넣을 수 있을 것 같구나. 만약 네가 이러한 행동을 하지 않은 상태에서, 부엌에 알렉스와 알렉스 친구 한 명과 같이 있게 된다면 공포온도계 수치는 얼마일까?

바시티: 그건 힘들 거 같아요. 아마도 7 정도요.

부모: 그래. 이제 다음에는 어떤 일이 벌어질지 또 생각해 볼까?

　바시티와 어머니는 이런 식으로 다이애나의 집에 방문하였을 때 생길 수 있는 '지나가면서 알렉스에게 인사하기, 알렉스 앞에서 다이애나와 대화하기, 알렉스에게 헤어지면서 인사하기' 등등 다른 세부 상황들을 확인해 가면서 충분하다고 여길 때까지 계속하였다. 그들은 이러한 세부 상황들을 수치에 따라 순서대로 배열하였다. 세부 상황 중 일부는, 특히 알렉스와 관련된 것은 다이애나의 집에 놀러 가는 상황에 대한 일반적인 수치인 3보다 보다 높은 것에 주목하라.

- 알렉스와 그의 친구들과 함께 부엌에 있기(7)
- 알렉스와 소소한 대화 나누기(5)
- 알렉스에게 헤어지면서 인사하기(4)
- 알렉스 앞에서 다이애나와 대화하기(4)
- 문자를 미리 보내지 않은 상태에서 다이애나의 집 문을 노크하기(4)
- 문자를 미리 보내고 다이애나의 집 문을 노크하기(3)
- 지나치면서 알렉스에게 인사하기(3)
- 알렉스가 부엌에 없을 때 다이애나와 부엌에서 과자 먹기(2)

3단계 노출 사다리를 만들라

　노출에 사용할 유발 상황과 세부 상황들을 확인하였다면, 이제 여러분은 노출 사다리를 만들 준비가 된 것이다. '사다리'에 빗대어 표현하면 아이는 보다 쉽게 이해할 수 있다. 가장 두려워하는 상황(사다리의 가장 높은 계단)에 바로 오르기는 어렵기 때문에, 감당할 만한 수준의 계단 하나씩 단계적으로 사다리를 오르게 된다. 하나의 사다리에 4~5개 정도의 계단이면 적당하지만, 이에 대한 명확한 규칙이 있는 것은 아니다. 불안 유발 상황이 복잡하고 어려운 정도에 따라 때때로 더 많은 계단이 필요한 상황들이 있다. 하지만 한 번에 오를 계단이 너무 어렵지 않도록 충분한 개수의 계단들로 나누는 것은 필요하다. 최소한, 나는 여러분이 자녀와 함께 노출 계획을 세울 때마다. 자녀가 바로 시도해 볼 수 있는 적어도 한 가지 이상의 세부 상황을 찾아주기를 권한다.

바시티와 어머니가 다이애나의 집에 방문하는 상황에 대해 노출 사다리를 계획하는 과정에서 나눈 다음의 대화를 살펴보자.

부모: 바시티, 공포온도계에서 가장 낮은 수치를 보이는 세부 상황들부터 시작해 보자.

바시티: 잠시만요. (바시티는 세부 상황 목록과 '유발 상황에서의 회피 행동과 안전 행동 활동지-자녀용'을 살펴본다.) 다이애나와 함께 부엌에 가는 것은 2에서 4 사이예요. 제가 아마 가장 하고 싶을 만한 것은 단순 회피 행동일 거예요. 알렉스와 그 친구들과 대화할 필요가 없게끔, 저는 보통 다이애나의 방에서 최대한 나가지 않으려고 하죠.

부모: 그렇구나. 너는 다이애나의 방에 머물길 원하고, 또 알렉스와

그 친구들이 너에게 말을 걸지 않도록 바쁜 척을 하는구나. 이것들을 같이 생각해 보자. 만약 네가 다이애나의 방에 그만큼 머물지 않는다면 어떤 일이 벌어질 것이라 생각하니?

바시티: 어떤 걸 말하는 거예요? 다이애나의 방에 전혀 머물면 안 되나요?

부모: 꼭 그건 아니야. 하지만 네가 부엌에 있는 것이 높은 불안 수치를 주니까 방 밖에 나가는 대신 다이애나의 방 안에서 놀자고 말한다고 했어. 기억해 보렴. 우리가 실험을 계획하는 것은 네가 걱정벌레를 정복해서 다이애나의 집에 놀러 가는 것을 보다 편하게 느낄 수 있도록 도와주기 위해서야.

바시티: 네, 기억해요.

부모: 노출 실험을 조금씩 진행하도록 계획을 함께 세워 보자. 그렇게 하면 그리 어렵지 않을 거야.

바시티: 좋아요.

부모: 바시티, 너는 참 용감한 아이로구나. 알렉스와 눈을 마주치고 인사하는 것부터 한번 시작하면 어떨까? 이 수치는 2에서 3 사이에 있구나. 맞지? 이게 노출 사다리에서 오를 첫 번째 계단이 될 수 있을 것 같아. 어떻게 생각하니?

바시티: 그건 해 볼 수 있을 거예요.

부모: 이게 너에게 쉽지 않은 일이라는 것을 안단다. 그런데도 시도를 해 보겠다고 말하는 네가 엄마는 자랑스럽구나.

여러분과 자녀는 이와 비슷한 대화를 함께 하면서 처음 시도할 유발 상황과 감당할 자신이 있는 사다리의 첫 계단을 선택할 수 있다.

4단계 노출 역할극 연습

역할극(role-playing)은 노출을 시작할 때 도움을 줄 수 있다. 나는 상대적으로 쉬운 노출인 경우라도, 실제 상황에서의 노출을 시도해 보기 전에 먼저 치료실에서 함께 예행 연습을 한다. 만약 바시티의 경우처럼 노출 상황에 같은 나이 혹은 조금 더 큰 아이와의 상호작용이 포함되어 있다면, 나는 상대 아동의 역할을 맡는다. 나는 상대 아동의 특징을 연기하면서 역할극을 최대한 실감 나게 만든다. 여러분은 이렇게 하는 것이 재미있을 수 있다는 것에 놀랄 것이다. 이러한 과정에서 유머 감각을 기르는 것 또한 치료적이다. 계획된 노출을 시도하기 전 여러분의 자녀가 여러분과 함께 역할극을 하는 것은 노출 훈련의 성공 가능성을 높인다. 다음은 바시티의 어머니가 바시티에게 역할극을 어떻게 설명하는지에 대한 대화이다.

부모: 우리 미리 몇 번 연습을 해 보는 게 어때? 자, 지금 문 앞에 서 있다고 해 보자. 조금 웃길지도 모르지만, 한번 최대한 실제 상황처럼 해 보는 거야. 바시티, 너는 지금 문 밖에 서 있다가 벨을 누르는 거야. 나는 알렉스를 연기할게. 기억하렴, 역할극에서도 네가 회피 행동이나 안전 행동을 하지 않는 것이 중요해.

바시티: (눈을 휘둥그레 뜨고) 정말 해 보는 거예요?

부모: 응, 바시티. 이게 도움이 될 거야.

역할극은 가능한 한 실감 나게 만들어야 한다. 예를 들어, 바시티의 어머니는 바시티가 첫 노출에서 경험할 상황을 그대로 시연할 수 있도록 최선을 다하여 알렉스의 행동을 모방하여 연기할 것이다. 십중팔구 여러분의 자녀는 이러한 역할극에서 불안 반응을 보이게 될 것이다. 이 자체가 노출 훈련의 한 시도가 되고, 여러분에게 제대로 된 치료의 방향을 보여 준다는 점에서 유용하다. 이때 여러분의 자녀에게 공포온도계의 수치를 매기도록 하고, 이러한 과정을 자녀가 보다 편안하게 느낄 때까지 역할극을 반복하라. 얼마나 반복해야 하는지 그 횟수에 대해 정해진 규칙은 없다. 목표는 여러분의 자녀가 실제 노출을 위해 준비가 되었다고 느끼도록 하는 것이다.

5단계 노출 실험을 시행하기

여러분과 자녀는 이제 정식으로 첫 번째 노출 실험을 시행할 준비가 되었다고 느끼게 될 것이다. 나는 각각의 노출 실험을 시행할 구체적인 날짜와 시간을 정하기를 권한다. 이 방법은 실제 노출을 행할 가능성을 높여 준다. 만약 막연하게 자녀에게 노출을 시행하자고 제안한다면, 자녀는 자꾸 미루면서 피하려고 할 것이다. 자녀와 어느 정도 행동 규칙을 정하면서 자녀가 계획에 맞추어 노출 실험을 시행할 경우 받을 수 있는 보상에 대해 상기시킨다.

치료를 시작하기 전에, 자녀로 하여금 노출 전 활동지(Before Exposure Worksheet)를 작성하도록 한다. 활동지는 온라인의 부록 G(http://www.newharninger.com/39539)에서 볼 수 있다. 이 활동지의 마지막 질문이 중요하다. 자녀에게 회피 행동과 안전 행동을 하지 않으면서 노출을 시도하는 것에 대해 얼마나 자신감을 보이는지의 정도(높음, 보통, 낮음)를 묻는 것이다. 만약 여러분의 자녀가 노출을 시도하는 데 자신감이 부족하면, 공포온도계 수치와 무관하게, 노출 강도를 보다 쉽게 조정하는 것을 고려해 봐야 한다. 만약 여러분의 자녀가 자신감 수치를 매기기 어려워하면, 자녀에게 노출을 하고 있다고 상상해 보도록 요청할 수 있다. 다음은 바시티가 노출 전 활동지의 질문에 답한 내용이다.

바시티의 노출 전 활동지

할 일: 다이애나의 집 문을 노크하기

일어날 수 있는 가장 걱정스러운 것은 무엇인가? 알렉스가 문을 열어 주는 것이다. 나는 너무 긴장해서 아무 말도 하지 못할 것이다. 알렉스는 그런 나를 비웃고, 학교에서 다른 아이들에게 내가 이상한 아이라고 말하고 다닐 것이다.

그런 일이 일어났는지 어떻게 알 수 있는가? 내가 아무 말도 못 하면 알 수 있다. 그리고 알렉스가 나를 보고 웃는 것은 들을 수 있을 것이다. 알렉스가 학교에서 나에 대해 이야기하는지는 바로 알 수는 없겠지만 나는 그럴까 봐 걱정하고 있고, 그리고 점점 아이들은 나를 무시하고 나와 친구가 되지 않으려 할 것이다.

내 예상에 대해 얼마나 확신하는가(0~100%)? 50%

나의 공포온도계 수치는 얼마인가? 4

어떤 안전 또는 회피 행동을 하고 싶을까? 다이애나에게 내가 문 앞에 있다고 문자 보내기

안전 또는 회피 행동을 하지 않고 노출을 하는 것에 대해 얼마나 자신이 있는가 (높음, 보통, 낮음)? 높음

여러분의 자녀가 실제 노출을 시행하면, 이를 축하하며 칭찬해 주고, 안아 주어라. 이와 함께 약속했던 보상을 제공하라. 노출을 하면서 배운 것을 다시 한번 검토하는 데 도움이 되는 노출 후 활동지를 완성하게 하라. 온라인의 부록 H(http://www.newharninger.com/39539)에서 활동지를 볼 수 있다. 다음은 바시티가 작성한 활동지이다.

바시티의 노출 후 활동지

가장 걱정스러운 것이 실제로 일어났는가? 아니요.

실제 무슨 일이 있어났는가? 놀랐는가? 내가 문 앞에 섰을 때는 정말 긴장되었다. 몇 초 기다렸다가 결국 스스로 다독여서 문을 노크하게 되었다. 알렉스가 나왔는데, 그냥 "안녕, 바시티." 하고 말했고, 뒤따라 다이애나가 뛰어나왔다. 나도 알렉스에게 "안녕!" 하고 인사했던 것 같다. 알렉스는 다시 컴퓨터를 하러 돌아갔다. 나에게 말을 많이 걸지는 않았다. 내가 긴장했다는 것을 알렉스가 눈치채지 못했다는 것에 정말 놀랐다. 아마 알렉스는 자기 역사 과제를 하느라 바빴던 것 같다.

> 나의 공포온도계 수치는 얼마였는가? 문을 노크하기 직전에는 5였지만, 알렉스가 문을 열어 주고 다이애나가 마중 나오자 수치는 바로 2로 내려갔다.
>
> **무엇을 배웠는가?** 내가 생각했던 일들은 전혀 벌어지지 않았다. 나는 너무 걱정하고 있었는데, 괜찮았다.

여러분의 자녀도 바시티처럼 노출을 잘 끝마치길 원할 것이다. 하지만 만약 그렇지 않았다면 어떨까? 예를 들어, 자녀의 공포온도계 수치가 예상했던 것보다 더 높이 올라갈 수도 있고, 걱정했던 일이 어느 정도까지 일어날 수 있다. 하지만 노출에서 어려움을 겪었더라도, 여러분의 자녀가 불안을 느끼는 것을 참을 수 있다는 것을 배웠다는 점에서 여전히 유용했을 수 있다. 따라서 어떤 노출도 실패라고 생각할 것은 없다. 실험을 통해 자녀가 배운 것에 초점을 맞추고, 그것을 반복하라.

6단계 노출 사다리의 다음 계단들을 올라가기

여러분의 목표는 자녀가 노출을 연습해 볼 수 있는 많은 기회를 주는 것이다. 많이, 자주, 다양한 종류의 실험은 아동이 빠르고 쉽게 불안을 줄이는 법을 배우는 데 필요한 경험을 제공한다. 하나의 실험을 끝내면 목록으로 돌아가 다음에 도전할 사다리 계단을 만들어 보자.

노출 사다리에 여러분의 자녀가 가장 두려워하는 상황을 포함하는 것이 중요하다. 자녀가 낮은 수치의 노출을 성공적으로 끝내면 자녀는 그것이 생각했던 것보다 두렵지 않았다는 것을 배우게 되고, 가장 두렵다고 생각하는 상황에 대한 수치도 낮아질 것이다. 결국 여러분의 자녀는 "노출 실험은 더 많이 할수록 점점 더 쉬워진다." 라는 중요한 원칙을 배우게 된다. 노출 사다리를 한 계단씩 성공할수록 그다음 계단이 쉬워질 것이기 때문에, 결국 여러분의 자녀가 10에 해당하는 상황에 노출 실험을 할 필요는 없을 것이다. 이러한 방식으로 아동의 뇌는 상황을 두려워할 필요가 없다는 것을 배우게 된다.

팁과 문제해결: 노출에 대한 이슈들

여러분과 자녀는 노출 실험을 계획하고 시행하는 과정에서 여러 가지 문제와 장애물을 경험할 수 있다. 나는 발생할 수 있는 문제들을 해결하는 데 도움이 될 수 있는 몇 가지 팁을 제시하려 한다.

위험을 안전하게 유지하고 부모로서의 한계를 알기

나는 어떤 경우에도 아동을 실제 위험에 빠지게 할 상황에는 절대 노출시키지 않는다. 예를 들어, 대부분의 아이들이 받아들일 수 있는 일을 할 때 자녀가 당황스러운 감정을 무릅쓸 수 있을 것이다. 자녀에게 빵집에 들어가서 도넛을 파는지 물어보는 것을 포함하는 노출의 경우, 조금 당황스러울 순 있지만 말도 안 되거나 위험한 일은 아니다. 오히려 이것은 질문을 하는 것이 바보 같아 보일까 봐 두려위하는 자녀에게는 좋은 노출이 될 수 있다. 하지만 당신의 자녀에게 100개의 도넛을 주문하고 자신의 오두막에 배달해 달라고 말하도록 시키는 것은 부적절하고 문제를 일으킬 수 있다. 비슷하게, 만약 여러분의 자녀가 높은 곳을 무서워한다면, 적절한 노출 방법으로 높은 빌딩의 전망대에 서서 건너편을 보는 것을 시도해 볼 수 있다. 하지만 자녀에게 실제로 떨어질 수 있는 전망대 난간 위에 서게 하는 것은 합리적이지 못하다.

만약 여러분의 자녀가 두려워하는 일이 여러분도 겁먹을 만한 내용(예: 다른 사람을 공격할까 봐 두렵다는 강박사고)을 포함한다면 경험 많은 인지행동 치료자에게 찾아가 보는 것이 좋다. 이에 대해서는 제11장에서 좀 더 논의한다.

두려워하는 결과가 바로 일어나지 않을 때

불안감을 느끼는 많은 아동은 즉시 나타나지는 않을 두려운 결과들에 대해 염려한다. 예를 들어, 마르코(Marco)는 구토할 것을 두려워하는데, 반 친구 중 한 명이 독감에 걸렸다. 마르코는 독감에 노출된 이후 증상이 나올 때까지 잠복기가 있다는 것을 알고 있다. 이러한 경우 마르코와 그의 부모는 잠복기 동안 어떤 일이 벌어질 것인지에 대한 마르코의 걱정을 다루고 싶어 할 것이다. 부모는 이 기간 동안 마르코가 두려워하는 것이 무엇인지 확인하기 위해 하향화살표 기법을 사용할 수 있다. 마르코는 너무 불안에 사로잡혀 학교에서 퀴즈를 풀지 못하고 과제도 하지 못하고 밤에 잠도 자지 못할 것인가?

자녀가 노출을 완료했는데도 여전히 불안이 심할 때

여러분의 자녀가 계속 불안한 것은 자녀가 여전히 안전 행동, 의식절차 또는 회피 행동을 계속하고 있기 때문이다. 불안 장애를 가진 사람의 마음은 새로운 회피 방법을 찾는 데 탁월한 능력을 보인다. 이럴 때에는 자녀와 앉아서 무엇이 문제인지 짚고 넘어가야 한다. 자녀에게 노출을 시행할 때 어떤 생각이 드는지 물어보라. 예를 들어, 자녀는 '나는 괜찮아.'(안전 행동)라고 안심시키는 생각을 하거나, '5분이면 끝날 거야.'라는 미묘한 회피 생각(회피 행동)을 할지도 모른다. 이러한 행동을 하지 않도록 격려할 수 있는 적절한 보상 계획을 수립하라. 자녀가 노출을 하기 전과 후에 각각 안전 행동 또는 회피 행동에 얼마나 의존하고 있는지 확인하라. 만약 자녀가 이런 확인이 이루어질 것을 미리 안다면, 그는 이러한 행동에 대해 보다 책임을 느낄 것이다. 불안은 교활해서 여러분은 더 요령 있게 접근할 수 있어야 한다.

또한 자녀는 (노출 동안이 아닌) 노출이 끝난 이후에도 안전 행동을 할 수도 있다. 이 또한 불안감을 줄이는 학습 과정을 방해한다. 만약 이런 상황이 의심된다면, 자녀에게 물어봐라. 이러한 행동이 불안을 극복하는 과정을 방해한다는 것을 설명하라. 그런 다음 다시 그런 행동을 중단할 수 있도록 보상 계획을 세워라.

모든 노출이 너무 어렵게 느껴질 때

만약 여러분의 자녀가 여러분과 같이 생각해 낸 대부분의 유발 상황이 공포온도계에서 10에 해당한다고 말해도 포기하지 말아라. 이 것이 회피 행동의 하나일 가능성이 높다. 여러분의 자녀는 그러한 상황을 상상하는 것만으로도 더 걱정을 할 거라는 사실을 두려워할 수도 있다. 자녀에게 많은 불안한 사람들이 그러한 두려움을 가지 고 있는데 실상은 그 반대임을 말해 주어라. 이러한 두려움이 걱정 벌레의 또 다른 모습이라고 설명하라.

아동은 때때로 노출을 하는 초기 시점뿐만 아니라, 어느 정도 노 출에 익숙해진 시점에도 실제보다 공포온도계 수치를 높게 이야기 하는 경우가 있다. 이것은 의식적으로 혹은 무의식적으로 상황을 회피하기 위한 전략일 수 있다. 만약 여러분의 자녀가 언제라도 특 정 상황을 피하고 있다면, 자녀가 원하는 것은 회피를 지속하는 것 일 수 있다. 만약 자녀가 모든 계획하려는 노출에 5 이상의 수치를 매긴다면 여러분은 이를 보다 작은 단위로, 보다 감당할 만한 것으 로 나눌 필요가 있다.

또 다른 대안은 상상 노출을 시작하거나, 자녀가 보다 편안하게 느낄 수 있는 방식의 노출 방법으로 바꾸는 것이다. 노출 실험이 너 무 쉬워지는 것에 대해서는 걱정하지 말아라. 만약 자녀가 나쁜 결 과에 대한 자신의 예상이 정확하지 않다는 것을 알게 되면, 치료 과 정에 믿음을 가지기 시작하고 노출 훈련을 하는 데 자신감을 얻게 될 것이다.

앞서 언급했던 것처럼, 어려운 노출이 꼭 걱정거리라고 말할 수는 없다. 노출 훈련이 고통스러웠더라도 그것을 피하지 않고 직면함으 로써 여러분의 자녀는 자신이 상황을 통제할 수 있다는 것을 배울 기회를 가지게 된다. 많은 불안 문제를 가진 아동이 불안해할까 봐 걱정하는 마음에 더하여 일반적으로 스트레스에 낮은 내성을 보인다. 그들은 종종 신체적인 불편, 촉감, 소음, 역거움, 음식 선호, 원하지 않는 감정 상태 등에 대해 지나치게 예민한 경우도 있다. 따라서 노출 훈련을 통해 스트레스를 경험하는 것 자체가 치료적인 의미를 가질 수 있다.

자녀가 협조하지 않을 때

만약 여러분의 자녀가 협조하기를 거부하고 여러분이 세운 노출 계획에 대해 심한 짜증을 보인다면 자녀의 두려움 정도가 너무 심해서 전문가의 도움이 필요한 경우일지도 모른다. 하지만 또 다른 가능성은 아동이 안전 행동을 하는 것일 수도 있다. 어떤 아동은 자신이 하기 싫거나 두려워하는 것을 피하고자 소리 지르기, 울기, 불평하기, 심술궂게 굴기와 같은 방법을 사용하기도 한다. 만약 이러한 행동화(acting out)를 통해 노출을 회피할 수 있었다면 아동은 그러한 행동들을 점점 더 사용하게 될 것이다.

첫째, 처벌을 통해서는 자녀의 행동을 변화시킬 수 없고 보상을 통해서 자녀를 동기를 부여할 수 있음을 이해하라. 만약 여러분의 자녀가 협조하지 않는다면 성가시고 짜증 나는 회피 행동을 하지 않는 것에 대해 보상을 제안해 보라. 둘째, 자녀가 비협조적일 때 보이는 행동들(흐느끼기, 문을 세게 닫기, 욕하기)을 확인하라. 이러한 패턴을 알아차렸다면, 이에 대해 자녀와 이야기를 나누라.

부모: 존, 너에게 노출 실험을 하라고 일러 줄 때마다 네가 굉장히 짜증을 낸다는 것을 알아차렸단다. 최근에는 너는 문을 세게 닫고 물건을 던지고, 나에게 밉다고 말하기까지 했지.

존: 네. 전 그걸 하기 싫어요.

부모: 그래. 그게 어렵다는 것을 이해한단다. 널 도와줄 수 있는 몇 가지 방법이 있단다. 네가 실험을 하고 싶지 않을 때 보였던 행동들에 대해 이야기해 보자.

[차분하고 다소 사무적인 태도를 취하라. 화를 내거나 분노를 드러내서는 안 된다.]

존: 좋아요.

부모: 그 행동들의 목록을 만들어 보자.

존: 음, 전 어제 문을 세게 닫았어요.

부모: 그래 좋아, 물건을 던지는 행동에 대해서는 어떻게 생각하니?

존: 제가 그런 적도 있었죠. 그리고 엄마(혹은 아빠)가 밉다고 이야기한 것도 있네요.

[참고가 되도록 이러한 행동들을 적을 수 있다.]

부모: 우리는 문을 세게 닫거나, 물건을 던지거나, 욕했던 것까지 이야기했어. 또 있을까?

존: 제 자신에게 소리 지르는 것도 들어갈까요?

부모: 맞아. 문 세게 닫기, 물건 던지기, 욕하기, 소리 지르기까지 알아보았네. 네가 노출 실험을 하는 첫 2분 동안 이런 행동을 하지 않도록 참는 데 얼마나 어려운지를 1점에서 10점으로 표현한다면 몇 점을 줄 수 있을까?

존: 그냥 생각만 해 보면, 2분은 할 수 있어요. 0점이요.

부모: 그렇다면 5분을 참는 것은 얼마나 어려울까?

존: 그건 4점 정도요.

부모: 만약 이런 행동을 하지 않고 2분을 참으면 상을 준다고 하면 한 번 시작해 볼 수 있겠니?

존: 어떤 상을 줄 건데요?

부모: 토요일에 비디오게임을 5분 하는 것 어때?

존: 그럼 만약에 제가 5분을 참으면 더 많은 시간을 줄 수도 있나요?

부모: 당연하지.

존: 그 시간들을 모아서 써도 되죠?

부모: 당연히 그럴 수 있지.

이러한 전략은 여러분의 자녀가 불안 반응이 있든 없든지 간에 문제행동을 개선하는 데 효과적인 방법이다.

노출이 너무 지루할 때

나는 어떤 아동에게는 상상 노출이 지루하게 느껴질 수 있다는 것을 경험하였다. 어떤 아동은 상상 속에서 실제 벌어지는 것처럼 느끼는 것을 잘하는 반면, 또 어떤 아동은 그렇지 않다. 만약 여러분의 자녀가 상상 노출로는 공포온도계 수치를 매길 수 없고, 실제 벌어지는 것처럼 느끼기 어려워한다면 다른 방법으로 바꾸는 것이 좋다. 혹은 자녀에게 상상 노출 내용을 소리 내어 크게 말하게 해서 보다 실감 나게 느낄 수 있도록 시도해 볼 수 있다.

그런데 지루하다고 불평하는 것이 회피 전략일 수도 있다. 만약 여러분의 자녀가 노출을 회피한다고 의심된다면 자리를 마련해서 중립적이고 사실에 기반을 둔 태도로 정말 그러한지 이야기해 봐야 한다. 만약 그렇다고 해도 화내거나 좌절하지 말아라. 자녀와 다시 협력해서 유발 상황을 세부 상황들로 나누거나 부모가 스스로 안전 행동이나 회피 행동에 동참하고 있지는 않는지 살펴봄으로써 노출 훈련을 보다 감당할 수 있는 것으로 만들어 갈 수 있다.

자녀가 노출을 지루해하는 또 다른 가능성은 노출 상황에서 끔찍한 일들이 전혀 벌어지지 않는다는 것을 배워서일 수도 있다. 다시 말해, 자녀가 두려움을 극복했다는 뜻이고 이것은 바로 우리가 바라는 바이다. 자녀에게 유발 상황과 관련된 두려움이 실제 생활에서도 줄어든 것인지 물어보라. 그렇다면 노출 사다리에서 다음 단계로 올라가야 할 때이다.

요약 이 장에서 여러분은 무엇을 배웠는가?

☑ 노출의 방법에는 실제 노출, 상상 노출, 불안의 신체감각에 대한 노출이 있다.

☑ 아동은 노출을 불안 유발 상황에서 자신이 걱정하는 일들이 실제로 벌어지는지 확인하는 실험으로 이해할 수 있다.

☑ 더 많이, 자주, 다양한 실험을 하는 것은 여러분의 자녀가 불안감을 더 빨리, 편하게 줄이는 데 필요한 경험의 기회를 제공한다.

☑ 노출을 계획할 때 필요한 과정은 유발 상황 목록 만들기, 하나의

유발 상황을 선택하여 가능한 세부 상황들을 확인하기, 노출 사다리 만들기, 역할극, 첫 노출을 수행하기, 이어서 다음 계단으로 올라가기 단계로 구성된다.

☑ 노출 중에 아동을 절대 위험한 상황에 놓이게 해서는 안 된다.

☑ 만약 아동이 노출을 하면서도 불안이 지속된다면 노출 중 혹은 그 후에 회피 행동이나 안전 행동을 하고 있을 수도 있다.

☑ 만약 아동이 노출을 너무 어려워한다면 쉬운 것부터 시작하라.

☑ 만약 아동이 노출이 지루하다고 말한다면, 이것은 회피 행동이거나 혹은 이미 두려움을 극복한 상태일 수 있다.

제9장

도움이 되는 노출을 찾자

66 노출은 여러분 자녀의 공포 체계와
직접적으로 연관되어야 한다. 99

여러분이 자녀와 계획하는 특정 노출은 자녀의 공포 체계에 직접적으로 연관돼 있어야 한다. 이 장에서 여러분은 여러 종류의 두려움과 불안—분리불안, 사회불안, 동물과 벌레에 대한 두려움, 생활환경에 대한 두려움, 먹기 불안, 건강 염려, 혈액 또는 주사에 대한 두려움, 공황 발작, 신체감각에 대한 두려움—에 대한 각기 다른 유형의 노출 예시들을 보게 될 것이다. 몇몇 예는 여러분의 자녀에게 딱 맞을 것이지만, 다른 것들은 정확하게 맞지 않을 수 있으며, 또한 여러분은 지금까지 얻은 지식을 활용하고 응용해야 한다.

첫째, 여러분 자녀의 두려움이 어떤 것인지 확인하기 위해 기술된 두려움의 유형을 검토하라. 만약에 한 가지 이상의 유형을 적용할 수 있다면, 가장 잘 맞는 하나를 선택한다. 그런 다음 조용한 시간을 골라 자녀와 함께 앉아서 내가 제시한 노출을 할 유발 상황에 대한 공포온도계 수치를 자녀에게 물어본다. 높은 수치를 말했다면 여러분이 제대로 하고 있는 것이다. 만약에 자녀가 회피 또는 안전 행동을 하고 싶다고 말한다면, 이것 또한 여러분이 제대로 하고 있다는 것을 뜻한다. 이 경우 (하향화살표 기법을 이용했을 때처럼) 자녀에게 그 상황에서 그러한 행동을 하지 않으면 어떤 일이 일어날 거라고 생각하는지 물어본다.

유발 상황을 세부 상황으로 나누어야 하는 것을 명심하라. 이러한 상황들에 대한 노출을 계획하는 데 자녀가 능동적으로 참여할 수 있게 하라. 자녀에게 아이디어를 물어보라. 결국, 가장 큰 유발 상황이 어떤 것인지 자녀가 가장 잘 알고 있다. 아동은 자신의 의견을 말하고 그 의견대로 참여하는 것을 좋아한다. 여러분의 자녀가 더 많이 참여할수록, 더 많은 과정을 진행할 것이다. 자녀의 이러한 노력은 여러분이 아이의 두려움이 얼마나 복잡한지를 이해하고 최적으로 효과적인 실험을 구성하는 데 도움이 될 것이다.

여러분의 자녀가 하는 노출은 반응을 수반해야 한다. 여러분은 자녀의 반응에 놀랄지도 모른다. 여러분이 효과적일 거라고 기대했던 몇몇 노출은 공포온도계 수치를 나타내지 않을 수 있다. 여러분이 위험하지 않다고 생각하는 것들이 높은 수치를 나타낼 수 있고, 그럼으로써 큰 치료적 유용성이 있다. 이런 이유로 이 장에서는 아동의 개별적인 계획의 시작점으로서 광범위한 노출에 대한 아이디어들을 제공하려 한다. 그리고 자녀에게 여러분이 생각하기에 불안을 이끌어낼 수 있는 질문을 하는 것에 대해 주저하지 말라. 자녀가 무엇을 두려워하는지 이야기하는 것만으로도 공포온도계가 높아지는 경험을 할 수 있다는 것을 명심하라. 이는 좋은 일이다! 그것은 여러분이 제대로 하고 있고, 이미 자녀가 노출의 치료적인 효과로부터 이득을 얻고 있다는 것을 말한다.

분리불안

분리불안(seperation anxiety)은 흔한데, 특히 어린 아동에게 많다. 아동은 부모와 떨어져 있을 때 편안함을 주는 부모의 존재를 잃게 될까 봐 걱정한다. 또한 아동은 그들의 부모 또는 사랑하는 사람이 다시는 돌아오지 않는 것과 같이 해를 당할까 봐 두려워할지도 모른다. 극심한 향수병은 다른 형태의 분리불안이다.

다음의 노출은 분리불안에 도움이 될 수 있다.

- 부모가 집 안 어디에 있는지 정확히 모르는 채로, 부모와 떨어져 방에서 5분(또는 그 이상)을 보낸다.
- 부모가 집 안 어디에 있는지 정확히 모르는 채로, 뒷마당에서 시간을 보낸다.
- 부모가 어디로 가는지 모르는 채로, 부모가 5분(또는 그 이상) 동안 집에서 나가 있게 한다.
- 부모가 어디로 가는지 모르는 채로, (보모와 같이 있으면서) 부모가 1시간 동안 외출하게 한다.
- 부모가 어디로 가는지 모르는 채로, (보모와 같이 있으면서) 부모가 1시간 이상 외출하게 한다.
- 부모가 어디로 가는지 모르는 채로, (보모와 같이 있으면서) 부모가 하룻밤 외박하게 한다.
- 부모가 어디로 가는지 모르는 채로, (보모와 같이 있으면서) 부모가 주말 동안 집에서 나가 있는다.

여섯 살 루신다(Lucinda)는 유치원에 다니고서부터 부모로부터 떨어지는 것에 대한 불안을 경험했는데 특히 어머니로부터의 분리에 대해 불안해했다. 유치원 등원시간에 루신다는 다른 아이들보다 더 크게 그리고 더 오랫동안 울었다. 매년 루신다는 같은 정도의 스트레스를 경험했고, 매년 한 달 이상은 족히 지속되었다. 매주 일요일, 루신다는 월요일 아침에 있을 분리에 대해 불안해하게 되었다. 루신다의 어머니는 그녀를 잠깐 동안이라도 보모에게 맡긴 채 떠날 수가 없었다. 루신다는 집에서 어머니를 그림자처럼 따라다녔다. 루신다는 어머니와 같은 방에 있기를 원했고, 그렇지 못하면 어머니가 어디 있는지 알 수 있도록 어머니를 소리쳐 부르곤 했다.

루신다와 부모는 부모가 집안 어디에 있는지 정확히 모르는 채로 혼자 방에서 5분 보내기를 그녀의 첫 번째 노출로 결정했다. 여러분은 여기서 루신다가 첫 번째 실험을 하기 전에 부모와 함께 어떻게 노출 활동지를 작성했는지 볼 수 있다.

루신다의 노출 전 활동지

할 일: 나는 부모님이 집안 어딘가에 계시는 동안 서재에 가서 5분 동안 혼자 지낼 것이다. 나는 부모님이 어디 있는지 모를 것이고, 부모님이 엄청 조용히 있어서 내가 찾을 수 없을 것이다.

일어날 수 있는 가장 걱정스러운 것은 무엇인가? 부모님이 돌아오지 않는 것, 다시는 부모님을 볼 수 없는 것이다.

그런 일이 일어났는지 어떻게 알 수 있는가? 음, 부모님이 가버리면, 난 기다리고 기다리고 또 기다리고, 부모님은 돌아오지 않을 것이다.

내 예상에 대해 얼마나 확신하는가(0~100%)? 5분 동안은, 부모님이 사라져 버리기는 힘들 것 같다. 아마 20% 정도?

나의 공포온도계 수치는 얼마인가? 5

어떤 안전 또는 회피 행동을 하고 싶을까? 나는 부모님에게 소리치고 싶게 될 것이고 어디 있는지 부모님이 말하게 할 것이다. 나는 뛰어서 그들을 찾고 싶을 것이다.

안전 또는 회피 행동을 하지 않고 노출을 하는 것에 대해 얼마나 자신이 있는가 (높음, 보통, 낮음)? 할 수 있다. 5분밖에 안 된다. 높음

사회불안

사회불안(social anxiety)이 있는 아동은 다른 사람들이 자신을 부정적으로 보는 것을 두려워하거나 관심의 대상이 되는 것에 대해 불편해할 것이다.

다음의 노출은 사회불안에 효과적일 수 있다.

• 높은 공포 수치를 유발하는 사람과 눈을 맞춘다.
• 높은 공포 수치를 유발하는 사람과 눈을 맞추면서 인사한다.
• 학교에서 우연히 알게 된 아이와 눈을 맞춘다.
• 학교에서 우연히 알게 된 아이와 눈을 맞추면서 인사한다.
• 가게 점원에게 간단한 질문을 한다.
• 가게 점원에게 상세한 질문을 한다.
• 찾는 것이 보이지 않을 때 가게 점원에게 "여기 브라우니가 있나요?"와 같은 특별한 요청을 한다,
• 전화를 걸어 간단한 질문을 한다. [동네에 있는 가게 목록(예: 피

자 가게, 세탁소, 애완동물 가게)을 20개 이상 작성하고 자녀에게 각각 전화를 걸어 한 가지씩 질문을 하게 한다.]

- 친척에게 전화해서 질문한다.

- 친구에게 전화해서 약속을 잡거나 같이 나가자고 한다.

- 식당에서 메뉴를 주문하게 한다.

- 식당에서 특별한 요청을 한다.

- 도넛 가게에서 "도넛을 파나요?"와 같은 바보 같은 질문을 한다. [창피해지는 것에 대한 걱정에 유용하다.]

- 낯선 사람에게 길을 물어본다. (물론 성인의 지도감독하에)

- 부모님과 함께 택시를 타고 운전기사에게 목적지를 말한다.

- 누구로부터 전화가 왔는지 모른 채로 집 전화를 받는다.

- 수업 중에 손을 들고 질문한다.

- 눈에 띄는 공공장소에서 무엇을 함으로써(예: 노래하기, 수레바퀴 끌기, 크게 웃기, 화려한 옷 입기, 땅에 책을 떨어뜨리기) 관심의 대상이 되어 본다.

- 가게에 물건을 반납한다. [다른 사람을 불편하게 하는 것에 대한 불안에 좋다.]

- 계산기 앞에서 돈을 잃어버린 척한다. [다른 사람을 불편하게 하는 것에 대한 불안에 좋다.]

- 무언가를 할 때 좀 더 천천히 한다. [다른 사람을 불편하게 하는 것에 대한 불안에 좋다.]

- 일부러 말을 약간 중얼거리거나 더듬는다.

- 두 단어 사이에 엄청 길게 말을 멈춘다.

• 일부러 약간 몸을 떨거나 흔든다.

　열두 살 후안(Juan)은 친절하고 인기가 많다. 후안은 축구를 하고 올 A 학점을 받는다. 그러나 후안은 관심의 중심에 설 때―학급에서 이름이 호명될 때, 축구 코치가 팀원 앞에서 자신에게 지시를 할 때, 지각을 했을 때―많은 불안을 느낀다. 후안은 이러한 상황을 피하려고 묘책을 생각해 냈다. 후안은 선생님들과 교실 밖에서 이야기를 나눔으로써, 그들이 그의 이름을 부를 가능성은 적게 했다(안전 행동). 후안은 친구들과 연극 선생님이 그가 멋지게 잘할 거라고 말했음에도 불구하고 학교 연극에서 주인공 역할을 하지 않으려고 변명을 했다. 부모는 자녀가 (후안처럼) 명백한 부끄러움이나 불편함 같은 사회불안의 징후를 보이지 않을 때 종종 당황하는데, 왜냐하면 그들은 아이가 사회활동에 참여하는 데 어려움이 있을 거라고 생각할 이유가 없기 때문이다. 그러나 비슷한 종류의 노출은 도움이 될 것이다. 후안은 교실에서 손을 드는 실험을 할 수 있거나 사회적인 상황에서 자신이 관심의 중심이 되는 실험을 할 수 있다.

　후안은 학교에서 책을 떨어뜨리는 것에 공포온도계 수치 6을 줬음에도 불구하고 이 실험부터 시작하기로 결심했는데, 그 이유는 관심의 중심에 서는 것에 대한 걱정의 핵심이었기 때문이다. 여러분은 후안이 노출 전 활동지를 어떻게 완성했는지 볼 수 있다.

후안의 노출 전 활동지

할 일: 교실 사이 복도에서 책 더미를 떨어뜨리기

일어날 수 있는 가장 걱정스러운 것은 무엇인가? 모든 사람이 멈춰서 나를 볼 것이다. 그들이 모두 쳐다볼 것이다. 난 긴장되고 부끄러워서 얼굴이 빨개질 것이다. 아이들이 날 보고 웃을 것이다.

그런 일이 일어났는지 어떻게 알 수 있는가? 아이들이 날 쳐다보는 것을 보고 그들이 웃는 걸 들을 것이다.

내 예상에 대해 얼마나 확신하는가(0~100%)? 60%

나의 공포온도계 수치는 얼마인가? 6

어떤 안전 또는 회피 행동을 하고 싶을까? 내가 할 수 있는 한 빨리 책을 집어 든다.

안전 또는 회피 행동을 하지 않고 노출을 하는 것에 대해 얼마나 자신이 있는가(높음, 보통, 낮음)? 높음

동물 또는 벌레에 대한 두려움

동물 또는 벌레에 대한 두려움은 상당히 흔하다.
다음의 노출은 이러한 두려움에 효과적일 수 있다.

• 책 또는 인터넷에서 두려워하는 동물이나 곤충의 사진을 본다.

- 두려워하는 동물이 움직이는 유튜브 동영상을 본다. [목줄이 채 워지지 않은 강아지, 누군가를 핥고 있는 고양이와 같이 특별히 여러분의 자녀가 두려움을 느끼는 것과 비슷한 상황]
- 동물 보호소를 방문하고 울타리 밖에서 살아 있는 동물을 본다.
- 일정 거리를 두고 서 있으면서 울타리나 우리에 있지 않은 친숙한 동물을 보러 간다.
- 목줄을 채운, 또는 다른 방식으로 통제 가능한 동물로부터 일정 거리에 서 있는다.
- 목줄을 채운, 또는 자유롭게 돌아다니는 익숙한 동물로부터 일정 거리에 서 있는다.
- 목줄을 채운, 또는 다른 방식으로 통제 가능한 익숙한 동물을 만져 본다.
- 목줄을 채우지 않은, 또는 자유롭게 돌아다니는 익숙한 동물을 만져 본다.
- 목줄을 채운, 또는 다른 방식으로 통제 가능한 동물을 쓰다듬어 본다.
- 목줄을 채우지 않은, 또는 자유롭게 돌아다니는 동물을 쓰다듬어 본다.
- 목줄을 채우지 않은 강아지가 출입하는 공원에 방문해 본다.
- 강아지가 핥게 둔다.
- 강아지에게 먹이를 준다.
- 애완동물 가게에서 무당벌레를 구입한다.
- 무당벌레를 구입하고, 그것이 몸(예: 팔, 머리카락)을 타고 기어 다

닐 수 있게 한다.

- 강아지가 여러분에게 달려오는 것을 상상한다.

- 강아지를 쓰다듬어 주는 것을 상상한다.

- 강아지가 핥는 것을 상상한다.

하향화살표 기법 결과로부터 여덟 살 헨리(Henry)와 부모는 헨리가 목줄을 채우지 않은 강아지가 자신을 물 것이라는 두려움이 있다는 것을 알게 됐다. 헨리가 할 수 있는 첫 번째 실험은 목줄을 채우지 않은 강아지와 함께 여동생이 축구 게임할 동안 사이드라인에 5분간 서 있는 것이다. 다른 실험은 듀크(종종 헨리에게 공을 던져 달라고 방문하는 옆집 강아지)가 그에게 다가왔을 때 조용히 5분 동안 서 있는 것이다. 헨리는 여동생의 축구 경기에 가는 것을 선택했는데, 왜냐하면 듀크와 함께 실험하는 것보다 쉬웠기 때문이다. 헨리는 목줄을 채우지 않은 강아지와 함께 사이드라인에 서 있기에 공포 온도계 수치 4를 줬다. 다음은 헨리가 이 실험을 하기 전에 작성한 활동지이다.

헨리의 노출 전 활동지

할 일: 멜리사의 축구 경기에서 목줄이 없는 강아지가 근처에 있을 때 사이드라인에 서 있기

일어날 수 있는 가장 걱정스러운 것은 무엇인가? 강아지가 내게 와서 나를 물거나 내게 올라탈 것이다.

그런 일이 일어났는지 어떻게 알 수 있는가? 강아지에게 물리거나 강아지가 올라타는 것을 사람들이 볼 것이기에 확실히 알 수 있다.

내 예상에 대해 얼마나 확신하는가(0~100%)? 20%

나의 공포온도계 수치는 얼마인가? 4

어떤 안전 또는 회피 행동을 하고 싶을까? 강아지에게서 떨어져 있을 것이다. 엄마나 아빠 바로 옆에 서 있을 것이다. 목줄을 하지 않은 강아지를 조심할 것이다.

안전 또는 회피 행동을 하지 않고 노출을 하는 것에 대해 얼마나 자신이 있는가(높음, 보통, 낮음)? 높음

생활환경에 대한 두려움

생활환경에 대한 두려움은 높은 곳, 사람이 많은 곳, 엘리베이터, 비행기, 자연재해(예: 화재, 태풍), 바람, 천둥, 큰 소음, 불편한 옷, 그 밖에 이와 비슷한 걱정 등이 있다.

다음의 노출은 생활환경에 대한 두려움을 목표로 사용될 수 있다.

• 화재, 태풍, 토네이도, 다른 자연재해 사진들을 본다.
• 화재, 태풍, 토네이도, 다른 자연재해에 관한 신문기사를 읽는다.
• 자연재해에 대한 뉴스를 보고, 반복 시청을 위해 녹음한다.
• 유튜브에서 자연재해 보도를 본다.

- 천둥, 번개, 강풍, 비행기 소음의 오디오를 듣는다.
- 자연재해로 피해를 입는 영화를 본다.
- 높은 건물의 엘리베이터를 탄다.
- 유튜브에서 비행기 비행 보도(사고가 포함되지 않은 것)를 본다.
- 비행기 여행을 위해 짐을 꾸린다.
- 이착륙을 포함한 비행을 상상해 본다.
- 비행기 오디오(기내 소음, 비행기 안내 방송)를 들어본다.
- 다양한 수준의 소음과 군중 밀집도가 있는 혼잡한 공간에 간다.
- 생중계 공연 보도를 본다.
- 상표가 있어서 가려운 옷, 솔기가 있는 양말, 그 외 조금씩 불편한 질감의 의류를 입는다.
- 근처에서 불이 나는 것을 상상해 본다.
- 토네이도가 집으로 다가오고 있다고 상상해 본다.

열한 살 베스(Beth)는 사람이 붐비는 장소와 큰소리를 두려워한다. 베스는 영화 관람, 체육 활동, 음악회에 가는 것을 거부한다. 베스의 오빠인 채드(Chad)는 고등학교 축구 팀을 만들었고, 베스가 자신의 경기를 보러 오길 원한다. 그러나 베스는 시끄러운 많은 군중 속에 있으면 쓰러질 것이라고 두려워한다. 공포 발작이 엄습해 오면, 베스는 갇혀서 빠져나올 수 없을 것이라고 두려워한다.

베스는 축구 경기에 가는 대신 축구 연습을 보는 실험을 할 수 있었다. 또한 베스는 경기 영상을 보고 군중 속에 있다고 상상할 수 있었다. 베스가 할 수 있는 또 다른 실험은 공포 발작이 일어나는 것을 상상하는 것이었다. 베스는 오빠가 출전하는 학교 축제 경기의 영상을 보기로 결심했다. 베스는 이 실험을 공포온도계 수치 4를 줬다. 베스는 이 실험을 경기 또는 연습을 보러 가는 것보다 쉬워서 선택할 수 있었다. 다음은 베스의 노출 전 활동지이다.

베스의 노출 전 활동지

할 일: 소리를 켠 채로 학교 축제 게임 영상을 보기. 내가 군중 속에서 함성을 들으며 거기 있다고 상상한다.

일어날 수 있는 가장 걱정스러운 것은 무엇인가? 난 정말 긴장할 것이다. 다음 경기에서는 더욱 겁먹을 것이다.

그런 일이 일어났는지 어떻게 알 수 있는가? 공포온도계 수치가 높을 것이다. 나는 다음 홈경기가 엄청 붐비지 않더라도 가지 않을 것이다.

내 예상에 대해 얼마나 확신하는가(0~100%)? 20%

나의 공포온도계 수치는 얼마인가? 4

어떤 안전 또는 회피 행동을 하고 싶을까? 난 소리를 줄이고 싶거나 내가 실제로 거기에 없다고 생각할 것 같다. 다음 경기에 가지 않을 것이다.

안전 또는 회피 행동을 하지 않고 노출을 하는 것에 대해 얼마나 자신이 있는가 (높음, 보통, 낮음)? 높음

먹기 불안

아동은 음식을 먹는 것에 대해 걱정할 수 있다. 여기서 언급하는 두려움은 신체 이미지에 대한 걱정과 뚱뚱해지는 것에 대한 두려움으로부터 기인하는 식이장애(예: 거식증, 폭식 장애, 대식증)는 포함되지 않는다. 아동은 특정한 음식을 먹다가 질식되는 것, 알약을 삼키는 것, 음식에 대한 원치 않는 반응이 생기는 것(예: 과도한 포만감 또는 심한 배고픔을 느끼는 것, 식중독에 걸리는 것, 먹고 나서 불안해지는 것, 알레르기 반응이 일어나는 것)에 대해 두려워할 수 있다. 또한 아동은 특정한 질감, 색깔, 냄새가 있는 새롭거나 다른 음식을 먹어 보는 것을 두려워할 수도 있다. 먹기 불안(eating worries)은 건강 관련 또는 신체에 초점 맞춰진 강박사고와 강박행동의 징후일 수도 있다.

다음의 노출은 먹기 불안을 목표로 사용될 수 있다.

- 감자 칩, 고깃덩어리, 단단하거나 밀도가 높은 음식을 먹는 상상을 한다.
- 두려워하는 음식을 형제자매나 친구가 먹는 것을 본다.
- 두려워하는 음식의 작은 조각을 먹는다.
- 두려워하는 음식의 중간 크기의 조각을 먹는다.
- 불쾌한 냄새가 나는 음식의 냄새를 맡는다.
- 원하지 않는 질감의 음식(예: 질척한, 끈적한, 물기가 있는)을 먹는다.
- 불쾌한 색깔의 음식을 먹는다.
- 매우 작은 사탕을 삼킨다(필요하다면 부모가 사탕을 잘라 준다).

- 빈 젤 캡슐을 삼킨다.
- 익숙하지 않은 음식을 먹는다.
- 익숙하지 않은 식당에 간다.
- 식당에서 익숙하지 않은 음식을 주문한다.
- 한입에 두세 가지 종류의 음식을 넣는다.
- 알 수 없는 맛의 스무디를 마신다.
- 속이 덜 익은 햄버거나 고기를 먹는다.
- 선호하는 음식의 타사 제품을 먹어 본다.

일곱 살 로니(Lonnie)는 알약을 삼키는 것과 특정 음식을 먹는 것을 두려워한다. 로니는 목이 막혀 죽을 거라고 생각한다. 로니가 할 수 있는 실험은 중간에 삼키는 것을 중단하거나 필요보다 더 많은 물을 마시는 것 같은 안전 행동을 하지 않으면서 작고 부드러운 또는 딱딱한 사탕을 삼키는 것이었다. 로니와 아버지는 몇 개의 작은 사탕을 접시에 크기별로 분류해서 늘어놓았다. 로니가 가장 작은 크기의 사탕을 성공적으로 삼키자, 더 큰 사탕으로 실험할 수 있었다.

로니는 물 한 모금과 아주 작은 사탕을 삼키는 노출부터 시작하기로 마음먹었다. 로니는 이 실험에 공포온도계 수치 5를 줬다. 다음은 이 실험을 하기 전 로니가 작성한 활동지이다.

로니의 노출 전 활동지

할 일: 아주 작고 단단한 사탕을 물 한 모금이랑 삼키기

일어날 수 있는 가장 걱정스러운 것은 무엇인가? 그 사탕이 내 목에 걸려서 숨을 못 쉬고 죽을 것이다.

그런 일이 일어났는지 어떻게 알 수 있는가? 난 숨을 못 쉬고, 캑캑거릴 것이다. 결국 숨이 멎을 것이다.

내 예상에 대해 얼마나 확신하는가(0~100%)? 20%

나의 공포온도계 수치는 얼마인가? 5

어떤 안전 또는 회피 행동을 하고 싶을까? 물을 더 마실 것이다. 아니면 그냥 삼키지 않을 것이다.

회피 또는 안전 행동을 하지 않고 노출을 하는 것에 대해 얼마나 자신이 있는가(높음, 보통, 낮음)? 보통. 물을 더 마시지 않는 건 힘들 것이다.

건강 염려

흔한 건강 염려(health worries)에는 암, 결핵, 에볼라 바이러스, 홍역, 뇌염과 같은 질병에 걸리는 것 등이 있다. 많은 아동이 혹, 두통, 발진이 암이나 다른 심각한 질환의 징후라고 생각해 두려워한다. 건강 염려증(hypochondrias, 예: 건강에 대한 빈번하고 극단적인 걱정)

이 이 범주에 속한다. 건강에 관련된 걱정을 하는 자녀가 사용하는 안전 행동에는 인터넷 검색, 질병이 있을 것 같은 사람과의 접촉을 피하기, 과도한 안심 구하기, 진찰받기를 원하기 등이 있다. 물론 모든 신체 증상은 실제 질병에 걸리지 않는다고 확신할 수 있게 의사의 확인을 받아야 한다.

다음의 노출은 건강 염려를 목표로 사용할 수 있다.

- 무서운 단어(예: 암, 사망)를 쓰고 반복적으로 본다.
- 무서운 질병 단어를 크게 반복해서 말한다.
- 인터넷이나 의학 잡지에서 두려운 질병에 대해 읽는다.
- 병에 걸렸다고 상상해 본다.
- 병원에 가 본다.
- 누군가 구토하는 유튜브 영상을 본다.
- 구토하는 소리를 듣는다. (인터넷에서 쉽게 찾을 수 있다.)
- 화장실에서 물로 구토하는 척을 해 보고, 음식을 조금 넣고 구토하는 소리를 낸다.
- 가짜 구토를 만들어 본다. (상상력을 동원하라. 오트밀, 오렌지 주스, 요거트, 토마토 등)
- 바닥에 가짜 토사물을 흘린다.
- 구토하는 소리를 내면서 바닥에 가짜 토사물을 흘린다.

아홉 살인 파블로(Pablo)는 뇌종양, 결핵, 간염, 머릿니, 독감과 같은 다양한 질병에 걸릴까 봐 두려워한다. 파블로는 그의 부모에게 자신이 가지고 있다고 생각하는 증상에 대해서 지속적으로 이야기하고, 괜찮다고 안심시키는 말을 듣고자 한다. 그의 걱정은 매우 심해서 수면과 학업에 영향을 준다.

파블로는 자신이 걸릴까 봐 두려워하는 질병들 중 한 가지와 연관된 단어 또는 구절을 받아 적는 실험을 할 수 있었다. 그는 그 단어나 구절을 크게 소리 내어 읽는 실험도 할 수 있었다. 파블로는 뇌종양에 걸리는 것에 대한 구절을 받아쓰는 노출을 시작하기로 결심했다. 파블로는 이 실험에 공포온도계 수치 3~4를 주었다. 다음의 노출 활동지는 이 실험을 하기 전에 작성한 것이다.

파블로의 노출 전 활동지

할 일: "나는 곧 뇌종양에 걸릴 거야."라는 구절 쓰기

일어날 수 있는 가장 걱정스러운 것은 무엇인가? 더 걱정할 것이다. 그 외의 다른 생각은 못 할 것이다. 수업에도 집중하지 못 하고, 숙제도 못 하고, 잠도 잘 못 자고, 금요일에 있는 단어 시험공부를 못 할 것이다.

그런 일이 일어났는지 어떻게 알 수 있는가? 난 단어 시험을 잘 못 볼 것이다. 수업시간 내내 걱정할 것이다. 나는 매우 피곤할 것이다.

내 예상에 대해 얼마나 확신하는가(0~100%)? 30% 아마도 하루 종일 그것만 생각할 수는 없을 것이고, 결국에 잠들 것이다.

나의 공포온도계 수치는 얼마인가? 3~4

어떤 안전 또는 회피 행동을 하고 싶을까? 엄마한테 내가 뇌종양에 관한 것을 쓰면 진짜로 뇌종양에 걸릴 거라고 생각하는지 물어보고 싶을 것이다. 뇌종양에 걸리지 않는다고 적고 싶을 것이다.

안전 또는 회피 행동을 하지 않고 노출을 하는 것에 대해 얼마나 자신이 있는가 (높음, 보통, 낮음)? 높음

혈액과 주사 두려움

어떤 아동은 주사, 채혈, 치과나 의료 처치에 대해 극심한 두려움을 갖는다.

다음의 노출은 이런 종류의 두려움을 목표로 사용될 수 있다.

- 피를 뽑는 유튜브 영상을 본다.
- 피가 난 상처 사진을 본다.
- 붉은 고기 같은 피 묻은 물체를 다뤄 본다.
- 자신 또는 다른 사람에게 가짜 혈액을 묻힌다.
- 부모에게 손가락을 찔러 피를 내서 보여 달라고 한다.
- 부모에게 손가락을 찔러 피를 내서 보여 달라고 하고, 그 피를 만져 본다.
- 주사 맞는 영상을 본다.
- 다른 사람이 주사 맞는 것을 지켜본다.
- 부모가 주사기, 알코올 솜, 지혈대를 가지고 가짜로 자신에게 주

사를 놓는 연습을 해 본다. (주삿바늘 대신 종이 클립 또는 주사를 놓는 듯한 느낌을 주는 약간 날카로운 물건을 사용하라.)

- 적은 고통을 느낄 수 있도록 피부를 포크로 살짝 찌른다.
- 의학적 처치 사진을 본다.
- 의학 처치 동영상을 본다.
- 의학 처치가 이루어지는 사무실이나 방(예: 진찰대, 진찰 기구)에 가본다.
- 다양한 의학 처치의 가능한 위험성과 부작용에 관해 읽는다.

열 살 케이시(Casey)는 의사에게 가는 것을 심하게 두려워하는데, 특히 주사를 맞아야 할 것 같다는 생각이 들면 더 그렇다. 케이시는 최근에 파상풍 추가 접종 시기를 놓쳤는데, 통증과 자신의 피를 보게 되는 것이 두려워서이다. 케이시의 어머니는 독감 예방 접종뿐 아니라 다른 접종 날짜를 잡았다. 케이시는 피를 뽑거나 주사를 맞는 동영상을 보는 실험을 할 수 있었고, 아니면 백신 주사를 맞는 친구를 따라갈 수도 있었다. 또는 그녀의 부모는 케이시가 가짜 주사를 놓는 연습을 할 수 있게 주사기를 구할 수 있었다.

케이시는 주사에 대한 두려움을 다루기 전에 피에 대한 두려움에 초점을 맞추는 것부터 시작하기로 결심했다. 케이시는 피를 뽑는 동영상을 열 번 보기로 동의했다. 그녀는 이 실험에 공포온도계 수치 4를 주었다. 다음의 활동지는 케이시가 실험을 하기 전에 작성한 것이다.

케이시의 노출 전 활동지

할 일: 피를 뽑는 동영상 10번 보기

일어날 수 있는 가장 걱정스러운 것은 무엇인가? 난 불안해질 것이고, 다음 백신 접종에 더 겁먹을 것이다.

그런 일이 일어났는지 어떻게 알 수 있는가? 공포온도계 수치가 높을 것이다. 주사 맞는 것에 대해 끊임없이 생각할 것이다. 그 결과 내가 원하는 A 학점이 아니라 B 학점을 맞을 것이다.

내 예상에 대해 얼마나 확신하는가(0~100%)? 30%

나의 공포온도계 수치는 얼마인가? 4

어떤 안전 또는 회피 행동을 하고 싶을까? 그냥 그걸 볼 수 있을 것 같다. 하지만 의사 선생님을 만나는 것을 미루거나 접종은 안 할 수 있는지 엄마에게 말하고 싶을 것 같다.

안전 또는 회피 행동을 하지 않고 노출을 하는 것에 대해 얼마나 자신이 있는가 (높음, 보통, 낮음)? 높음

공황 발작과 신체감각에 대한 두려움

내부감각 수용 노출은 신체감각에 대한 노출을 포함하고, 여러 가지 방법으로 할 수 있다. 의도적인 과호흡은 불안과 연관된 대부분의 신체감각을 일으키는 가장 좋은 방법이고, 내가 임상 현장에서

환자들에게 가장 많이 사용하는 방법이다.

연습 과호흡

　　노출을 위한 과호흡을 하기 위해서 여러분의 자녀는 미리 정해진 시간 동안 빠른 속도로 숨을 힘껏 내쉬고 들이쉬어야 한다. 보통 이것은 매우 격렬한 노력을 요하고, 목이 건조하지 않게 물을 한 잔 준비하는 것이 도움이 된다. 스톱워치나 스마트폰 타이머도 유용하다. 여러분은 다음의 단계에 따라 자녀가 과호흡을 하도록 가르쳐 줄 수 있다.

1. 빠르게 숨을 가득 마시고 내뱉는 것을 자녀에게 보여 준다.
2. 그것이 어떤 느낌인지 보기 위해 5~10회의 호흡을 시도해 볼 의사가 있는지 물어본다. [만약 자녀가 5회 숨 쉬는 것조차도 거절한다면, 선 채로 뜀뛰기나 여기서 제안하는 다른 방법을 고려해 본다.]
3. 5~10회의 호흡을 진행한다.
4. 공포온도계 수치를 이용해 그 감각이 얼마나 두려운지 묻는다.
5. 공황을 느꼈을 때 자녀가 경험한 것이 과호흡을 해서 유발된 감각과 얼마나 비슷한지 물어본다. 1점은 유발된 감각이 실제 공황의 느낌과는 매우 다른 것으로, 10점은 같은 것으로 해서, 1~10점의 점수로 대답하게 한다. 이상적으로는 과호흡으로 유발된 감각이 공황을 느낄 때 경험과 매우 유사하다.
6. 얼마나 연습할지를 상의한다. 나는 20초를 제안하지만, 여러분의 자녀가 더 짧은 시간 동안만 할 수 있다고 하면 그렇게 해도 된다.
7. 자녀에게 노출 전 활동지를 완성하게 한다.
8. 20초 동안 실험한다.
9. 자녀에게 노출 후 활동지를 완성하게 한다.

자녀가 20초 동안 편안해한다면 30초로 늘릴 수 있고, 나중에는 1분으로 늘릴 수 있다. 대부분의 아동은 이런 종류의 노출에 신체적으로 빨리 적응한다. 보통 초기 몇 번의 시도 때는 어지러움과 다른 감각들을 크게 느끼지만, 몇 번의 반복 후에는 점점 이런 감각을 덜 느끼게 된다. 그렇게 되면, 이러한 노출을 중단하고 휴식을 취한다. 그러나 여러분의 자녀가 그것을 정복한 후에도 가끔 연습시켜야 한다.

만약 여러분이 자녀에게 의도적으로 과호흡을 시키는 것에 대해 불편하게 느낀다면, 다음 노출 중 한 가지를 통해 자녀가 두려워하는 특정 감각에 대한 내부감각 수용 노출을 할 수 있다.

- 심장을 빨리 뛰게 하기 위해서 숨이 찰 때까지 제자리에서 뛴다.
- 어지러움을 자아내기 위해 회전의자를 돌린다.
- 숨 막히는 느낌을 내기 위해 가느다란 빨대로 숨을 쉰다.
- 빠르게 연속적으로 줄넘기를 한다.
- 할 수 있는 한 빠르게, 몇 번을 연달아 삼킨다. [목이 조이는 것에 대한 두려움을 위해]
- 입을 다문 채 코로 숨을 쉬는데, 코에다 손을 대어 인위적으로 숨쉬기 어렵게 한다.
- 더운 곳에서 격렬한 운동을 한다. (물론 이성적인 범위 안에서)
- 과열되는 감각을 이끌어 내기 위해 난방기와 코트, 목도리를 이용한다.

열 살 티나(Tina)는 축구 경기에서 동갑내기 여자아이가 천식 발작을 하는 것을 본 적이 있다. 그 이후로부터, 티나는 숨쉬기 어려운 것과 연관되는 상황들에서 몹시 불안해했다. 티나는 축구 연습, 체육 시간에 참여하거나 숨이 찰 정도의 신체 활동을 거부했다. 티나는 천식이나 호흡 곤란의 과거력은 없었다. 과호흡 실험을 하는 것은 숨이 차는 것과 티나가 두려워하는 불안을 견딜 수 있다는 것을 알게 하는 데 도움이 되는 좋은 방법일 수 있다.

티나는 20초 동안 과호흡을 하는 노출부터 시작하기로 결심했다. 티나는 이 실험에 공포온도계 수치 4를 줬다. 다음은 티나가 이 실험을 하기 전에 작성한 활동지다.

티나의 노출 전 활동지

할 일: 20초 동안 과호흡 하기

일어날 수 있는 가장 걱정스러운 것은 무엇인가? 나는 엄청 어지럽고, 천식 발작이 오거나 기절할 것이다.

그런 일이 일어났는지 어떻게 알 수 있는가? 당신에게 어지럽다고 말할 것이다. 나는 내가 기절할지 안 할지 알 수 있을 것이다. 나는 쌕쌕 거리기 시작하고 숨을 쉴 수 없을 것이다.

내 예상에 대해 얼마나 확신하는가(0~100%)? 나는 100% 어지러울 것이다. 기절하는 것은 20%, 그리고 10% 정도로 천식 발작이 올 것이다.

나의 공포온도계 수치는 얼마인가? 4

어떤 안전 또는 회피 행동을 하고 싶을까? 나는 어지럽지 않을 때까지 눕고
싶을 것이다.

안전 또는 회피 행동을 하지 않고 노출을 하는 것에 대해 얼마나 자신이 있는가
(높음, 보통, 낮음)? 할 수 있다. 자신감 높음

요약 이 장에서 여러분은 무엇을 배웠는가?

☑ 노출은 여러분 자녀의 공포 체계와 직접적으로 연관되어야 한다.

☑ 분리불안이 있는 아동을 위한 노출 아이디어로는 집 안 각자의
방에서 5분 동안 시간을 보내는 것, 부모가 어디 가는지 모르지
만 부모가 집 밖으로 나가는 것을 허락하는 것이 있다.

☑ 다른 사람으로부터 부정적으로 보일까 두려워하는 아동을 위한
노출 아이디어로는 낯선 사람에게 질문하거나 이야기를 하고 교
실에서 말을 하는 것이 있다.

☑ 동물과 벌레에 대한 두려움을 가진 아동을 위한 노출 아이디어
로는 사진이나 동영상을 보는 것, 동물이나 벌레 가까이 가는 것,
동물이나 벌레를 만지는 것이 있다.

☑ 생활환경에 대한 두려움을 가진 아동을 위한 노출 아이디어로는
자연재해 사진이나 동영상을 보기, 혼잡한 장소에 가는 것이 있다.

☑ 먹기 불안을 가진 아동을 위한 노출 아이디어로는 익숙하지 않
거나 원치 않는 음식의 냄새를 맡거나 먹는 것이 있다.

☑ 건강 염려를 가진 아동을 위한 노출 아이디어로는 무서운 질병 단어를 쓰거나 읽는 것, 가짜 구토를 하는 것, 병원을 방문하는 것이 있다.

☑ 혈액 또는 주사에 두려움을 가진 아동을 위한 노출 아이디어로는 피와 주사, 의학 처치를 보는 것이 있다.

☑ 과호흡은 불안과 관련된 신체감각을 일으키는 노출에 사용할 수 있다.

제10장

강박 장애 다루기

66 강박 장애에 대하여 더 알아갈수록 자녀의
강박사고와 의식절차를 더 잘 인지하고
이해하게 될 것이다. 99

강박 장애(Obsessive-Compulsive Disorder: OCD)는 불안 장애의 한 종류이지만 다른 불안 장애와 치료법이 조금은 다르므로 나는 강박 장애에 특별한 관심을 기울이고자 한다. 미국 소아청소년 정신의학회(American Academy of Child and Adolescent Psychiatry, 2013)에 따르면, 200명 당 1명꼴로 소아 · 청소년이 이 장애를 겪는다. 강박 장애는 학령전기부터 성인기까지 어느 시점에든 나타날 수 있지만, 성인 강박 장애 환자 중 1/3은 아동기에 첫 증상이 나타난다. 강박 장애가 종종 다른 장애로 오진된다는 점에서, 이 수치는 실제보다 작을 가능성이 크다.

강박 장애는 강박사고와 강박행동을 모두 보인다. '강박사고(obsession)'는 공포를 일으키고, '강박행동(compulsions)'(의식절차)은 공포 및 스트레스를 가라앉히기 위해 나타난다. 즉, 같은 방식으로 강박행동도 안전 행동과 비슷한 목적을 갖는다. 강박사고는 여기서 언급될 수 있는 것보다 그 종류가 훨씬 다양하지만, 강박 장애 전문가들은 강박 장애에서 연령, 성별, 인종, 사회경제적 지위를 막론하고 흔히 보이는 강박사고, 강박행동을 몇 가지 종류로 나눴다. 많은 학술 도서에서는 특히 아동기의 강박 장애를 다뤘다. 나의 목표는 여러분에게 자녀가 겪는 강박사고와 강박행동을 파악하는 데 도움이 되도록 이 장애에 대한 실제적인 지식을 알리고, 여러분의 자녀가 이 문제를 다룰 수 있도록 지침을 제공하는 것이다.

강박사고

강박사고란 원치 않게 지속적·반복적으로 떠올라 스트레스와 두려움을 일으키는 생각, 걱정, 이미지, 욕망, 충동을 말한다. 환자의 뇌는 불안감을 주는 특정 생각을 과대평가하고 그 생각에서 빠져나오지 못한다. 과대평가(overvaluing)란 환자에게 특정 생각이 떠올랐기 때문에 그 생각이 중요하거나 사실이라고 믿는 것을 말한다.

물론 강박 장애가 없는 사람도 나이에 상관없이 누구나 스트레스를 일으키는 여러 가지 생각, 이미지, 충동을 갖는다. 연구에 따르면, 이는 정상적인 현상으로 알려져 있다. 이런 생각은 극단적이고 이상하며 폭력적이거나 성적일 수 있지만, 보통 사람은 이를 무시할 수 있다. 강박 장애가 없는 사람은 단순히 '음, 그것 참 이상하군.'이라고 생각할 것이다. 그들은 단지 그런 생각이 떠올랐다는 사실이 그것을 심각하게 받아들여야 함을 의미하지 않는다는 점을 깨닫는다. 대부분은 그런 생각을 스팸 메일을 버리듯이 무시할 것이다. 한편, 강박 장애에 시달리는 아동은 그 생각에 갇혀서 커다란 고통을 경험한다. 이것은 그들로 하여금 두려움을 경감시키고, 불안감을 주는 생각을 사라지게 하거나, 강박사고가 가져다준 무서운 결과가 발생하지 않으리라는 확신을 갖기 위해서 어떤 의식절차(강박행동)를 밟아야 한다고 느끼게 한다.

강박 장애는 불안 장애이지만, 불안해하는 아동 모두가 강박 장애를 갖고 있는 것은 아니다. 강박 장애와 다른 불안 장애의 가장 큰 차이점은, 강박 장애를 가진 아동은 반복적이고 꼭 따르려 하는 의식절차(마음속으로 또는 행동으로)를 행한다는 것이다. 예를 들어, 범불안 장애를 겪는 아동은 실제 생활과 연관되는 것들(성적, 운동 실력, 지구온난화)을 지나치게 걱정하지만, 그에 대한 반응으로 의식절차를 행하지는 않는다. 완벽주의 강박사고를 겪는 강박 장애 아동의 경우, 특정 과목에서 특정 색깔의 펜만 사용할 것을 고집하거나, 반복적으로 바인더를 확인하거나, 과제에서 오류를 계속 확인하거나, 인터넷을 통해 지구온난화가 심화되었다는 징후를 확인하는 것과 같은 의식절차를 행한다.

강박사고는 때로는 특정 상황에 대한 '과도한 죄책감(excessive guilt)' 또는 '과도한 책임감(excessive responsibility)'을 수반한다. 여기서 '과도한'이란 또래 아이들에게서 보이는 일반적인 정도를 넘는다는 것을 뜻한다. 우리는 이와 같은 강박 장애의 특징을 다양한 종류의 강박사고를 가진 아동에서 볼 수 있고, 때로는 죄책감에 대한 강박사고의 형태만 보이는 아동에서도 볼 수 있다. 예를 들어, 평균적인 죄책감을 느끼는 아동이 운이 좋았다고 생각하며 선물을 받아들일 상황에서, 강박 장애 아동은 자신이 다른 아이들보다 더 갖고 있거나 다른 아이들이 자신보다 더 고통받는다는 강박사고를 가라앉히기 위해서 선물을 거부할지도 모른다. 비슷하게, 적절한 죄책감을 가진 아동이 실수로 물건을 약간 망가뜨린 상황에서 미안함을 느끼겠지만 그것이 단순한 실수였다고 받아들이고 넘어갈 것에 비해, 과도한 죄책감을 가진 아동은 같은 상황에서도 과도하게 걱정할 것이다.

강박사고	특성
오염	병균, 먼지, '역겨운' 또는 '더러운' 것으로 생각되는 물건, 화학물질, 환경 오염 물질(석면, 농약, 납), 상한 음식, 비누, 죽은 동물, 쓰레기, 끈적한 물질, 방사선, 깨진 유리, 인체 배출물, 마술적인 오염 물질들(특정 단어, 생각, 이름, 이미지, 색)에 대한 걱정
침투 이미지와 사고	죽음, 살인, 폭력과 같은 것에 대한 시각적 심상들
양심	신을 욕하거나 신을 믿지 않는다는 두려움(이것이 그 사람에게 중요할 때), 부정, 절도, 도덕적이지 못하다고 여겨질 행동을 할 것에 대한 두려움
공격	남이나 자신을 해치거나 나쁜 일이 생길 것 같다는 두려움
완벽주의	완전히 기억하고, 이해하고, 알고 있는지에 대한 의심, 실수하거나 빠뜨리거나 물건을 잃을 것에 대한 걱정
건강	오염과 관련되지 않은 병에 걸리거나 불구가 될 것에 대한 걱정
미신적 · 마술적	특정 숫자, 색 등이 중요한 영향을 끼친다는 믿음
정리정돈	특정 패턴이나 깔끔함의 정도에 따라 물건을 배열해야 하는 욕구
사고-행위 융합	생각을 하는 것만으로 바람직하지 못하거나 금지된 일을 할 것이라는 믿음

　강박사고는 교육받은 비전문가들 혹은 심지어 많은 정신 건강 전문가가 인지하는 것보다 더 다양하다. 아동이 경험하는 모든 강박사고를 담고 있지는 못하지만, 내가 진료를 하면서 가장 흔하게 발견하는 강박사고를 〈표 10-1〉에 나열했다.

강박행동

강박행동은 '의식절차(rituals)'로도 알려져 있다. 이 용어들은 상호 대체 가능하다. 강박행동은 강박사고를 억제하거나 무효화하고, 우려되는 결과를 방지하며, 고통을 줄이기 위해 하는 반복된 행동 또는 생각이다. 강박행동에는 다양한 형태가 있으며, 이는 의식적으로 행해진다. 강박 장애를 겪는 사람은 강박행동을 하게 되는데, 그 이유는 두려움의 결과가 뒤따르지 않을 것이라는 일시적인 안도감이나 확신을 가져다주기 때문이다. 시간이 지나면, 의식절차는 습관이 되어 환자가 유발 상황에 직면할 경우 이로부터 저항하는 데에 크게 어려움을 느낀다. 여러분의 자녀는 그 상황을 벗어나기 위하여 (특별한 방식으로) 의식절차를 행해야 한다고 느낄 것이다. 회피 행동과 안전 행동처럼 의식절차는 일시적인 안도감을 주지만, 강박사고를 강화하고 아동이 강박 장애를 극복할 수 없게 한다. 강박사고는 강박사고에 따르는 의식절차보다 여러분에게 덜 명백할 수 있다는 점을 명심하라. 실제로 강박사고를 확인하는 좋은 방법은 이에 대응하는 의식절차를 살펴보는 것이다.

강박사고와 강박행동은 가끔 여러분이 논리적으로 이해하기 어려운 마술적인 특성을 가진다. 예를 들어, 어떤 아동은 특정한 숫자가 (좋거나 나쁜) 의미가 있다고 생각하며, 그들은 그 숫자를 포함하거나 또는 그 숫자만큼 반복하는 의식절차를 행한다. 강박행동은 아동 고유의 특정한 규칙에 따라 만들어질 수 있으며 아동에 의해 개발될 수 있다. 여러분의 자녀는 의식절차를 밟는 정해진 방법에서

〈표 10-2〉 흔한 의식절차

의식절차	행동
회피	강박사고를 유발하는 상황이나 자극을 회피하기
분석하기	특정 생각, 이미지, 충동이 왜 생겼는지를 분석하기
씻기	손 씻기, 샤워하기, 이 닦기와 치실하기, 빨래하기
'깨끗한' 방 만들기	안전하고 깨끗한 방, 공간을 만들려 하기, 오염된 사람이나 물건을 그 방 또는 공간에 두지 않으려 하기
청소하기	생활용품이나 개인 물건을 청소하기, 오염 물질과 접촉을 피하기 위한 방법을 쓰기
버리기	물건을 버리거나 오염 물질을 제거하기
정리정돈하기	특정 방식으로 열 맞추기, 순서 맞추기, 배열하기
대칭	대칭을 맞추는 행동, 종종 만지거나 재배열하는 행동을 포함함
확인하기	자물쇠, 현관문, 교과서, 과제 등을 확인하기, 다른 사람에게 피해를 주지 않았는지 확인하기, 끔찍한 일이 일어나거나 일어나지 않았는지 확인하기(신문, 일기예보), 읽고, 쓰고, 선택할 때 실수하지 않았는지 확인하기
만지거나 두드리기	반복적으로 만지기, 종종 대칭 걱정과 마술적 강박사고와 관련이 있음
수 세기, 숫자 의미	물건 세기, 특정 수에 마술적 의미 부여하기 ('칫솔질을 30번 하면 좋은 하루가 될 것이고, 정확한 횟수로 하지 못하면 나쁜 하루가 될 거야.')
반복하기	다시 읽기, 지우기, 다시 쓰기, 일상적인 활동을 반복해야 하기(전등 스위치를 켜고 끄기, 방문을 들어갔다 나오기, 계단을 오르내리기)
안심 구하기	질문하기 혹은 정보를 반복적으로 구하기
기도하기	'나쁜' 혹은 신성모독의 생각을 무효화하기 위해 기도하기
몸치장하기	특성 방식으로 머리 다듬기

머릿속으로 확인하기	머릿속으로 상황을 검토하기
'꼭 그래야' 혹은 '꼭 맞아야' 하는 의식절차	'딱 맞아야' 한다고 느낄 때까지 움직임, 행동, 생각, 자세를 반복하기
고백하기	두려워하는 나쁜 행동에 대해 누군가에게 말해야만 한다고 느끼기('나쁜' 생각을 하기, 욕하기, 누군가에게 심술궂게 굴기, 거짓말하기)
과도한 병원 방문	병원이나 응급실을 반복적으로 방문하기

벗어나는 것을 두려워할 수 있고, 따라서 그것이 '올바르게 될 때'까지 반복해야 한다고 느낄 수 있다. 강박행동은 또한 정신적으로도 시행될 수도 있는데, 이때는 이를 발견하기가 더 어렵다.

자녀의 강박 장애를 확인하라

보통 한 가지 이상의 강박사고를 가지고 있으며, 아동과 성인 모두 의식절차를 잘 숨길 수 있는데, 특히 머릿속으로만 행해질 경우 더 그렇다. 비록 여러분이 전문가가 아니더라도, 여러분이 강박 장애에 대하여 더 알아갈수록, 자녀의 강박사고와 의식절차를 더 잘 인지하고 이해하게 될 것이다. 이를 위해 첫 번째로 강박 장애 아동에게서 일반적으로 관찰되는 행동을 나열한 다음의 연습 질문에 답해 보라.

여러분의 자녀는 과도하게 혹은 반복적으로…

- 먼지, 세균, 화학물질, 체액(소변, 땀, 대변, 침), 혹은 해롭다고 알려진 다른 물질들과 접촉하는 것을 걱정하는가?
- 씻고, 목욕하고, 손 살균제를 사용하거나, 소매나 수건을 이용하여 오염 물질에 닿지 않기 위한 행동을 하는가?
- 고의 또는 실수로 해를 끼치거나 해를 입을 것을 걱정하는가?
- 자신 또는 타인에게 신체적인 해를 입힐 수 있는 활동(스포츠, 칼이나 가위를 사용하는 것)을 피하기 위해 조치를 취하는가?
- 눈으로 확인하거나 "괜찮으세요?"라고 물어봄으로써 아무런 피해가 발생하지 않았음을 확인하는가?
- 질병에 걸릴까 봐 걱정하는가?
- 안심을 구하고, 의사를 찾아가겠다고 하거나, 인터넷에서 질병을 검색하는가?
- 일을 대칭적으로 처리하고, 그리하여 물건을 대칭적으로 맞추는 행동(만지기, 배열하기)을 하는가?
- '딱 맞다'라고 느끼게 하는 방식(몸 일부를 움직이기, 물건을 배열하기, 말하기, 정해진 행동을 하기)으로 일하는가?
- 물건을 정확한 방식으로 정리정돈하고 그것들이 흐트러지면 스트레스를 받는가?
- 특정 행동(숙제, 예술 활동, 책 페이지나 장을 읽기)을 끝내야 한다고 느끼고 중간에 방해를 받으면 스트레스를 받는가?
- 생각이 떠오르면 그 생각을 표현하거나 질문을 해야 한다고 느끼고, 이러한 행동을 못하게 할 경우 스트레스를 받는가?

- 고백하거나 사과하는가?
- 자기 자신 또는 다른 사람이 규칙에 따라 '올바른' 행동을 하는지에 대해 걱정하는가?
- 신을 믿지 않을까 봐 걱정하는가?
- 원치 않는 성적인, '나쁜' 또는 무서운 생각이나 이미지, 충동을 경험할까 봐 스트레스를 받는가?
- 확인하고, 반복하고, 그리고/혹은 특정 행동의 횟수를 세는가?
- 반복적으로 특정한 행동(전등 스위치를 켜고 끄기, 문을 닫고 잠그기, 방을 들어갔다 나가기, 특정 위치를 밟기)을 하는가?
- 특정한 방식으로 물건을 만지고 두드리는가?
- 과제를 할 때 실수할까 봐 걱정하는가?
- 자신에 대해 비현실적인 기준을 세우고, 이에 미치지 못하면 스트레스를 받는가?
- 공부하거나, 안심을 구하거나, 혹은 수행 능력에 대해 의심을 나타내는가?
- 가방, 과제 바인더, 교사의 지시 사항을 확인하는가?
- 나쁜 일이 발생하는 것을 막기 위해서 무언가를 말하거나 해야 한다고 느끼는가?
- 당신의 자녀가 '나쁘거나' 불행하다고 생각하는 특정 숫자를 피하는가?

만약 여러분의 자녀가 강박 장애를 겪고 있다고 결론을 내렸다면, 여러분은 이 장에서 설명하는 단계를 따를 수 있다. 이 단계는 두 가지를 제외하고는, 이전의 장들에서 배웠던 것과 동일하다. ① 여러분의 자녀가 스마트 톡을 의식절차로 사용할 수 있기 때문에, 여러분은 자녀에게 스마트 톡을 이용하라고 가르치지 않을 것이다.

② 여러분은 '노출 및 반응 방지법[exposure with response (ritual) prevention: ERP]이라는 특정한 종류의 노출을 할 것이다. 이 책에 간략히 소개된 모든 다른 원리는 강박 장애를 겪는 아동을 돕는 데 적용된다. 여러분이 이전 장들에서 활동지를 모두 완성했다면, 그 정보를 바탕으로 불안 유발 상황에서 나의 의식절차 활동지(Rituals I Do in Trigger Situations Worksheet)는 물론 노출 및 반응 방지법 전후 활동지(Before and After ERP Worksheets)를 작성할 것이다.

노출 및 반응 방지법에 대해서

노출 및 반응 방지법은 앞에서 설명한 노출과 비슷한데, 유발 상황에서 여러분의 자녀가 의식절차를 못하게 한다는 점만 다르다. 영국 심리학자 빅터 메이어(Victor Meyer)는 1960년대에 이 치료법을 고안했고, 그 이후 수백 개의 임상 시험을 통해 노출 및 반응 방지법은 강박 장애의 효과적인 표준 치료로 인정받게 되었다. 노출 및 반응 방지법을 할 때, 여러분의 자녀는 실제 노출과 상상 노출을 할 것이다.

대칭 의식절차(〈표 10-2〉 참조)를 보이는 열두 살의 빈스(Vince)를 예로 들어 보자. 빈스는 특히 하루 종일 경험한 촉각, 촉감에 대해 걱정이 많다. 빈스는 특정 물건들에 대해 좌우로 균등하게 만져야 한다고 느낀다. 그는 대칭을 맞추는 의식절차를 행하기 전까지 스트레스를 받고, 집중하지 못하며, 예민하게 된다. 만약 그가 오른 귓불을 긁으면, 똑같은 방식으로 왼쪽 귓불도 긁어야 한다. 만약 그가 오른손으로 의자를 만지면, 왼손으로도 같은 행동을 해야 한다. 여러분이 상상할 수 있는 것처럼, 하루 종일 이런 행동을 해야 하는 것은 지치고 피곤한 일이다. 그래서 빈스는 종종 가만히 서 있거나 앉아 있는데, 그러면 의식절차를 해야 하는 상황을 피할 수 있기 때문이다.

노출 및 반응 방지법을 사용하는 동안 여러분의 자녀를 일부러 유발 상황에 노출시킨 후, 어떠한 의식절차도 못하게 한다. 빈스에게 설계된 노출 및 반응 방지법에서는 오른쪽 다리를 두드리게 해서 강박사고, 즉 '만약 내가 이걸 비대칭적으로 남겨 두면, 너무 스트레스를 받아서 다른 일에는 집중하지 못할 거야.'와 같은 사고를 유발할 수 있다. 그런 다음 빈스는 왼쪽 다리에 같은 행동을 하고 싶은 욕구를 참을 것이다. 이 방법의 목적은 빈스가 원래 하던 의식절차를 행하지 않아 불안하고 걱정되는 느낌 속에서도 다른 일을 할 수 있다는 것, 그리고 이 과정을 통해 두려움, 불안, 불편함을 견딜 수 있다는 것을 배우는 것이다.

노출 및 반응 방지법 실행하기

노출 및 반응 방지법을 계획하는 것은 다른 불안 문제에서 노출을 계획하는 것과 비슷하다(제8장 참조). 여러분은 이미 갖고 있는 정보, 즉 자녀의 유발 상황 목록, 하향화살표 기법의 결과, 유발 상황에서의 회피 행동과 안전 행동 활동지-부모용 등을 가지고 시작할 것이다.

1단계 **강박사고를 유발하는 상황 목록을 만들라**

이미 관찰한 것으로부터, 여러분은 자녀의 강박사고를 유발하는 상황 목록을 갖고 있을 것이다. 이 정보를 기초로, 여러분과 자녀는 유발 상황에서의 의식절차 활동지(Rituals I Do in Trigger Situations Worksheet)를 완성할 준비가 되었다(유발 상황에서의 회피 행동과 안전 행동 활동지−자녀용 대신 노출 및 반응 방지법을 할 때 사용하는 것이다). 여러분은 온라인의 부록 I(http://www.newharbinger. com/39539)에서 이를 찾을 수 있다.

여러분과 자녀가 이미 하고 있는 모든 의식절차를 알고 있다고 생각하더라도, 나는 〈표 10−2〉에 있는 항목을 살펴볼 것을 권한다. 여러분의 자녀에게 각각의 의식절차를 행하고 있는지 물어보라. 자녀가 자신이 하는 행동을 설명하면, 그것이 '과도한지' 아닌지를 살펴보라—또래 아이들에 비해 여러분의 자녀가 더 많이 하는가? 유발 상황 속에서 습관적으로 하는 의식절차를 행하지 않았을 때, 공포온도계 수치가 얼마일지 활동지에 기록하라.

수치가 높은 순서대로 각 상황을 나열하라. 다음은 빈스의 유발 상황 목록이다.

- 가려움에 긁기(6)
- 다리 꼬기(5)
- 한쪽으로 팔을 놓기(5)
- 한 손 들기(5)
- 한쪽으로 소리 듣기(4)

- 한쪽으로 물건 보기(4)

- 몸을 부딪치기(4)

- 물건을 한쪽으로 옮기기(3)

- 한 방향만 보기(2)

2단계 **강박사고를 유발하는 상황을 고르고, 세부 상황을 파악하라**

일반적인 노출을 할 때, 나는 여러분에게 가장 낮은 수치를 나타낸 유발 상황을 자녀의 첫 번째 노출 및 반응 방지법 사다리로 사용할 것을 권장한다. 빈스의 경우는 한 방향만 보는 것이다. 여러분의 자녀가 몇 가지 노출 및 반응 방지법을 마치면, 아이는 더 큰 자신감을 가질 것이고 더 난이도가 높은 노출 및 반응 방지법을 하길 원할 것이다.

노출 및 반응 방지법을 하기 위한 상황을 고를 때, 여러분의 자녀의 과제는 관련 의식절차를 완전히 행하지 않는 것이라는 점을 염두에 두어라. 자녀는 의식절차를 행하고 싶어서 나중까지 참을 수 없는데, 이것은 자연스러운 유혹이다. 예를 들어, 만약 빈스가 그가 한쪽 방향만 보고 다른 한쪽은 보지 못하도록 하는 노출 및 반응 방지법을 한 후에는 대칭을 맞추는 의식절차를 행할 수 있다고 믿는다면, 그는 실제보다 노출 및 반응 방지법 실험에 대해 더 낮은 공포 수치를 줄 것이며, 그럼 그 노출은 효과적이지 못할 것이다. 노출 및 반응 방지법을 위한 상황을 선택할 때에는, 여러분의 자녀가 이 점을 알고 있는지 확인하라. 빈스와 아버지가 그의 첫 노출 및 반응 방지법을 위해서 어떻게 상황을 선택했는지 살펴보자.

부모: 우리가 유발 상황에서 의식절차 활동지를 완성했고, 네 공포온
도계 수치에 따라 그 상황들이 얼마나 어려운지 순서대로 나열
했잖아. 내 말이 무슨 뜻인지 알겠니?

빈스: 네, 아빠. 가장 쉬운 것부터 시작하나요?

부모: 그래, 하지만 더 어려운 것부터 시작하고 싶으면 그렇게 해도
된단다. 어떤 것부터 시작하고 싶니?

빈스: 저한테 가장 쉬운 건 한쪽 방향만 보고 다른 쪽을 보는 의식절
차를 행하지 않는 거예요. 그것부터 시작해도 되나요?

부모: 그럼! 그러면 이걸 어떻게 할지 생각해 보자. 노출 및 반응 방
지법에서는, 너는 한쪽 방향만 보면서 다른 방향을 보는 의식절
차를 하고 싶은 마음이 생길 때까지 기다린 후에 그 행동을 하지
않으면 돼. 그렇지?

빈스: 네, 맞아요 아빠. 저는 어떤 창에서는 한쪽 방향만 보는 건 엄
청 쉽지만, 다른 창들에서는 반대쪽 방향도 보고 싶어요.

부모: 흥미롭구나. 모든 창문을 확인해서 무엇이 가장 쉬울지 알아
보자.

빈스: 창문이 많은데요.

부모: 몇 개가 있나 보자. (빈스와 아버지는 종이 한 장을 가지고 아파트
사이를 지나면서 다른 빌딩을 향해 있는 부엌의 창문에 먼저 선다.) 이
건 어때? 여기서 왼쪽만 보고 오른쪽은 보지 않는 건 얼마나 어
렵겠니?

빈스: (창문으로 향해 가며) 그건 문제없어요. 공포온도계 수치로 1.5예요.

부모: 명심해라. 의식절차를 행하지 않는 건 나중에도 그걸 하지 않

는다는 걸 의미해. 그리고 다른 위치에서도 하지 않는 거야.

빈스: 알아요. 이 창문에서는 아무것도 내 눈에 띄지 않기 때문에 쉬워요. 무언가 볼 것이 있으면, 그게 더 어려워요.

부모: 좋아! 걱정 강아지에 대해서도 더 많은 정보를 주는구나. 이제 식탁 옆의 창문을 한번 보자. 한쪽 방향만 보고 어떻게 되나 보자꾸나.

빈스: (두 번째 창문으로 가서) 이건 훨씬 어려워요. 여기에는 볼 게 많아서 양쪽 방향을 다 보고 싶어요. 이 창문은 수치가 3이나 4까지도 될 거 같아요.

부모: 잘했어! 발코니로 가 보자. 네가 안쪽에서 서서 유리문을 통해 바깥을 볼 때 무슨 일이 생기는지 보자꾸나.

빈스: 여기 서 있으면, 하늘 말고는 별로 볼 게 없어요. 엄청 쉬워요. 수치는 1이에요.

빈스와 아버지는 아파트의 모든 창과 문에 가서 노출 및 반응 방지법을 위한 세부 상황에 수치를 매겼다. 어떤 세부 상황은 한 쪽을 바라보는 일반적인 상황의 수치인 2보다 더 높다는 점에 주목하라.

- 발코니 바깥에 서 있는 일(4)
- 식당 창문(4)
- 거실 창문(3)
- 부모 침실 창문(2)
- 주방 창문(1.5)

- 빈스의 침실 창문(1.5)
- 실내에서 보는 발코니 문(1)

3단계 노출 및 반응 방지법의 노출 사다리를 만들라

여러분과 자녀가 유발 상황을 선택해서 세부 상황을 확인했다면, 여러분은 실험을 계획할 준비가 된 것이다. 대칭 의식절차를 참으면서 아파트 창이나 문 밖을 바라보는 빈스의 노출 및 반응 방지법 사다리에는 일곱 계단이 있고, 이들의 공포온도계 수치는 1부터 4까지이다. 빈스와 아버지는 그들의 실험을 준비하기 위하여 다음과 같은 대화를 했다.

부모: 빈스, 나랑 같이 앉아서 창밖을 바라보는 노출 및 반응 방지법 실험을 계획할 준비가 됐니?

빈스: 정말 해야 돼요? 오늘 놀고 싶었는데요.

부모: 이해한단다. 네 걱정을 극복하는 일을 하면 받을 상에 대해서 이야기했던 것 기억나니?

빈스: 이거 다 하면 농구하러 가도 돼요?

부모: 물론이지!

빈스: 좋아요. 이것 먼저 해요. 뭐부터 하죠?

부모: 이 사다리를 같이 보자꾸나.

빈스: 음, 유리 문을 통해 발코니를 보는 것은 1이에요.

부모: 그게 너무 쉬울 수도 있겠지만, 이것부터 시작해도 된단다. 대칭 의식절차를 하고 싶은 마음이 들 것 같니?

빈스: 아마 조금요. 하지만 그걸 안 한다고 해도 크게 신경 쓰이지는 않을 거예요.

부모: 무슨 일이 생길까?

빈스: 제 생각엔, 약간 이상하게 느낄 것 같아요.

부모: 이상하다는 느낌이 다른 데에는 영향을 주지는 않니? 우리가 지난주에 하향화살표 기법을 했을 때, 네가 대칭 의식절차를 하지 못하면 때로는 머릿속이 복잡해져서 너에게 중요한 다른 일에 집중하지 못할 것 같다고 걱정했잖아.

빈스: 발코니 안에서 별다른 걸 볼 수 없기 때문에, 다른 쪽을 보고 싶은 느낌이 강하지는 않을 거예요. 이상하게 느껴도, 그 느낌이 오래가지 않을 거예요.

부모: 잠깐만, 갑자기 떠올랐는데. 대칭 의식절차를 내신하고 싶은 무언가가 있을까? 노출 및 반응 방지법을 하고 있다고 가정하고 무슨 생각이 떠오르는지 보자꾸나.

빈스: 음, 무언가를 볼 수 있는 창문의 경우에는 다른 창을 통해 다른 쪽을 보고 싶어질 것 같아요. 제가 아빠 침실에서 노출 및 반응 방지법을 했다면, 같은 곳이 보이는 식당에서 대칭 의식절차를 하고 싶은 것처럼요. 제가 아빠 침실에서 식당을 지나칠 때, 식당 창문에서 다른 쪽을 보지 않기 위해 노력해야 할 거예요.

부모: 잘했어! 대칭 의식절차의 변형같구나. 우리는 이 실험을 계획하면서 그 유혹에 조심해야 해. 내가 같이 확인해도 괜찮겠니?

빈스: 물론이죠.

부모: 그리고 네가 말한 우리 방 창문 말이야. 그건 사다리에서 수치

가 2야, 그러니 다음번엔 그걸 해 보자꾸나.

4단계 노출 및 반응 방지법 역할극 연습

여러분의 자녀가 첫 노출 및 반응 방지법 실험을 하기 전에 연습할 방법을 찾아보라. 자녀가 그 연습이 너무 쉬울 거라 생각하더라도, 나는 여러분이 자녀에게 연습을 꼭 해야 한다고 말하길 권유한다. 그 연습은 나쁜 점이 없고, 거의 언제나 도움이 된다. 빈스와 아버지는 첫 노출 및 반응 방지법이 쉬울 거라고 예상하지만, 그들의 계획에서 다루어야 할 문제들이 있지는 않은지 확인하기 위해 시범적으로 연습을 한다. 상상 노출 및 반응 방지법(imaginal ERP)은 여러분의 자녀가 실제로 그것을 하기 전에 연습할 수 있는 유용한 방법이다. 유발 상황에서 의식절차를 하지 않고, 무슨 생각을 하고 느끼고 감지할지를 혼잣말하는 방식(속으로 혹은 소리 내어)으로 자녀가 노출 및 반응 방지법을 상상할 수 있도록 도와주어라.

다른 노출들처럼, 연습은 기대한 것 이상으로 높은 공포온도계 수치를 나타낼 것이다. 걱정하지 마라. 이것은 치료적이다. 여러분이 자녀의 노출 및 반응 방지법 연습을 도와줄 때, 즐거운 시간이 되게 해 주고 연습 후에 꼭 보상을 해 주어라. 다음은 빈스가 한 연습이다. 주목할 점은, 앞서 살펴본 바시티의 어머니와 달리, 빈스의 아버지는 역할극에서 참가자이기보다는 관찰자였다.

부모: 그래, 첫 번째 노출 및 반응 방지법 실험을 하기 전에 연습을
한번 해 보자.

빈스: 어떻게 하면 되죠?

부모: 상상 속에서 노출 및 반응 방지법을 해 볼 수 있단다. 집 안에서 발코니 문 밖을 보는데 왼쪽만 본다고 생각해 보고, 대칭을 맞추기 위해 오른쪽을 봐야 한다는 느낌을 참아 보아라. 크게 말로 해도 되고, 속으로 말해도 된단다.

빈스: 그걸 연습할 필요는 없을 것 같은데요. 너무 쉬울 거 같아요!

부모: 만약 정말 쉽다면? 그럼 아무것도 안 하고 상을 받는 거네. 나쁜 조건은 아닌 것 같은데, 그렇지?

빈스: 좋아요. 해 볼게요.

부모: 실제로 노출 및 반응 방지법을 할 때 있을 자리 근처에 서 있어 볼래? 그럼 실제로 할 때의 느낌과 소리를 알 수 있으니까 말이야. 눈을 감고 왼쪽을 본다고 상상해 봐. 그리고 오른쪽을 보고 싶다는 생각이 들어도 하지 말아 봐.

빈스: (30초 후 눈을 뜨며) 했어요!

부모: 어땠니?

빈스: 제가 생각했던 것보다 어려웠어요.

부모: 그래서 어떻게 됐지?

빈스: 상상 속에서도 대칭 의식절차를 많이 하고 싶더라고요.

부모: 그래서 했니?

빈스: 아니요, 아빠. 하지만 제 공포온도계 수치가 1이 아니라 2, 3 정도 되었던 거 같아요. 실제로 한다면 3이 될 것 같아요.

부모: 유용한 정보구나. 네가 예상했던 것이 정말로 일어났니?

빈스: 뭔가 빠뜨린 것 같은, 약간 이상한 기분이 들더라고요.

부모: 그건 괜찮았니?

빈스: 괜찮았어요.

부모: 놀랐니? 이 연습이 이렇게 될 줄 알았니?

빈스: 그 이상한 기분이 너무 빨리 없어져서 놀랐어요. 더 오래 지속 되고 귀찮을 줄 알았거든요.

부모: 잘했어, 빈스. 이제 농구하러 갈까?

5단계 노출 및 반응 방지법 실험을 진행하기

여러분과 자녀 모두 노출 및 반응 방지법 실험을 점검하고 앞으로 할 노출 및 반응 방지법 계획을 세울 수 있는 편하고 규칙적인 시간을 정하라. 노출 및 반응 방지법을 계획하고 만족스럽게 연습한 후, 여러분의 자녀는 매일 몇 번씩 실험을 할 것이다. 예를 들어, 빈스와 그의 아버지는 일요일 오후를 노출 및 반응 방지법을 계획하고 연습하는 시간으로 정했다. 또한 빈스는 적어도 하루에 2번 이상—학교 가기 전, 귀가 후—은 물론 주말에도 실험을 하기로 동의했다.

실험을 시작하기 전에, 여러분의 자녀가 노출 및 반응 방지법 전 활동지(Before ERP Worksheets)를 완성하도록 하라. 온라인의 부록 J(http://www.newharbinger.com/39539)에서 이를 볼 수 있다. 다른 노출들처럼, 마지막 질문에 대한 반응으로 미루어 만약 여러분의 자녀가 노출 및 반응 방지법을 하는 것에 대해 자신 없어 한다면, 좀 더 쉽게 하는 것을 고려하라. 빈스의 경우는, 자신감은 여전히 높았음에도 연습 이후 공포온도계 수치를 1에서 3으로 올렸다. 다음은 빈스가 첫 번째 실험 전에 그의 아버지와 함께 작성한 활동지이다.

빈스의 노출 및 반응 방지법 전 활동지

할 일: 발코니 쪽을 바라보면서 하늘이건 눈에 보이는 어떤 것이건 한 쪽 방향으로만 보고, 반대쪽을 바라보는 대칭 의식절차를 하지 않기

일어날 수 있는 가장 걱정스러운 것은 무엇인가? 무엇인가를 빠뜨린 것 같은 이상한 기분이 들 것이다. 그런 기분은 마음속에 10분 정도 계속될 것이다. 내가 의식절차를 했을 때만큼 그동안은 편하지 못할 것이다.

그런 일이 일어났는지 어떻게 알 수 있는가? 아빠가 타이머로 10분을 정해 놓으면, 그동안 내가 어떻게 느끼는지를 알 수 있을 것이다.

내 예상에 대해 얼마나 확신하는가(0~100%)? 95%

나의 공포온도계 수치는 얼마인가? 3

어떤 의식절차를 행하고 싶을까? 나는 반대 방향을 바라보고 싶을 것이다.

의식절차를 행하지 않고 노출을 하는 것에 대해 얼마나 자신이 있는가(높음, 보통, 낮음)? 높음

첫 번째 노출 및 반응 방지법을 마친 직후에 여러분의 자녀가 노출 및 반응 방지법 후 활동지(After ERP Worksheets)를 작성함으로써 배운 것을 복습할 수 있도록 도와주어라. 온라인의 부록 K(http://www.newharbinger.com/39539)에서 이를 볼 수 있다. 다음은 빈스의 예이다.

빈스의 노출 및 반응 방지법 후 활동지

가장 걱정스러운 것이 실제로 일어났는가(네 혹은 아니요)? 아니요. 타이머가 울리기 전에 대칭 의식을 하고 싶다는 것을 잊어버렸다.

실제 무슨 일이 있어났는가? 놀랐는가? 처음에는 이상한 느낌이 오랫동안 지속될 것 같다는 걱정이 되어 3.5의 수치를 느꼈는데, 곧바로 2로 줄어들었다. 너무 빨리 공포온도계 수치가 줄어들어서 놀랐다. 나는 아빠와 함께 즐겁게 농구를 했다.

나의 공포온도계 수치는 얼마였는가? 3.5였지만 2가 됨.

무엇을 배웠는가? 아주 이상하다고 느끼지 않았다는 점과, 내가 생각했던 것보다 빨리 대칭을 맞춰야 한다는 생각에서 벗어날 수 있다는 점을 배웠다.

노출 이후, 여러분의 자녀를 축하해 주고, 칭찬해 주고, 안아 줘라. 약속된 보상을 주라.

6단계 노출 및 반응 방지법 사다리의 더 높은 계단으로 오르기

여러분의 자녀가 의식절차 없이 노출 및 반응 방지법을 비교적 쉽게 한다면, 노출 및 반응 방지법 사다리의 다음 계단으로 이동하자. 대부분의 경우, 각 노출 및 반응 방지법은 몇 차례 반복되어야 하지만, 만약 자녀가 빠르게 진행할 때 여기서 제시된 단계만 잘 따른다면 굳이 늦출 필요는 없다. 사실 노출 및 반응 방지법 실험은 무작위 순서로 시행될 때 가장 효과적이므로 여러분은 자녀의 동기 정도를 잘 살펴야 한다. 만약 자녀가 실험을 더 하고 싶어 한다면 전적으로 이를 권장해야 한다.

빈스의 경우, 두 번째 실험으로 식당 창문 밖을 보기를 정했다. 그 것은 공포온도계에서 4로 사다리의 다음 단계는 아니었으나, 과외 및 과제를 하기 위해 식당에서 많은 시간을 보내던 빈스는 바로 그 것을 하기를 원했다. 빈스는 대칭 의식절차 때문에 학습에 집중하 지 못하는 것을 더 이상 참기 어려웠다. 식당 창문은 컸고, 많은 것 이 빈스의 눈을 사로잡았다. 게다가 발코니 문 밖을 바라보는 것은 3으로 증가했기 때문에, 빈스가 이미 더 높은 어려운 단계에 성공적 으로 나아갔다는 사실이 빈스에게 자신감을 주었다. 식당 창문 노 출을 성공적으로 마침으로써 주방 창문이나 침실 창문 등 좀 더 쉬 운 노출을 건너뛸 수 있다.

여러분의 자녀가 하나의 모든 노출 및 반응 방지법 사다리를 완성 했을 때, 짝! 짝! 짝! 이에 대한 보상을 제공하라. 이제 여러분의 자 녀는 새로운 사다리를 시작할 준비가 된 것이다. 자녀의 상황을 순 서대로 다시 확인하고 다음 단계로 무엇을 하고 싶은지 물어보라. 만약 여러분의 자녀가 큰 도전을 원한다면, 이는 좋은 것이다. 만약 자녀가 천천히 하기를 원한다면, 그것도 괜찮다. 어떤 경우에도, 준 비하고 진행하는 데 시간이 얼마나 걸리든 간에, 노출 및 반응 방지 법 실험은 계속될 것임을 여러분의 자녀는 알게 될 것이다.

☑ 강박사고는 불안, 공포, 스트레스를 유발하는 원치 않게 반복되는 걱정, 생각, 이미지, 충동을 말한다.

☑ 강박행동(의식절차)은 강박사고를 억제 혹은 무효화하거나, 공포 반응을 방지하거나, 스트레스를 줄이기 위해 하는 반복적인 행동이나 생각을 말한다.

☑ 특수한 형태의 노출인 노출 및 반응 방지법은 강박 장애 치료에 쓰인다.

☑ 노출 및 반응 방지법에서는 여러분의 자녀를 일부러 강박사고를 유발하는 상황에 놓고, 의식절차를 못하게 한다.

☑ 노출 및 반응 방지법의 6단계는 강박사고를 유발하는 상황 목록 작성하기, 상황 선택 및 세부 상황 확인하기, 노출 및 반응 방지법 사다리 만들기, 첫 번째 노출 및 반응 방지법 연습하기, 노출 및 반응 방지법 실행하기, 완성할 때까지 사다리의 다음 단계 사다리 오르기로 구성된다.

제11장

강박 장애는 이렇게 해결하자

66 좌절감이나 분노감이 끼어들지
못하게 하라. 99

이 장에서는 다양한 종류의 강박사고에 대한 노출 아이디어를 제공하려고 한다. 모든 종류의 강박사고에 대해서 다룬 것은 아니지만, 내가 가장 자주 보게 되는 것들에 초점을 맞추고자 한다. 각 종류의 강박사고에 대해서 일반적인 설명을 한 후에, 간략한 사례를 예시로 제시한다. 지금까지 각 강박사고에 대해 노출 및 반응 방지법 전 활동지(Before ERP Worksheets)만 제공되었지만, 이전 장들에서 본 것처럼 여러분의 자녀는 노출 및 반응 방지법 후 활동지(After ERP Worksheets)도 작성해야 한다는 것을 유념하라.

침투적 사고, 이미지, 충동

불안 장애가 없는 사람도 원치 않는 생각, 이미지, 충동을 지니기도 하지만, 그들은 이것들이 중요하지 않다고 여겨서 떨쳐 버린다. 하지만 침투 이미지를 포함한 강박사고가 있는 아동은 이러한 생각들로 인해 어려움을 겪는다. 그들은 극도의 스트레스를 받고, 이러한 생각을 피하거나 없애기 위해 의식절차를 행한다. 아동이 이런 생각을 무효화하는 의식절차를 시행함으로써 이런 생각을 피하거나 완화하려고 할수록, 점점 더 거기서 더 빠져나올 수 없게 된다.

침투적 사고(intrusive thoughts), 이미지, 충동은 아동이 가지고 있는 다른 강박사고와도 관련되어 있을 수 있다. 예를 들어, 공격적인 강박사고를 가지고 있는 아동의 경우, 자신과 다른 사람을 다치게 하는 원치 않는 잔인한 이미지를 경험할 수 있고, 욕설을 외치고 싶거나, 그렇게 하고자 하는 의도가 없을지라도 어떤 것을 훔치고 싶다는 충동을 느낄 수도 있다. 하지만 가끔 어떤 아동은 다른 강박사고와는 관련이 없는 침투적 사고, 이미지, 충동을 경험하기도 한다.

침투적 사고, 이미지, 충동과 관련된 의식절차에는 안심 구하기, 확인하기, 침투적 이미지를 유발할 수 있는 영화·신문·텔레비전·미디어 회피하기, 이미지와 생각과 관련된 상황 회피하기, 무서운 이미지를 행복한 이미지로 바꾸기 등이 있다.

특정 강박사고의 경우 현실에서 이와 유사한 상황을 찾는 것이 어렵거나 불가능할 수 있다. 그러므로 상상 노출은 특히 침투적 이미지에서 유용하다. 상상 노출에 대해서는 제8장에서 논의하였으며, 노출 및 반응 방지법이 사용될 때도 그 원칙은 동일하다.

일곱 살인 자말(Jamal)은 자신의 개 지피(Zippy)가 차에 치이는 원치 않는 이미지를 경험한다. 이것은 사랑하는 애완동물에게 위험이 발생할까 봐 생긴 두려움과 원치 않는 이미지를 동반하기 때문에 공격적 강박사고에 해당한다. 이런 이미지들은 생생하고 공포스러운데, 자말은 이것을 멈출 수가 없다. 더 나아가 자말은 자신이 이러한 이미지를 경험하는 것 '때문에' 지피가 이런 끔찍한 최후를 맞을 '가능성을 높이는 것'일까 봐 두려워한다. 이것은 자말의 정신적 고통을 증가시키는데, 강박사고와 강박행동에서 아주 흔한 마술적 사고의 전형적인 예에 해당한다. 자말의 부모는 아이가 몇 가지 의식절차를 행하는 것을 알아차렸다. 자말은 지피의 행방을 자주 확인하고, 학교에 가 있거나 다른 활동을 할 때에도 지피가 잘 지내는지 부모에게 물었다. 자말은 자주 부모에게 왜 이러한 이미지가 떠오르는지에 대해서 물었다. "이것이 재난의 징조인가요?" "왜 나는 자꾸

지피가 다치는 상상이 머릿속으로 그려지죠?" "지피가 언젠가는 차에 치일 거라고 생각하세요?"

부모로서 여러분은 자녀에게 고통을 주는 상황에 좀 더 노출하도록 권하는 것이 매우 힘들 수 있겠지만, 바로 그것이 그러한 생각에서 벗어나 아이에게 안도를 줄 수 있는 방법이다. 자녀가 침투적 사고, 이미지로 인해 무력하다고 느낄 때, 노출 및 반응 방지법을 통해 일부러 그러한 것들에 노출시킴으로써 책임감을 갖게 하는 것이 아이가 통제권을 가질 수 있게 하는 것임을 기억해야 한다. 이것은 이것 자체로 긍정적이고 건설적일 수 있다.

자말과 부모는 지피의 죽음과 관련된 생각에 대해 다양한 단계의 노출을 포함하는 노출 및 반응 방지법 사다리를 만들었다. 지피는 죽지 않았고 그 상황은 자말의 상상 속에서 만들어질 수밖에 없기 때문에 자말은 상상 노출을 할 것이다. 상상 노출을 계획할 때 나는 아동에게 마음속으로 비디오를 보는 것과 같아야 한다고 말한다. 이러한 종류의 노출 및 반응 방지법 실험은 아동이 두려워했던 상황이 발생하면 끔찍할 것이라는 사실을 없애 주는 것은 아니지만, 아동이 그런 상황을 과대평가해서 빠져나오지 못하는 것을 멈추게 도와준다.

다음은 자말이 사용한 노출 및 반응 방지법 사다리와 노출 및 반응 방지법 전 활동지이다.

- 모든 장면을 포함하여 전체 이미지를 상상하기(10)
- 마지막 장면 상상하기: "지피가 심하게 다쳤다."(9)

- 세 번째 장면 상상하기: "지피가 차에 치였다."(8)

- 두 번째 장면 상상하기: "지피가 길거리로 뛰어나간다."(7)

- 첫 번째 장면 상상하기: "지피가 현관문을 뛰쳐나간다."(5)

- 문장을 쓰기: "지피가 차에 치인다."(4)

자말의 노출 및 반응 방지법 전 활동지

할 일: "지피가 차에 치인다."를 매일 25번씩 종이에 쓰고, 꺼내 두어 자주 볼 수 있게 한다.

일어날 수 있는 가장 걱정스러운 것은 무엇인가? 나는 지피에게 무슨 일이 일어날 것에 대해 더 걱정을 하게 될 것이다. 나는 이것을 하는 동안 매일 최소 4의 공포 수치를 느낄 것이다.

그런 일이 일어났는지 어떻게 알 수 있는가? 나는 엄마와 아빠에게 나의 공포 수치를 하루가 끝나갈 때 말할 것이다.

내 예상에 대해 얼마나 확신하는가(0~100%)? 60%

나의 공포온도계 수치는 얼마인가? 4~5

어떤 의식절차를 행하고 싶은가? 지피가 어디에 있는지 찾을 것이다. 지피가 어디에 있는지 항상 알고 싶어 할 것이다.

의식절차를 행하지 않고 노출을 하는 것에 대해 얼마나 자신이 있는가(높음, 보통, 낮음)? 높음

완벽주의적 강박사고

강박사고는 스스로에게 부여한 기준이나 목표를 달성하지 못할 가능성에 대한 과도한 걱정의 형태로 나타날 수 있다. 이러한 강박사고는 '완벽주의적 강박사고(perfectionistic obsessions)'라고 부른다. 제1장에서 소개한 조셉과 제4장에 나온 카밀라는 완벽주의적 강박사고를 가지고 있다. 나는 이러한 강박사고에 시달리는 아동들 (그리고 성인들)을 높은 비율로 만난다. (어떤 아동은 완벽주의적 걱정을 하지만, 의식절차보다는 회피 또는 안전 행동을 한다는 것에 주목하라. 이들은 강박 장애가 아닌 범불안 장애를 가지고 있다고 본다.)

이러한 많은 아동이 적절하게 진단 및 치료를 받지 못하는 것은 그들이 '모범적' 아동으로 보이기 때문이다. 그들은 좋은 성적을 받고, '올바른' 활동을 하며, 공부에 대한 열정으로 인해 교사의 사랑을 받는다. 그들은 내적으로는 상당한 고통을 받지만, 강박사고로 인해 손해를 보는 모습은 강박사고가 심각해질 때가 돼서야 사람들에게 보인다. 그럼에도 중등도의 강박사고도 아동에게 많은 희생을 요구한다.

기억할 것은, 모든 강박사고가 연속선상에 존재한다는 점이다. 보통 수준의 충동은 훌륭한 결과를 달성하는 데 도움을 준다. 이것은 우리가 시간, 에너지와 같은 주어진 조건에서 최선을 다하여 탁월한 성취를 얻는 동기를 부여한다. 하지만 탁월한 성취는 완벽한 성취가 아니다. 완벽함은 대부분의 인간에게 현실적이지 않으며, 달성할 수 있는 목표가 아니다. 그럼에도 완벽주의적 강박사고를 가지고 있는 아동은 이러한 비현실적인 기준을 달성할 수 있다고 생각하며, 사실상 그래야만 한다고 생각한다. 그러나 비현실적 기준은, 단순하게 말하자면, 달성할 수 있는 것이 아니다. 이 부분이 그러한 아동들이 항상 충분히 잘하지 못한다고 종종 느끼는 이유이다.

완벽주의적 강박사고를 다루는 것이 어려운 또 다른 이유는 이것이 아동에게 명백하게 긍정적인 결과, 즉 좋은 성적, 교사와 부모로부터의 칭찬, 점점 더 경쟁적인 사회에서 미래에 성공할 것 같은 느낌 등을 가져오기 때문이다. 이러한 강박사고는 아동의 삶 속 여러 면에서 긍정적인 결과에 따라 강화되어 나타난다. 더 나아가, 완벽주의적 강박사고를 가진 아동은 다른 종류의 강박사고를 가지고 있는 아동에 비해 자기 인식(self-awareness)이 부족한 경향이 있다. 이들은 오염 강박사고를 가진 아동에 비해 자신의 강박사고를 믿을 가능성이 더 높다.

완벽주의적 강박사고와 관련되어 나타나는 의식절차 중의 일부는 부모에게 명백하게 보인다. 과도하게 공부하기, 스케줄 확인하기, 특정한 펜 사용, 책가방 확인하기, 과제를 잘했는지 대한 과도한 안심 구하기와 같은 것은 명백하게 측정 가능한 완벽주의적 기준을 보여 준다. 하지만 다른 강박행동들은 발견하기 어렵다. 예를 들어, 여러분의 자녀가 레스토랑에서 어떤 음식을 주문할지, 방학에 어떤 색깔의 티셔츠를 살지와 같은 겉보기에는 중요하지 않은 결정에 대해서 걱정을 할 수 있다. 이러한 상황에서 아동이 두려워하는 결과는 주로 자신이 최선의 결정을 하지 못할 것이라는 것이다.

완벽주의적 강박사고를 가진 아동은 종종 다른 사람에게 자신을 대신해 결정해 줄 것을 요구하기, 합의를 구하기, 결정을 피하기, 자신의 마음을 최적화(많은 시간을 들여서 가능한 모든 결과에 대해서 생각을 하여, 자신이 고른 것이 가장 좋은 것임을 확신하는 것)하는 것과 같은 의식절차를 어쩔 수 없이 행하게 된다. 나는 언젠가 여덟 살 남자아이와 같이 치료를 한 적이 있는데, 아이의 부모는 그가 예전에 좋아하던 일들을 하는 것을 거부하고, 운동을 할 때나 학교 생활에서 상당히 뛰어나고 좋은 결과를 얻었음에도 자신의 노력에 대해 전혀 만족을 하지 않는 것을 보고 아이가 심각하게 우울하다고 생각을 했다. 완벽주의적 강박사고를 성공적으로 치료하고 나서야, 그의 부모는 아이의 문제가 실제로는 우울증이 아니었음을 알게 되었다.

내가 본 아동들이 사용하는 다른 의식절차들에는 그들의 수행이 뛰어나지 않을 때 활동이나 운동을 그만두는 것, 완벽한 성과가 달성되지 않으면 더 이상 그 일을 하는 것을 좋아하지 않는다고 말하는 것, 지는 것이 두려워서 게임하는 것을 거부하는 것, 늦거나 무언가를 놓칠까 봐 끊임없이 시간을 확인하는 것이 있다. 미루는 버릇도 또 하나의 흔한 의식절차이다. 이 강박사고를 가진 일부 아동은 일을 끝마칠 시간이 없을 것을 두려워하며 서둘러서 일을 끝내고 모든 것을 재확인하는 반면, 어떤 아동은 그들에게 요구되는 의식절차가 과도한 시간과 에너지를 소비할 것을 예상하여 미루고 꾸물거리게 된다.

제1장에서 살펴본 열두 살 조셉은 완벽주의적 강박사고의 한 예를 보여 준다. 그가 행하는 의식절차에는 과제에 과도한 시간을 쏟고, 과도하게 준비하고, 과도하게 공부하는 것이 있다. 그는 항상 하

교 직후에 과제를 하고 과제를 하는 데 방해가 되는 친구들과 어울리는 것과 같은 다른 활동들을 피한다. 그는 배운 내용을 알고 있는 상황에서도 부모에게 퀴즈를 내달라고 한다. 부모에게 시험을 위한 준비가 되어 있지 않은 것 같다고 말을 함으로써 확신을 구한다. 그는 안 한 과제가 없는지 확인하기 위해 다이어리를 계속 보고, 과제를 한 것이 정말 책가방에 있는지를 확인했다.

조셉과 어머니가 노출 및 반응 방지법을 만들기 위한 대화는 다음과 같다.

부모: 조셉, 학업 같은 것에 대한 스트레스를 줄이기 위해서 전략을 세우려고 우리가 어떻게 이야기했었는지 기억하지?

조셉: 네.

부모: 음, 엄마는 네가 다음 단계로 갈 준비가 됐다고 생각하는데.

조셉: 엄마, 나는 내 방식도 괜찮아요. 나는 항상 바쁜 것을 좋아해요.

부모: 네가 그렇게 생각을 하고 있다는 걸 이해하고 있단다. 그렇지만 네 걱정이 엄청 심해졌다는 것에 대해서 이야기를 해 왔잖니. 그동안에 네가 행복해 보이지 않았단다.

조셉: 엄마 말씀이 맞아요. 그렇게 스트레스를 받고 싶지 않아요.

부모: 그게 우리가 이 프로그램을 하는 이유란다.

조셉: 네, 알아요. 좋아요, 다음 단계가 뭔가요?

부모: 다음 단계는 노출 및 반응 방지법 사다리를 만드는 거야. 그래서 너를 불안하게 만드는 것을 하면서 그때 주로 하는 의식절차

를 하지 않는 연습을 할 수 있단다. 너의 유발 상황 목록을 보고, 각 상황에서 어떤 의식절차를 하는지 같이 알아볼까?

조셉: 노출 및 반응 방지법이 무슨 뜻이에요?

부모: 말 그대로 노출을 하면서도 반응을 하지 않는 거야. 우리가 걱정 언덕과 너의 뇌에 초록색 사탕을 좀 더 채우려고 했던 것에 대해 이야기했던 거 기억하니? 넌 유발 상황에서도 너무 스트레스받지 않을 수 있는 언덕 반대쪽에 가고 싶잖아. 그렇게 하기 위해서는, 네가 그 상황을 겪으면서도 그 상황에서 평소에 하던 행동을 행하지 않는 연습을 여러 번 해야 할 거야. 매번 그 상황을 겪는 연습을 하고 의식절차를 하지 않으면, 너의 뇌에 초록색 사탕을 넣을 수 있단다.

조셉: 어느 정도는 기억이 나요. 제가 정확히 어떤 일을 해야만 하죠?

부모: 조셉, 이것은 네가 해야만 하는 일의 문제가 아니야. 이건 이미 검증된 방법을 사용해서 네가 덜 걱정하도록 도와주기 위한 거야.

조셉: 무슨 말인지 알겠어요. 이제 무엇을 하면 될까요?

부모: 이제 유발 상황 목록을 같이 볼 수 있을까?

조셉: 물론이죠. 어디 있어요?

부모: 여기 있네. 우리 함께 시작하기 전에 빠르게 한번 볼까?

조셉: 네. (목록을 본다.) 지난주부터 이거 다 기억하고 있어요.

부모: 좋아. 그럼 이게 아직도 정확하고 확실한 것인지 확인하기 위해 같이 쭉 읽어 보자. (목록과 조셉이 점수를 매긴 공포온도계를 소리 내어 읽는다.)

조셉: 맞는 것 같네요.

부모: 이러한 상황에서 네가 행하는 의식절차의 목록을 살펴보자. 엄마가 지금 가지고 있어. 우리가 이걸 같이 읽을 수 있을까? 우리는 그 상황을 피하는 것을 제외한 다른 의식절차들을 생각해 볼 필요가 있어.

조셉: 알겠어요. (그들은 의식절차 목록을 검토한다.)

부모: 가장 낮은 공포온도계 수치를 준 상황부터 시작해 보자꾸나. 네가 그 상황 속에서 어떤 의식절차를 행할지도 생각해 보자. 어떤 상황에서 가장 수치가 낮지?

조셉: 학교 끝나고 밤에 저녁 먹으러 나가는 거요. 그렇지만 이거는 어떤 식당인지, 과제가 얼마나 많은지에 따라 달라요. 만약 제가 저녁 식사 전에 과제를 모두 다 했으면 외식하는 게 문제 되지는 않아요. 물론 음악 연습할 게 없다는 가정하에요. 또, 만약 내가 장기 과제를 하고 있으면, 나가는 게 어렵겠죠.

부모: 너의 공포온도계 수치가 상황에 따라 오르락내리락하는구나. 그것을 알아차리다니 대단한데! 학교 끝나고 저녁에 외식하는 건 공포온도계 수치가 4가 넘지 않는데, 그것에 대해 노출 및 반응 방지법 사다리에 계단을 만들어 보자꾸나.

조셉: Quikway(패스트푸드점)를 갈 때는 집에서 저녁을 먹는 것보다 빨라서 대개는 괜찮아요. El Molino(식당)에 갈 때는 엄마와 아빠가 아는 사람들을 만나면 계속 이야기를 하시기 때문에 더 시간이 오래 걸리죠. 그래서 그건 수치가 더 높아요. 할머니 댁에 가는 것도 시간이 너무 걸려요. 할머니 댁에 간다고 하면, 전 무

조건 그 전에 숙제를 하겠죠.

부모: 관찰력이 좋구나. 우리는 이 모든 정보를 가지고 노출 및 반응 방지법 실험을 계획할 수 있겠다.

조셉: 좋아요.

부모: 만약 방과 후에 합창단 연습이 있고 저녁 식사 이후에도 해야 할 과제가 많이 있을 때, Quikway를 간다고 하면 온도계 수치는 얼마나 될까?

조셉: 저는 그런 상황에서는 외식하지 않을 거예요. 근데 꼭 그래야만 한다면, 5예요.

부모: 만약 과제 양이 중간 정도라면?

조셉: 4요.

부모: 그리고 만약 방과 후에 합창단 연습은 있지만 과제를 20분 정도면 할 수 있다면?

조셉: 2요.

부모: 그럼 이제 할머니 댁에 저녁 식사를 하러 가는 상황으로 바꾸고, 다른 구체적인 내용은 같게 해 보자. 만약에 너에게 많은 과제가 있고 가기 전에 과제를 전혀 안 했는데 할머니 댁에 간다면, 그 공포 수치는 얼마일까? 네 목록을 보니 미리 과제를 하는 것이 의식절차 중의 하나구나.

조셉: 그것은 8일 거예요.

부모: 그래 좋아. 만약에 과제 양이 중간 정도이고, 가기 전에 하지 않았으면 어떻겠니?

조셉: 6이요.

부모: 그리고 만약에 20분 정도 분량의 과제이라면?

조셉: 4요.

부모: 그게 왜 4니?

조셉: 제가 뭔가를 놓쳐서 제가 생각했던 것보다 과제가 많을 수도 있잖아요. 그래서 저는 확실하게 매번 확인하는 거예요. 제가 집에 없으면 확인할 수 없잖아요. 그러니까 집에 가서 확인하기 전까지는 불안할 거예요.

부모: 그래서 확인을 하는 것이 또 하나의 의식절차인 거니?

조셉: 그런 것 같아요. 집에 있을 때는 저도 모르게 하게 돼요.

부모: 조셉, 그것을 알아차리다니 대단하구나. 잘했어! 확인하기를 네 의식절차 목록에 쓰자꾸나. 그럼 이 실험을 El Molino에서 해 보는 건 어떻겠니? Quikway보다는 오래 걸리지만, 할머니 댁보다는 시간이 덜 걸리잖아.

조셉: El Molino는 5 정도인데, 만약에 엄마와 아빠가 친구와 이야기하기 시작하면 더 높아질 거예요.

부모: 우리가 그럴 때 네가 예민해지는 것을 느꼈단다. 저번에 우연히 워스(Worth) 가족을 만났을 때 기억하니? 네가 엄마, 아빠 보고 가자고 너무 떼를 써서 그분들과 이야기를 잘 못했잖아. 그래서 너하고 엄마, 아빠 모두 서로 불편해졌었고.

조셉: 알아요. 죄송해요.

부모: 그건 지나간 일인데 뭘. 그렇지만 네 의식절차 목록에 떼쓰기를 넣어야 하지 않을까?

조셉: 그런 것 같아요. 저는 걱정도 되고 집에 가서 과제를 하고 싶었

어요.

부모: 네가 그렇다는 것을 알고 있단다. 그렇지만, 떼 쓰는 것은 서로 괜히 일만 더 크게 만드는 것임을 알고 있잖니.

이러한 대화에 근거하여, 조셉과 어머니는 다음과 같은 노출 및 반응 방지법 사다리를 만들었다.

- 과제가 많을 때 할머니 댁에 저녁 먹으러 가기(8)
- 과제가 많을 때 El Molino에 가기(7~8)
- 과제가 중간 정도 분량일 때 할머니 댁에 저녁 먹으러 가기(6)
- 과제 중간 정도 분량일 때 El Molino에 가기(5~6)
- 과제가 많을 때 Quikway에 가기(5)
- 과제가 적을 때 할머니 댁에 저녁 먹으러 가기(4)
- 과제가 적을 때 El Molino에 가기(3~4)
- 과제가 중간 정도 분량일 때 Quikway에 가기(3)
- 과제가 적을 때 Quikway에 가기(2)

조셉은 그의 첫 노출 및 반응 방지법으로 학교 끝나고 20분 정도 분량의 과제가 남아 있을 때 Quikway를 가는 것부터 시작할 것이다. 다음은 조셉의 노출 및 반응 방지법 전 활동지이다.

조셉의 노출 및 반응 방지법 전 활동지

할 일: 이번 주 화요일, 과제를 다 하지 않은 채로 Quikway에 저녁을 먹으러 가기. 저녁 식사 이후에 할 수학 과제를 남겨 둘 것이다.

일어날 수 있는 가장 걱정스러운 것은 무엇인가? 저녁 식사가 나오는 데 25분 이상 걸리면, 나는 엄청 걱정할 것이다. 별로 먹고 싶지 않을 수도 있다. 나는 대화를 하거나 시간을 낭비하는 것을 원치 않을 것이다. 부모님이 식사에 시간을 너무 많이 쓴다면 부모님에게 짜증이 날 것이다.

그런 일이 일어났는지 어떻게 알 수 있는가? 내가 초조해진다면 알아차릴 수 있다. 내가 음식을 다 먹지 않는다면 알 수 있다. 엄마, 아빠가 나에게 마음을 편하게 먹으라고 하는 것은, 내가 그들에게 짜증을 내고 있을 때 부모님께서 하시는 말씀이다.

내 예상에 대해 얼마나 확신하는가(0~100%)? 60%

나의 공포온도계 수치는 얼마인가? 3

어떤 의식절차를 행하고 싶은가? 나는 부모님에게 서두르라고 말하고 싶을 것이다. 나는 계속 시계를 확인하면서 엄마, 아빠에게 시간을 말할 것이다.

의식절차를 행하지 않고 노출을 하는 것에 대해 얼마나 자신이 있는가(높음, 보통, 낮음)? 높음

오염 강박사고

오염 강박사고가 있는 아동은 자기 자신(또는 사랑하는 사람들, 또는 둘 다)이 세균, 먼지, 독소, 또는 깨진 유리 조각을 접촉하여 아프거나 다칠까 봐 걱정을 한다. 오염 강박사고와 관련된 의식절차는 전형적으로 하루 종일 '더러운' 또는 '안전하지 않은' 환경 또는 물체를 피하려는 시도뿐 아니라 과도하게 씻기 또는 청소하기를 포함한다.

오염 강박사고가 있는 아동을 치료할 때 나는 노출 및 반응 방지법에 깃털로 만들어진 먼지털이개를 사용하는 것을 좋아한다. 아동은 먼지털이개를 이용하여 '세균' 또는 '혐오스러운 것'을 모으고, 그런 후에 자신의 손과 몸, 물건, 옷, 수건 등에 먼지털이개로 먼지를 털어서 자기 자신을 '오염'시킨다. 이것은 아동에게 오염 물질에 지속적으로 노출되어도 두려워하던 결과가 나타나지 않으며, 일어날지도 모르는 불확실성을 다룰 수 있다는 것을 빨리 깨닫게 한다는 점에서 효과적이다. 가끔 나는 한쪽 끝에 매듭이 없는 면끈(cotton cord)으로 작은 휴대용 먼지털이개를 만들어 이것을 아동이 여행이나 학교를 갔을 때 사용할 수 있게 한다. 아동은 이것을 주머니나 책가방에 넣어 다닐 수 있다.

먼지털이개 기법은 여러분의 자녀가 특정한 순간에 손을 씻거나 다른 의식절차(먼지 피하기, 과도하게 세탁하기)를 하는 것을 막는 복잡한 시도를 없애기 때문에 효과적이다. 먼지털이개 노출 및 반응 방지법을 시행하면서, 아동이 씻어도 금방 재오염될 것을 알게 됨으로써 씻기와 그밖의 의식절차들은 자동적으로 줄어들 것이다.

오염 강박사고가 있는 사람은 종종 침실과 같은 특정한 장소를 오염 물질로부터 안전하게 보호하려 한다. 이것은 다루어야 할 사안을 미루기만 한다는 점에서 문제가 된다. 아동은 밤에는 샤워를 하고 세균이 없는 안전한 공간에 있을 수 있다는 것을 기대하기 때문에 낮 동안의 어려움을 피할 수 있다. 먼지털이개는 모든 것을 오염시키기 때문에 먼지털이개를 사용하는 것은 이러한 의식절차를 없앨 수 있다.

만약에 아동이 먼지털이개를 이용한 모든 유발 상황들의 공포 수치를 4보다 높게 매긴다면, 그는 오염된 것을 만지기 위해 티슈를 사용할지도 모르고, 그 뒤 그 티슈를 먼지털이개로 닦을 수 있다. 이 행동을 하면 먼지털이개에 더 적은 오염 물질이 묻어 있다고 여겨지기 때문에 아동의 두려움을 줄일 수 있다. 이러한 상황에 부딪히게 되더라도 단념하지 말아라. 조용히 자녀에게 여러분이 해결책을 가지고 있다는 것을 알려라. "네가 문고리를 티슈로 문지르고, 먼지털이개로 그 티슈를 닦으면 공포온도계 수치는 얼마나 될까?"라고 질문하라. 가끔 어떤 아동은 2개의 티슈를 연속으로 사용을 한 이후에 먼지털이개로 문질러야 4점 이하로 점수가 떨어질 수도 있다. 상관은 없다. 중요한 것은 아동이 노출 및 반응 방지법을 시행하는 것을 피하지만 않으면 된다는 점이다.

여러분의 자녀가 먼지털이개 기법을 매일 하는 동안에 아이의 공포온도계 수치를 확인해 보라. 여러분과 자녀가 모두 바쁘거나 스트레스를 받지 않는 편안한 시간을 찾아 아이의 공포온도계가 어떻게 진행되고 있는지를 물어보라. 아이가 두려워하는 오염물질에 하루 종일 노출한 이후에 무엇을 배웠는지 집중할 수 있도록 노출 후 활동지를 반드시 완성하도록 하라. 먼지털이개 노출 및 반응 방지법을 시행한 이후에는 칭찬을 해 주고 상을 주어라. 먼지털이개에 어떤 것이 묻어 있건, 어떤 시간이건, 아이가 노출하는 것을 편하게 느낄 때까지 이 기법을 계속할 필요가 있다. 이 노출 및 반응 방지법을 터득하고 나면 아이는 사다리의 다음 계단 또는 다음 계단은 건너 뛰고, 새로운 오염 물질을 고를 수 있다.

오염 강박사고를 가진 모든 아동이 오염 물질로부터 해를 받을 것을 걱정하는 것은 아니다. 가끔은 단지 혐오스럽기만 할 뿐이다. 이러한 경우에는 여러분의 자녀가 어떤 특정한 결과를 두려워하기보다는 단지 혐오 물질이 자신에게 묻을지에 대해 걱정하는 것일 수 있다. 혐오 물질이 자신에게 묻은 것을 알게 되면, 그 결과로 그 생각에만 몰두되어 고통스럽고, 편안한 기분을 방해하거나 또는 더 중요한 일에 집중하는 것에 방해될까 봐 걱정하는 것일 수 있다.

일부 오염 강박사고를 가지고 있는 아동은 균을 다른 사람들에게 옮길까 봐 걱정한다. 자신이 사랑하는 사람에게 부정적인 영향을 주는 것에 대해 책임이 있다고 느끼는 것을 두려워한다. 다음의 먼지털이개 노출 및 반응 방지법 사다리는 11살 알리샤(Alisha)가 만든 것으로, 자신에게 해로울 것에 대해서는 걱정하지 않지만, 가족에게, 특히 그녀의 아기 남동생에게 오염물질을 퍼뜨릴까 봐 걱정한다. 그녀가 하는 의식절차에는 가족을 만지는 것 피하기, 샤워와 목욕 과도하게 하기, 손 씻기, 손 위생제 사용하기, 부모로부터 위안

구하기가 있다.

다음 노출 및 반응 방지법 사다리는 알리샤가 먼지털이개를 이용하여 다양한 불안 유발 물건들에서 세균을 모아 가족과 그들이 만지는 물건들을 오염시키는 것을 포함한다. 모든 계단에서 알리샤가 그녀의 개인 물품, 가족 물품을 오염시켜야 한다.

- 먼지털이개로 학교 화장실의 물 내리는 레버 닦기(10)
- 먼지털이개로 학교 화장실 옆에 있는 화장지 자동판매기 닦기(10)
- 먼지털이개로 학교 화장실 칸 문과 빗장 닦기(9)
- 먼지털이개로 교실에서 가장 혐오스럽다고 생각되는 책상 닦기(9)
- 먼지털이개로 교실 문고리 닦기(8)
- 먼지털이개로 음식점의 화장실 문고리 닦기(7~10)
- 먼지털이개로 카페의 카운터 닦기(5)
- 먼지털이개로 식료품점 카트 손잡이 닦기(5)
- 먼지털이개로 오래된 지폐나 동전 닦기(4)
- 먼지털이개로 교실의 의자 닦기(4)
- 먼지털이개로 우리 집 바깥쪽 문고리 닦기(2)

알리샤는 가장 낮은 수치 보인 집 바깥쪽 문고리를 먼지털이개로 닦는 것부터 하기로 했다. 다음은 알리샤의 노출 및 반응 방지법 전 활동지이다.

알리샤의 노출 및 반응 방지법 전 활동지

할 일: 먼지털이개로 우리 집 현관문 문고리 양쪽 모두를 닦고, 이후에는 남동생의 장난감, 유아용 의자, 식탁, 접시, 포크, 나이프, 내 방, 나, 내 옷에 먼지를 묻힌다. 내가 손을 씻거나 샤워를 할 때마다 또는 식기세척기에서 접시를 꺼낼 때마다 나는 먼지털이개로 다시 닦아서 어디든 세균이 있다는 것을 알게 할 것이다.

일어날 수 있는 가장 걱정스러운 것은 무엇인가? 내 동생이 아파서 병원에 가게 될까 봐 걱정이다. 나는 동생이 아프지 않다는 것을 확신하기 전까지 다른 것을 생각할 수 없을 것이다. 내 과제도 예전만큼 못 할 것이다. 잠도 못 잘 것이다. 내가 집에 돌아왔을 때 동생이 아프지 않다는 것을 확인하기 위해 학교에서 하루 종일 걱정할 것이다.

그런 일이 일어났는지 어떻게 알 수 있는가? 만약에 남동생이 아프게 되면,

내가 알게 될 것이고, 만약 동생이 병원에 가게 되면 명백해질 것이다. 선생님은 왜 내가 과제를 잘하지 못했는지 물어볼 것이다. 나는 엄마, 아빠에게 내가 어떻게 잤는지, 학교에서 종일 동생 생각만 했다는 것을 말할 수 있다.

내 예상에 대해 얼마나 확신하는가(0~100%)? 40%

나의 공포온도계 수치는 얼마인가? 2

어떤 의식절차를 행하고 싶은가? 씻는 것이 도움이 되지 않을 것이기 때문에, 나는 동생이 아프지 않은지를 알기 위해 동생을 살펴보고 싶을 것

이다. 나는 엄마에게 동생의 체온을 재는 것을 부탁하고 싶을 것이고, 동생이 아플 수 있을지 엄마에게 물어보고 싶을 것이다.

의식절차를 행하지 않고 노출하는 것에 대해 얼마나 자신이 있는가(높음, 보통, 낮음)? 높음

공격적 강박사고

공격적 강박사고는 자신을 다치게 하거나, 자신에게 다가올 위험이나, 다른 사람을 다치게 하는 것에 대한 두려움과 관련된다. 물론, 대부분의 사람은 '만약 내 자전거가 고장 나면 어떻게 하지?' 또는 '만약 내가 너무 화가 나서 저 사람을 발코니 밖으로 밀면 어떻게 하지?' '만약에 목재 가게에서 아이가 실수로 나를 망치로 때리면 어떻게 하지?'와 같은 덧없는 생각을 하기 마련이다. 공격적 강박사고를 가지고 있는 아동은 이러한 생각과 충동에 갇혀서 생각 속에 나타난 행동이 실제로 일어날 것에 대해 두려워한다. 그들은 의도치 않게 스스로를 제어하지 못해서 자기 자신 또는 다른 사람 또는 모두를 다치게 하거나, 위험이 생기지 않을까 두려워한다.

이러한 종류의 강박사고에 시달리는 아동은 생각이나 충동이 떠오르는 것을 해로운 행동을 하는 것과 같다고 생각하거나, 실제로 이런 행동을 할 가능성이 높아진다고 생각한다. 물론, 이러한 생각을 떨쳐 버리지 못하는 것은 극도로 고통스러운 것으로, 아무런 해가 생기지 않을 것이라고 확신을 하게 하는 의식절차를 행하게 된다. 이러한 의식절차에는 안심 구하기, 확인하기, 회피(발코니로부터 떨어져 있기, 칼이나 가위를 만지지 않기, 두려워하는 상황에서 지나치게 조심하는 것)를 포함한다.

일부 아동은 다른 아동들보다 덜 걱정스러운 공격적 강박사고를 가지고 있기도 하다. 예를 들어, 어떤 아동은 그저 자전거를 타거나 달리기를 할 때 다른 사람에게 부딪히게 되어 피해를 줄까 봐 두려워한다. 그런 두려움에 관련된 의식절차들은 특정 상황을 피하는 것, 다른 아이들과 신체적 접촉을 피하는 것, 과도하게 조심스러운 행동을 하는 것, 그리고 우연히 부딪힌 아이가 괜찮은지 지나치게 확인하는 것 등이 있다.

또 어떤 아동은 스스로를 다치게 하거나 자살을 하게 될까 봐 두려워한다. 이런 경우에 부모는 할 말을 잃게 될 것이다. 이 경우 여러분의 자녀는 정신 건강 전문가를 만나 자살 위험성을 평가받아야 한다. 만약에 강박 장애가 진단됐다면, 여러분은 이 책의 지침을 따르면 된다. 공격적 강박사고가 있는 아동은 자해나 타해 성향과 관련이 없다. 그들은 스스로, 또는 다른 사람은 다치게 하고 싶지 않은데 그렇게 할까 봐 두려워하는 것이다. 또한 그들은 심각한 우울증, 분노 또는 다른 행동화하는 행동을 보이지 않는다. 몇몇의 공격적 강박사고의 내용이 걱정스럽기 때문에, 여러분은 경험이 많은 인지행동치료 전문가가 다루는 것이 더 쉬울 거라고 생각할 수 있다. 하지만 대개 공격적 강박사고가 다른 강박사고에 비해 치료하기 더 어려운 것은 아니며, 더 심각한 것도 아니다. 단지 내용이 더 무서울 뿐이다.

페론(Farron)은 열 살로 축구와 다른 스포츠들을 매우 좋아한다. 그는 뛰어난 학생으로 다정하고 지지적인 가족과 많은 친구가 있고, 성적도 전반적으로 만족스럽다. 여덟 살부터 그녀는 축구를 하거나 자전거를 타거나 놀이터에서 놀 때, 다른 아이를 다치게 하거나 또는 다치게 할 수도 있다는 것에 대해 집착을 하게 되는 기간들을 경험하게 된다. 이러한 때마다. 페론은 부모로부터 과도한 안심을 구하고, 다른 아이들에게 과도하게 사과를 했다. 또한 스포츠와 놀이에서 망설이는 모습도 관찰되었다. 페론의 부모는 단지 그녀가 배려심 깊고 세심하며 이해심이 있는 아이라고 생각을 했다. 이러한 모습을 보이는 기간들이 있다가 없다가 했다. 올해 들어 축구가 신체적으로 더 격렬해지고, 코치와 팀원들이 페론에게 더 공격적으로 하라고 요구하자, 이제는 그 기간들이 그녀의 삶에 지장을 주기 시작했다.

페론의 의식 절차는 운동에 최선을 다하는 것을 자제하고 지나치게 신중한 태도로 축구를 하는 방식으로 나타났다. 그녀는 항상 다른 사람들이 다치지 않았는지 확인을 하고 다른 사람을 다치게 할 것이 두려워지면 반복적으로 "괜찮아?"라고 묻는다. 그녀는 다른 사람들과 자전거를 탈 때에도 몹시 조심스럽게 탄다. 그녀는 부모와 친구들에게 안심을 구한다.

다음의 페론의 노출 및 반응 방지법 사다리는 공격적 강박사고에 대해 어떻게 노출을 구성할지를 잘 보여 주는 예시이다.

• 게임 동안에 상대방에게 "괜찮아?"라고 묻거나 상대의 상태를 확인하지 않으면서 어깨로 태클하여 공을 빼앗기(8~10)

- 연습 동안에 상대방에게 "괜찮아?"라고 묻거나 상대의 상태를 확인하지 않으면서 어깨로 태클하여 공을 빼앗기(7)
- 게임 동안에 상대방에게 "괜찮아?"라고 묻거나 상대의 상태를 확인하지 않으면서 공을 빼앗기(6~8)
- 연습 동안에 상대방에게 "괜찮아?"라고 묻거나 상대의 상태를 확인하지 않으면서 연습에 100% 노력과 확신을 보이기(5~7)
- 연습 동안에 상대방에게 "괜찮아?"라고 묻거나 상대의 상태를 확인하지 않으면서 동료로부터 공을 빼앗기(5)

다음은 페론의 노출 및 반응 방지법 전 활동지이다.

페론의 노출 및 반응 방지법 전 활동지

할 일: 연습에서 다른 아이로부터 공을 빼앗기. 나는 공을 빼앗아 오도록 정말 노력을 할 것이고, 친구를 다치게 하고 싶지 않아 망설이지는 않을 것이다.

일어날 수 있는 가장 걱정스러운 것은 무엇인가? 내가 공을 빼앗아 옴으로써 상대방을 다치게 할 것이다.

그런 일이 일어났는지 어떻게 알 수 있는가? 친구가 바닥에 넘어지고, 구급차가 올지도 모른다.

내 예상에 대해 얼마나 확신하는가(0~100%)? 20%. 나는 이것이 실제로 일어나지 않을 걸 알지만, 일어날 수도 있다.

나의 공포온도계 수치는 얼마인가? 5

어떤 의식절차를 행하고 싶은가? 망설이기. 공을 빼앗아 오기 위해 최선을 다하지 않기. 내가 공을 뺏은 이후에 친구에게 괜찮은지 묻기. 이후에 친구가 괜찮은지 확인하기 위해 쳐다보기

의식절차를 행하지 않고 노출하는 것에 대해 얼마나 자신이 있는가(높음, 보통, 낮음)? 높음

건강 관련 강박사고

건강 관련 강박사고는 심각한 질병에 걸리거나 컨디션이 점차 악화되는 것에 대한 두려움을 동반한다. 아무도 아프기를 원하지 않지만, 이러한 강박사고를 가지고 있는 아동은 실제로 일어날까 봐 두려움에 사로잡혀 있다. 그들은 심장마비와 같은, 아동에게 생기지 않을 법한 일을 걱정할 수 있다. 두통을 뇌종양의 징후로 걱정하는 것 같이 경미한 증상들을 과장할 수도 있다.

아홉 살 프레드(Fred)는 다른 사람이 질병에 걸렸다는 것을 들을 때 유발되는 건강 관련 강박사고를 갖고 있다. 프레드는 최근 사회 수업 시간에 림프절 페스트에 대해 배웠고, 이것이 아직도 외딴 지역에는 존재하고 있다는 것을 알게 됐다. 또한 볼거리, 홍역, 나병에 대해서도 배웠다. 프레드는 심각한 질병에 걸리지 않을 것이라고 확신하기 위해 인터넷에서 질병이나 발생 지역을 검색하거나, 부모에게 반복적으로 안심을 구하는 강박행동을 보인다. "어떻게 페스

트에 걸려요?” “누가 우리나라에서 마지막으로 그 질병에 걸렸던 사람이죠?” “다시 한번 질병이 발생할 수 있을까요?”

다음은 프레드의 페스트에 대한 강박사고를 위해 구성된 노출 및 반응 방지법 사다리이다. 각 계단의 수치는 건강 관련된 상황에서 프레드의 의식절차인 안심 구하기와 인터넷 검색하기를 하지 않을 때 그의 느낌을 나타낸다.

- “내가 페스트에 걸리지 않을 것이 100% 확실하지는 않다.”라는 구절을 말하기(10)
- 페스트에 걸린 사람들 사진 보기(9)
- 페스트에 관련된 글 읽기(8)
- “내가 페스트에 걸릴 수도 있다.”라고 소리 내어 말하기(6)
- “페스트”라는 단어 쓰기(4)
- “페스트”라고 반복적으로 말하기(3)

이 사례에서는 프레드의 첫 노출 및 반응 방지법은 ‘페스트’라는 단어를 반복적으로 소리 내어 말하면서 그의 공포온도계 수치가 확실하게 감소할 때까지 다른 의식절차들을 참는 것이다. 다음은 프레드의 노출 및 반응 방지법 전 활동지이다.

프레드의 노출 및 반응 방지법 전 활동지

할 일: '페스트' 단어를 하루에 20번 말하기

일어날 수 있는 가장 걱정스러운 것은 무엇인가? 나는 병에 걸릴 것에 대해서 더욱 걱정할 것이다. 나는 어느 정도는 단지 말하는 것만으로도 그 일이 일어나게 할 것이라고 생각한다. 나는 결국 페스트에 걸릴지도 모른다. 나는 너무 걱정돼서 방과 후에 나가서 놀고 싶지 않다. 이 생각을 학교에서 하기 때문에 공부를 할 수가 없다.

그런 일이 일어났는지 어떻게 알 수 있는가? 만약에 내가 페스트에 걸리면, 갑자기 열이 나고 심한 두통을 앓을 것이다. 내 손가락과 발가락은 검게 변할 것이다. 나는 병원에 가야 할 것이다. 학교 끝나고 집에만 있고 마르코(Marco)와도 놀고 싶지 않으면, 내가 걱정하고 있다는 사실을 알게 될 것이다. 내가 공부를 하지 않으면 선생님이 말해 줄 것이다.

내 예상에 대해 얼마나 확신하는가(0~100%)? 페스트에 걸릴 것은 20%. 걱정을 하고 나가 놀지 않고, 과제도 하지 않는 것은 60%

나의 공포온도계 수치는 얼마인가? 3~4

어떤 의식절차를 행하고 싶은가? 열이 나는지 이마를 확인하기. 엄마에게 체온을 측정해 달라고 하기. 내 손가락과 발가락을 확인하기

의식절차를 행하지 않고 노출하는 것에 대해 얼마나 자신이 있는가(높음, 보통, 낮음)? 높음

'꼭 그래야' 하는, 정리정돈, 미완성 강박사고

'꼭 그래야' 하는 강박사고와 비슷한 종류의 강박사고를 가진 아동은 자신이 어떤 일을 특정한 방식으로 할 수 없거나, 선호하는 방식으로 정리하거나 배열할 수 없거나, 일을 끝마치지 않거나 미완성 상태로 둬야 할 때 극도의 스트레스를 느낄 수 있다. 그들은 배열하거나 특정한 방식으로 일을 하거나 정해진 방식대로 움직이는 의식 절차들을 한다. 예를 들어, 여러분의 자녀는 자신이 맞게 느낄 때까지 연필을 고쳐 잡아야 한다고 느낄 수도 있다. 아이는 방해 없이 모든 의식절차의 단계를 끝내야 한다고 고집부릴 수 있으며, 만약에 방해를 받았다면 처음부터 다시 시작해야 한다고 느낄 수도 있다.

이러한 아동에게 중요한 대상과 행동은 다양하지만, 그것들은 각각의 아동에게 중요한 의미를 준다. 그러므로 관찰자는 이러한 강박사고를 종종 논리적으로 이해할 수 없다. 중요한 물건은 장난감, 책장, 책상, 서랍 또는 옷장일 수 있다. 그들의 행동은 옷을 입는 특정한 방식과 단장(머리 스타일, 옷의 종류)을 포함할 수 있다. 아주 특정한 종류의 강박사고를 가지고 있는 아동은 다른 종류의 강박사고는 신경 쓰지 않을 수도 있다. 예를 들어, 여러분의 자녀가 정리 강박사고를 가지고 있다면, 친구가 별생각 없이 아이 방의 장난감 순서를 어지럽혔다면 아이는 화낼 수 있겠지만, 다른 곳에 있는 물건의 순서에 대해서는 불안감을 갖지 않을 수도 있다. 아이는 자신의 책가방이나 신발이 진흙투성이거나 친구의 방이 엉망진창이어도 신경 쓰지 않을 수도 있다.

여섯 살 환(Hwan)은 '꼭 그래야' 하는, 정리정돈, 미완성 강박사고를 경험하고 있다. 그의 의식절차는 그의 플라스틱 벽돌 모형을 정해진 순서로 특정한 선반 위에 보관하는 것, 그리고 잠깐의 휴식도 없이 쉬지 않고 모형을 단 번에 완성을 하는 것이다. 그는 친구들이 '어지르는 것'이 싫어서 친구를 초대하는 것을 피한다. 만약에 누군가가 어지른다면, 그는 고통스러워하고 화를 낸다. 그의 부모는 그가 하고 있는 일을 끝내기 위해 노는 것을 미루거나 과제를 미완성 상태로 놔두게 하면, 따지려 한다는 사실을 알게 됐다.

다음은 환의 노출 및 반응 방지법 사다리이다.

- 친구를 초대하여 내 플라스틱 벽돌 모형을 가지고 함께 놀기(10)
- 형이 벽돌 모형을 만지는 것과 그것을 약간 옮기는 걸 허락하기 (9)
- 벽돌 모형을 일부만 조립하여 바닥에 두기(7)
- '틀린' 방식으로 5개의 물체를 모형 두는 선반에 두기(7)
- 책상 위에 모형을 아무렇게나 두기(6)
- 하루 종일 모형을 반만 완성된 상태로 두기(6)
- 한 시간 동안 모형을 반만 완성된 상태로 두기(4)

다음은 환의 노출 및 반응 방지법 전 활동지이다.

환의 노출 및 반응 방지법 전 활동지

할 일: 연필 깎기를 내 책상 위에 두기. 내가 보기에 신경 쓰이게 하는 방식으로 매일 조금씩 움직이기

일어날 수 있는 가장 걱정스러운 것은 무엇인가? 이걸 보면 신경이 쓰일 것이다. 그게 그곳에 있다는 것을 알고 있어서 잠이 드는 데 힘이 들 것이다.

그런 일이 일어났는지 어떻게 알 수 있는가? 특히 처음에는 높은 공포온도계 수치를 느낄 것이다. 침대에 있는 동안 연필 깎기가 생각났다면 아침에 부모님에게 말할 것이다.

내 예상에 대해 얼마나 확신하는가(0~100%)? 70%

나의 공포온도계 수치는 얼마인가? 3

어떤 의식절차를 행하고 싶은가? 연필 깎기를 치우기. 신경 쓰이지 않도록 쳐다보지 않기

의식절차를 행하지 않고 노출하는 것에 대해 얼마나 자신이 있는가(높음, 보통, 낮음)? 높음

팁과 문제해결: 노출 및 반응 방지법을 하는 동안의 문제들

다음은 여러분 자녀의 노출 및 반응 방지법을 더 효과적으로 만들기 위한 몇 가지 원칙이다.

"만약에 아이가 노출 및 반응 방지법 사다리의 더 높은 계단에 올라갈 준비가 되어 있지 않아 보이면 어떻게 하죠?"

다른 노출의 종류와 마찬가지로, 노출 및 반응 방지법 진행이 더딘 것은 새로운 또는 지속되는 회피 행동 또는 의식절차에 의한 것일 수 있다. 아이의 진행에 영향을 주는 것이 무엇인지 알아보기 위해 스스로에게 다음의 질문을 해라.

'아이가 회피를 하고 있는가?' 만약 당신의 자녀가 충분한 노출 및 반응 방지법을 하고 있다면, 자녀가 새로운 회피 행동을 한 것일 수 있다. 예를 들어, 어떤 아동들은 실제로 느끼는 것보다 공포 수치를 높게 보고해서, 자신이 가장 두려워하는 노출을 피할 수 있도록 악용할 수 있다. 여러분이 회피의 가능성을 확인할 때, 자녀의 노출 및 반응 방지법 수행에 대해 객관적이고 중립적인 자세를 유지하는 것이 중요하다. 좌절감이나 분노감이 끼어들지 못하게 하라.

'아이가 노출 및 반응 방지법 동안에 의식절차를 하고 있거나 새로운 의식절차를 만들어 냈는가?' 당신의 자녀가 의식절차를 하고 싶은 욕구에 대해서 어떻게 참고 있는지 자녀와 함께 확인하라. 간단하고 솔직하며 사실에 기반을 둔 접근법이 가장 생산적이다. 다음의 존과 어머니의 대화는 좋은 예시이다.

부모: 존, 너의 노출 및 반응 방지법을 확인해 볼까? 어떻게 되어 가고 있니?

존: 좋아요, 엄마.

부모: 좋아. 오늘은 몇 번 했지? 세 번 시행하기로 했었지?

존: 아직 안 했어요.

부모: 좋아, 언제 할 생각이니?

존: 잘 모르겠어요. 하고 싶지 않아요.

부모: 쉽지 않다는 것은 알고 있단다. 아무도 그것이 편하거나 즐겁다고 생각하지 않아. 그렇지만 자신의 걱정을 정복하기 위해서 하는 거야. 우리가 이 프로그램에 대해 이야기를 나누고 하는 것처럼 말이야.

존: 제가 왜 이렇게 느끼는지 모르겠어요.

부모: 아마 우리 둘이 뭐가 문제인지 알아볼 수 있을 거야. 네 생각에는 우리가 너무 어려운 걸 하는 걸까?

존: 그건 아니에요. 그렇게 어렵지는 않아요.

부모: 음. 네가 걱정 언덕의 다른 쪽에 가기 위해서 충분히 열심히 하지 않아서, 그래서 기운이 좀 빠진 걸까?

존: 어제까지만 해도 제가 약속한 대로 했는걸요.

부모: 혹시 네가 새로운 의식절차를 행하고 있지는 않니? 이 책에 따르면 몇몇은 노출 및 반응 방지법 중에 새로운 의식절차를 찾아낸다고 하던데. 떠오르는 생각이 있니?

존: 제 생각에 그렇지는 않은데요.

부모: 마지막에 했던 노출 및 반응 방지법을 떠올려 보자. 무엇을 했고, 무슨 생각을 했는지 말해 줄 수 있겠니?

존: 저는 음식점 화장실에 있던 휴지걸이를 닦은 먼지털이개를 저한테 썼어요. 평소처럼 했어요.

부모: 어떤 생각이 들었니?

존: 먼지떨이개로 닦은 후에 거기 있는 세균들이 그렇게 나쁘지는 않다고 스스로에게 말했어요. '그 음식점에는 깨끗하고 건강한 사람만 간다.' 그런 거요. 좀 더 합리적으로 생각해 보려 했어요.

부모: 문제가 무엇인지 알겠어! 네가 스스로를 안심시킨 것이 확실한 거 같은데, 그게 의식절차이고.

존: 저는 엄마한테 물어볼 때만 안심을 구한다는 것을 알았어요.

부모: 아니야, 만약에 스스로를 안심시키면, 똑같은 효과란다.

존: 정말요?

부모: 그래. 사실 이건 꽤 흔한 거란다. 스스로 안심시키려는 마음을 참을 수 있겠니?

존: 아마도요? 그렇지만 저도 모르게 해요.

부모: 사람들이 말하기를, '이런 의식절차가 머릿속에 떠오르면 악영향을 주는 거야.' 또는 '나를 안심시키는 것은 도움되지 않아.'라는 말을 스스로에게 하면서 해결할 수 있다고 하더라.

"아이를 위해 어떻게 합리적인 목표를 정할 수 있을까요?"

완벽주의적 또는 다른 강박사고를 가지고 있는 아동은 종종 확인을 하고, 다시 읽고, 지나치게 꼼꼼한 절차와 일정한 속도를 필요로 하기 때문에 과제를 끝마치는 데 과도한 시간이 걸린다. 이러한 아동을 위한 노출 및 반응 방지법의 계획에 합리적인 시간 틀 안에서 과제를 끝마치는 것을 포함시킬 수 있다.

'합리적인 개인적 기준'은 주어진 상황에서 대부분의 사람이 정상적으로 또는 용인되는 정도라고 여기는 행동을 나타내는 법적 용어이다. 오랫동안 의식절차를 발전시켜 왔고, 자신의 일상에서 무엇이 합리적인지를 잊어버린 아동에게 나는 이 용어를 가끔씩 사용한다. 여러분의 자녀가 의식절차를 오랫동안 행한 만큼, 합리적인 것에 대한 시각의 왜곡이 더 클 가능성이 있다. 합리적인 개인적 기준에 맞춘 행동을 다시 시작하는 것은 대부분의 아동이 인정하고 받아들일 만한 유용한 목표이다. 하지만 주의해야 할 점은, 그 기준의 뜻이 아동 자신이 더 이상 합리적이지 않다는 것을 말하는 것이라고 생각하지 않게 해야 한다는 점이다. 긍정적이고 도움이 되는 방법으로 그 기준을 이용하라.

완벽주의적 그리고 다른 강박사고에 대해 노출 및 반응 방지법 목표를 세우는 것은 공부를 하고, 다른 일상 과제를 하는 데 합리적인 정도의 시간을 정하는 것을 포함한다. 여러분의 자녀에게 어떤 일을 하는 데 얼마나 시간이 걸릴지 묻고, 그 시간을 충실히 지키는 것에 대해 아이가 동의하도록 한다. 완벽주의적 기준을 가진 아동은 보통 과제가 어느 정도 걸릴지를 정확히 예측할 수 있다. 그들은 나중에 자기 자신이나 능력을 의심하게 되거나, 중요한 것을 잊었다고 생각하게 될 때 곤경에 빠지게 된다. 합리적인 시간 제한을 정하는 다른 방법으로는 여러분 자녀의 담임 교사와 상담을 하거나 아이가 반 친구들에게 과제를 수행하는 데 얼마나 걸리는지 물어보게 하는 것이다.

학업적 · 사회적 · 신체적 · 지역사회적 중심 활동을 포함하여 삶의 합리적인 균형을 맞추는 것은 완벽주의적인 것과 다른 강박사고의 부정적인 영향으로부터 아동을 보호할 수 있다. 합리적이고 적당한 활동들에 충분히 참여하고 있는 아동은 의식절차에 시간을 덜 쓸 것이다. 결과적으로, 아동은 감정 조절과 사회적 지지와 같은 전반적인 심리적 혜택을 얻고, 불안을 극복하기 위한 동기가 더 부여될 것이다.

요약 이 장에서 여러분은 무엇을 배웠는가?

☑ 완벽주의적 강박사고에 대한 노출 및 반응 방지법은 유발 상황에서 확인하고, 과도하게 준비하고, 안심을 구하고 회피하는 의식절차를 행하려는 욕구에 저항하는 것을 포함한다. 합리적인 개인적 기준을 사용하여 노출 및 반응 방지법에서 시간 제한을 정하라.

☑ 오염 강박사고에 대한 노출 및 반응 방지법에서는 먼지털이개를 이용해 씻고 청소하고 회피하는 의식절차 전후에 세균과 혐오스러운 것을 묻히고, 아동이 만지는 물체뿐 아니라 아동 자신을 오염시킬 수 있다.

☑ 공격적 강박사고에 대한 노출 및 반응 방지법에서는 피해가 가해졌나 확인하기, 안심 구하기, 유발 상황에서 지나치게 주의하기 같은 의식절차에 저항할 수 있다.

☑ 건강 관련 강박사고에 대한 노출 및 반응 방지법은 안심 구하기, 인터넷 검색, 지나치게 소아과 방문하기와 같은 의식절차에 저항하는 것을 포함한다.

☑ 침투적 사고, 이미지, 충동에 대한 노출 및 반응 방지법에서는 아동이 의식절차를 하는 것에 저항하는 동안 상상 노출을 한다.

☑ '꼭 그래야' 하는, 정리정돈, 미완성 강박사고에 대한 노출 및 반응 방지법은 물건들을 원하는 순서와 방식으로 되돌려 놓으려고 하는 의식절차에 저항하는 것을 포함한다.

제12장

불안, 재발 방지

66 이 책에서 배운 것을 통해 여러분이
자녀의 불안을 관리하기 위한 훈련된
선수가 될 수 있다는 것을 기억하라. 99

여러분과 자녀는 이 프로그램을 통하여 여러 가지 면에서 진전이 있다는 것을 알게 될 것이다. 자녀는 아마 이전에는 괴로워했던 상황에서 덜 괴로워하는 듯 보일 것이다. 일상생활에서 더 자유롭고 행복해 보일 수도 있을 것이다. 그러나 여러분의 주관적인 관찰로는 충분하지 않다. 여러분이 회피 행동과 안전 행동에 참여하는 것을 줄여 나가는 스스로의 진전뿐만 아니라, 회피 행동과 안전 행동을 그만두고 노출 및 반응 방지법을 수행하는 자녀의 진전 또한 확인해야 한다. 다음은 자녀의 진전을 확인하고 불안 증상에 대한 지속적인 통제력을 갖기 위한 방법들이다.

일별 관찰

다음 사항들을 매일 관찰할 것을 권장한다.

- 여러분의 자녀가 회피 행동과 안전 행동에 덜 의존하고 있는가?
- 여러분의 자녀가 자신의 노출 사다리에서 좋은 진전을 보이고 있는가?
- 여러분이 회피 행동과 안전 행동에 참여하는 것을 줄이고 있는가?

주별 점검

이 과정에서 여러분의 자녀와 매주 점검을 해 보는 것은 중요하다. 만약 자녀가 여러분이 매주 추적 관찰을 하고 있다는 것을 안다면, 이 프로그램에 더 끈기 있게 노력할 것이다. 매주 점검을 하면 둘 다 책임감을 느끼게 될 것이며, 정기적으로 진행 상황을 평가하게 된다면 이 과정에 대한 확신과 신뢰를 갖게 될 것이다. 온라인의 부록 L에서 '주간 점검 활동지'(http://www.newharbinger.com/39539)를 찾을 수 있다.

나는 15~20분 정도 점검을 하기 위한 일정한 요일을 정해 두는 것을 추천한다. 자녀에게는 이 시간이 즐겁고 보람 있는 경험이 될 수 있도록 해 주어라. 일요일 오후에 동네에 있는 카페에서 코코아와 쿠키를 먹으며 이야기를 할 수도 있다. 이 시간 동안에는 주관적인 평가보다는 숫자(노출 발생 횟수, 공포온도계 수치의 변화)로 검토하라. 현재 자녀의 회피 행동과 안전 행동 목록, 의식절차 목록, 그리고 여러분의 회피 행동과 안전 행동 목록을 검토하고, 현재 자녀가 하고 있는 노출 및 반응 방지법 사다리에 초점을 맞춰라. 자녀와 가장 최근에 완성한 활동지를 다시 살펴보는 것부터 시작하라. 자녀가 노출을 하면서 배운 것을 강조하며—배운 것을 말로 표현해 보는 것은 기억을 강화하는 데 도움이 된다—만약 자녀가 노출을 시작하지 않았고 대신 두려움 명명하기나 부모와 자녀가 하고 있는 회피 행동과 안전 행동을 파악하는 작업을 하고 있는 경우라면 진전을 평가하라.

나는 아동이 자신의 진전에 놀라는 것을 종종 본다. 통제력의 구체적인 증거를 살펴보는 것은 아동에게 힘을 불어넣어 준다. 이러한 평가는 여러분에게 자녀의 힘든 노력을 알 수 있도록 해 준다. 증상이 감소하는 것에 주의를 기울이고, 칭찬하고, 축하하며, 자녀의 노고에 보상하라. 진전 속도보다는 목표를 향해 꾸준히 발전하는 것이 더 중요하다. 또한 주별 점검을 함으로써 자녀에게 문제가 발생할 경우에는 이를 해결할 수도 있을 것이다.

이러한 회의를 통하여 진전이 있었다는 것을 깨닫고 나면, 여러분과 자녀는 한 팀으로서 어떤 다음 도전을 할 준비가 되었는지를 결정하게 된다. 노출 사다리의 다음 계단으로 오를 때가 되었는가? 몇 계단을 건너뜀으로써 좀 더 도전적인 노출 및 반응 방지법에 도전하길 원하는가? 이미 당신의 자녀는 모든 사다리를 올라갔고, 다른 것을 할 준비가 되었을지도 모른다.

다음의 대화는 바시티와 어머니가 점검을 하는 예이다.

부모: 바시티, 네가 나와 함께 너의 걱정들을 다루는 게 너무 자랑스럽단다.

바시티: 네, 엄마. 고마워요.

부모: 자, 그럼 이제 상황을 좀 살펴보자. 내가 너의 노출 사다리 목록, 회피 행동과 안전 행동 목록, 그리고 내가 너에게 하는 회피 행동과 안전 행동 목록을 가지고 있어.

바시티: 좋아요.

부모: 첫 번째로 노출 사다리부터 보자꾸나. 친구들에게 눈 맞추고 안녕이라고 반갑게 인사하는 것을 이번 주에 했잖니, 맞지?

바시티: 네. 제 생각엔 꽤 잘한 거 같은데요.

부모: 좋아! 그럼 우리 이제 네가 안전 행동을 줄이기 위해 어떻게 했는지 먼저 살펴보자. 너는 분주하게 행동하지 않고, 다른 아이들

을 보지 않는 척하거나, 눈을 마주치지 않으려고 하는 것을 하지 않기로 약속했었잖아. 그건 어떻게 되고 있어?

바시티: 잘하고 있어요.

부모: 그렇다니 다행이다. 그럼 우리가 이걸 어떻게 측정할 수 있는 지를 좀 보자. 쉬는 시간과 등교 전후에 복도에서 친구들을 지나 갈 때 열 번 중 몇 번이나 그런 행동을 하지 않고 자제할 수 있었 어?

바시티: 저는 제가 정말 바쁘지 않을 때는 대부분 분주해 보이려고 하지 않았어요. 열 번 중 여덟 번은 그런 것 같아요.

부모: 대단하네. 그렇게 해서 뭘 배웠던 것 같아?

바시티: 저는 제가 분주하게 행동하지 않으면 모든 사람이 저에게 말 을 시킬 거라고 생각했어요. 그런데 사람들이 신경 쓰지 않는 것 같았어요. 제가 걱정했던 것만큼 그들이 저에게 말을 많이 걸려 고 하진 않았어요.

부모: 멋지다. 그게 너한테는 좀 놀라웠던 것 같네!

바시티: 네, 많이요. (웃는다.)

부모: 잘했어 바시티! 엄마가 네 '유발 상황에서의 회피 행동과 안전 행동 활동지-자녀용'을 봤는데, 분주하게 행동하지 않으면 공포 수치가 약 4가 될 거라고 예상한 걸 봤어. 맞지?

바시티: 처음에는 4, 어쩌면 4.5까지였던 것 같아요. 그렇지만 아이 들이 저를 신경 쓰지 않는다는 것을 알고 2까지 내려갔었어요. 그리고 매일 점점 더 쉬워져서 이젠 0이에요.

부모: 정말 대단하다. 너 스스로 해냈구나!

바시티와 어머니는 눈 맞춤을 피하는 것과 아이들을 보고도 못 본 척하는 행동을 그만두는 것에 있어서 얼마나 발전했는지 지속적으로 평가하였다. 그리고 바시티가 현재 하고 있는 노출 실험(바시티가 알고는 있지만, 편하게 느낄 정도로는 잘 알지는 못하는 친구들과 눈을 마주치며 인사하기)에 대하여 이야기할 것이다. 그들의 대화는 다음과 같이 이어질 것이다.

부모: 네가 진행해 왔던 실험에 대해 살펴보자. (바시티가 노출 전 활동지를 꺼낸다.) '할 일'에 너는 '매일 아이들과 눈을 마주치며 인사하기'라고 썼네.

바시티: 거의 매일 그렇게 했어요.

부모: 대단한데? 네가 인사한 친구들을 다 기억해? 20명이나 되는구나!

바시티: 그렇게 많지는 않았던 것 같아요. (웃는다.) 그렇지만 합쳐 주시니까 말인데요, 왠지 그보다는 적었다는 생각도 드네요. 하지만 거의 20명은 됐죠.

부모: 정확한 숫자는 중요하지 않아. 제일 중요한 건 네가 그걸 했다는 거야. 그렇지만 이렇게 하면 얼마나 진전이 있었는지 잘 알 수 있고, 네가 얼마나 잘하고 있는지를 알 수 있어서 좋아.

바시티: 고마워요, 엄마.

부모: 네가 잘 모르는 친구들과 눈을 마주치면서 인사를 했는데, 거기서 무엇을 배웠니?

바시티: 그 친구들도 그냥 안녕하고 답해 줬어요. 별일 아니었어요.

부모: 그래서 네가 배운 건?

바시티: 그게 제가 생각했던 것보다는 더 쉽다는 것을 배웠어요.

부모: 좋은 걸 배웠네.

바시티: 물론이죠. 이제는 돌아다닐 때에나 쉬는 시간에도 스트레스를 많이 받지는 않아요.

다음으로, 자녀와 함께 자녀가 다른 회피 행동과 안전 행동을 사용하는 것이 감소했는지, 그리고 그렇게 행동하는 것이 이전보다 더 쉬워졌는지를 살펴보기 위하여 자녀의 다른 모든 회피 행동과 안전 행동을 살펴보라. 이번 주의 공포온도계 수치를 살펴보고, 지난주의 수치와 비교해 보라. 여러분이 확인한 모든 수치의 감소에 대하여 자녀에게 특별하게 언급해 주라. 진행 상황을 정확하게 추적할 수 있도록 날마다 새로운 숫자를 써라. 자녀에게 그 숫자를 보여 주어라. 이것은 자녀의 동기를 강하게 해 줄 수 있는 강력한 피드백이 될 것이다.

그런 다음, 점검하는 동안 여러분이 회피 행동과 안전 행동에 참여하는 것을 줄이는 것에 대한 진행 상황을 평가할 때에는 자녀의 도움을 받도록 하여라. 만약 여러분의 목표가 특정 상황에서 안심시켜 주는 것과 설명하는 것을 그만두는 것이었다면, 여러분의 목표를 다시 소리 내어 말하고, "내가 어떻게 했어?"라고 물어보라. 여러분은 자녀가 얼마나 정직하고 건설적인 방법으로 피드백을 줄 수 있는지에 대해 놀라게 될 것이다. 또한 자녀가 여러분의 회피 행동과 안전 행동 없이 지내면서 무엇을 배울 수 있었는지를 물어보라. 여러분이 덜 참여했어도 괜찮았다고 하는가? 예상처럼 힘들었다고 하는가? 아니면 더 쉬웠다고 하는가?

마지막으로, 자녀의 공포온도계 수치를 살펴보라. 아이의 예상이 정확했는가? 너무 높은가? 너무 낮은가? 아이의 친절한 피드백에 감사하라. 여러분이 자녀의 피드백을 중요하게 여긴다는 것, 그리고 여러분이 한 팀으로 함께하고 있다는 것을 자녀가 아는 것은 중요하다.

자기 자신의 진전을 평가하라

자녀와 함께 주별 점검을 할 때, 여러분의 참여에 대해 논의하는 것에 더하여 자녀가 두려워하는 상황에서 회피할 수 있게 하는 안전 행동이나 의식절차, 그 외의 모든 방법을 가능하게 하는 본인의 행동에 대하여 스스로 꼼꼼하게 평가할 수 있도록 하라. '회피 행동과 안전 행동 활동지–부모용'에서 작성한 목록을 참고하라.

• 잘하고 있는가?
• 만약 어떤 특정한 상황에서 어려움을 겪고 있다면 어떤 것이 힘들게 하는가?
• 자녀가 고통이나 분노를 보일 때 힘이 드는가?

만약 어떤 것이 방해가 된다면 무엇인지를 알고, 해결책을 생각하라. 어떤 경우에서는 배우자와 함께 짝을 이루어 자녀 특정 상황을 관리할 책임을 부여해야 한다.

정신 건강 유지 및 재발 방지하기

진전이 앞으로 항상 진행되는 것은 아니다. 여러분의 자녀는 이 과정에서 난관에 봉착하거나 뒤로 물러설 수도 있다. 재발이란 자녀가 많은 또는 모든 회피 행동과 안전 행동이나 의식절차를 행하던 때로 되돌아가는 것을 의미한다. 여러분 역시 이전에 했던 행동을 다시 함으로써 재발할 수 있다. 어느 쪽이건 자녀는 불안이 증가되는 경험을 할 것이다.

나는 어떻게 하면 성공을 보장하고 재발될 확률을 줄일 수 있는지에 대한 가장 최신의 정보들을 이 프로그램에 포함시켰다. 제2장에서 설명했듯이, 여기에는 노출을 수행하는 방법에 있어서의 주요한 변화들이 포함되어 있다. 노출(이전의 습관화된 모델)을 하는 동안 우리는 두려움의 감소에 초점을 맞추기보다는 자녀가 발생할 것이라고 예상하는 것(두려운 결과)과 실제로 발생하는 것 사이의 불일치에 초점을 맞춘다. 이러한 불일치는 노출 기반 치료의 목적인 새로운 학습에 중요한 것으로 밝혀졌다. 또한 우리는 여러 상황에 노출하고 관련된 유발 상황들을 조합하는 자녀가 좀 더 지속적인 방식으로 덜 두려워하는 법을 배운다는 것을 알고 있다.

때론 이미 극복했던 상황에서 불안한 감정이 다시 나타나는 것이 좋은 일이 될 수도 있다(Craske et al., 2015). 예를 들어, 아동이 불안해지는 것에 대해 불안을 느낄 수 있다. 그들은 오랫동안 잘 관리를 해 왔음에도 불안이 다시 나타날까 봐 걱정을 할지도 모른다. 이러한 경우, 때때로 급격히 증가하는 불안감은 자녀에게 이런 불안감에도 불구하고 괜찮을 수 있다는 것을 더 배울 수 있게 해 준다. 이는 장기적으로는 불안감을 줄여 주는 실제의 이득이 있다.

자녀가 가끔 불안이 유발되거나 새로운 걱정거리를 만들어 낸다고 해서 그가 재발했거나 재발할 위험이 있다는 뜻은 아니다. 불안의 스파이크를 재발의 징후로 해석해서는 안 된다. 여러분과 자녀가 그러한 스파이크에 어떻게 대처하고 반응하느냐에 따라 재발 여부가 결정된다. 많은 요인이 두려움을 재발하게 하거나 새로운 두려움을 키울 수 있다. 여러분은 어떤 요인이 이에 영향을 미칠지를 언제나 알 수는 없으며, 궁극적으로 그러한 요인은 되살아난 두려움에 어떻게 대처하느냐보다는 덜 중요하다.

다음은 내가 가장 많이 보았던 두려움이 증가하는 것과 관련된 요인들이다.

- 구조화되지 않은 시간의 증가(방학, 주말, 일정 변경)
- 유발 상황의 일시적 부재(여름 방학)
- 특히 사춘기와 월경을 하는 여학생의 경우 성숙과 호르몬의 변화 (월경 전이나 도중에 불안 증상의 빈도와 정도가 증가하지 않는 여자 환자를 떠올리는 것은 어렵다.)
- 일상생활의 변화로 자녀가 새로운 상황이나 두려움을 야기하는 상황에 노출
- 자연스럽게 불안이 덜 했다 심해지는 특성

여러분 자녀의 뇌는 특정 두려움에 과민반응을 보이거나 휩싸이기 쉽다. 이러한 성향은 사라지지 않으며, 이는 자녀의 유전적 구성의 일부이다. 이 프로그램을 성공적으로 끝낼 때, 자녀가 매달렸던 상황에 대한 불안을 완전히 없앨 수도 있겠지만, 이보다는 급작스럽게 증가하는 불안의 빈도와 심각도만을 줄일 가능성이 더 많다. 여러분은 자녀가 두려움을 관리하고 예전의 행동을 다시 하지 않도록 지속적으로 도와주어야 한다. 어떤 의미에서 여러분은, 운동선수가 운동을 하기 위해 건강을 유지해야 하는 것과 마찬가지로, 자녀의 마음이 건강을 유지할 수 있도록 도와주어야 한다. 여러분은 자녀가 열심히 노출을 하고 회피 행동과 안전 행동, 의식절차를 행하지 않도록 함으로써 정신적인 근육을 유지할 수 있도록 도와주어야 한다.

게다가 자녀는 이러한 신경생물학적 성향을 가지고 있기 때문에 일생 동안 다른 두려움이 생길 수도 있다. 이 프로그램을 통하여 여러분과 자녀 모두 자녀의 원래 있던 또는 새로운 두려움을 관리하는 원리와 기술을 배웠기 때문에 두려움이 자녀를 지배하지는 않을 것이다. 이러한 기술들을 절대 잊지 않도록 하라.

여러분의 자녀가 이 프로그램을 성공적으로 끝낸다면, 자녀의 불안은 잘 관리될 수는 있겠지만, 이것이 끝은 아니다. 다음의 중요한 팁들은 자녀의 누려움을 막고 대처 능력을 다듬는 데 도움이 될 것이다.

도구를 계속 사용하라

여러분에게는 도구가 있다. 이제 그것을 사용하거나 잃어버리는 것은 여러분과 자녀의 몫이다. 만약 자녀가 그것들을 정기적으로 사용하지 않는다면, 필요할 때 사용할 수 없을 것이다. 이 책을 읽는 동안, 여러분과 자녀는 가장 효과적인 도구가 무엇인지를 알았을 것이다. 또한 자녀가 자신의 뇌가 어떻게 작용하는지를 알고 불안이 유발되었을 때 별명을 사용함으로써 객관성과 수용의 자세를 유지할 수 있도록 노력해야만 한다.

노출 연습을 함으로써 배운 것을 잊지 말라

자녀는 아마 인생에서 좀처럼 일어나지 않는 상황들에 대한 두려움을 극복하였을 것이다. 예를 들어, 자녀는 주삿바늘 공포증을 극복하고 독감 예방 주사를 맞는 데 성공했을 수 있다. 자녀는 실생활에서는 이러한 자극 상황에 직면할 기회를 정기적으로 갖지는 못할 것이며, 1년 동안 주사에 노출되지 않은 후에 다시 불안이 생겨나는 경험을 할 수 있을 것이다. 비록 불안함이 이전에 노출을 하기 전처럼 높지 않을 수는 있지만, 아이가 배운 것을 유지하기 위해 연습을 할 것을 추천한다.

연습을 하기 위해, 자녀가 했던 모든 노출을 참조하라. 이를 위한 한 가지 방법은 색인 카드에 실험을 기록하고 노출 연습 카드를 만드는 것이다. 자녀가 1, 2주에 한 번씩 카드를 뽑아 이전과 같은 지침에 따라 다시 실험을 해볼 수 있도록 하라.

마찬가지로, 만약 자녀가 한동안 유발 상황이 없었지만 이러한 상황이 곧 다가올 것이라면, 도구를 살펴보고 노출 연습을 함으로써 이를 준비하라.

재발 징후를 주시하라

자녀의 두려움이 다시 생겨날 징후를 살펴보라. 재발 방지 전략의 일환으로, 자녀의 두려움이 나타나기 시작한다면 처음으로 알아챌 수 있는 징후를 자녀와 함께 확인하라. 직접적으로 물어보라. "존, 만약 걱정 괴물이 다시 널 괴롭히기 시작하면, 무엇을 처음에 눈치챌 수 있을 것 같아?" 보통, 자녀는 이전에는 숙달했던 상황에 대해 더 높은 공포 수치를 느낄 수 있을 것이라고 말할 것이다. 또한 공포 유발 상황을 회피하려는 욕구가 높아지는 것을 알아차릴 수도 있다. 안전 행동이나 의식절차를 행하는 것은 다른 경고 신호이다.

이러한 최초의 징후를 평가하는 것은 여러 가지 이유에서 중요하다. 첫째, 평가를 통하여 여러분과 자녀는 불안을 극복하기 위해 이용 가능한 모든 도구를 지속적으로 사용할 필요가 있다는 것을 알게 될 것이다. 둘째, 문제가 확대되기 전에 빨리 알아내어 문제를 해결할 수 있다. 상황으로 인해 당황하는 것보다는 상황을 관리하는 전략을 통하여 미리 준비하는 것이 낫다. 마지막으로, 지속적인 감독은 두려움에서 물러서기보다는 맞서야 할 필요가 있다는 메시지를 전달해 준다.

보상을 줄이는 것을 고려하라

여러분은 아마 자녀에게 두려움에 맞서고자 하는 동기를 부여하기 위하여 보상을 사용했을 것이다. 자녀의 두려움에 대한 부담이 덜해질수록 여러분의 보상도 점차적으로 줄일 수 있을 것이다. 여러분은 재발 방지 단계를 진행하는 동안 지속적으로 보상을 줄 수도 있고, 특히 아이가 아직도 두려움을 관리하는 것을 힘들어하는 게 느껴진다면 더 그럴 것이다. 이는 부모 개개인이 내려야 할 결정이다. 만약 보상을 너무 많이 하게 되면, 보상이 더 이상 보상처럼 보이지 않을 수도 있다. 그러나 자녀가 지속적으로 도구를 사용하거나 노출을 할 동기가 부족하다고 느낀다면, 여러분은 자녀의 노력에 지속적인 보상을 주는 것이 현명할 것이다. 나는 아동이 보상을 받을 만한 충분한 자격이 있을 때 보상을 많이 주는 것에 대해서는 거의 걱정하지 않는다. 기억하라. 보상은 동기를 부여한다!

언제 어떻게 전문가의 도움을 받을지 알고 있으라

만약 자녀의 증상이 심각하고, 매우 고통스럽고, 나이에 맞는 활동을 할 수 있는 능력을 방해한다면 인지행동 치료자와 상담을 해 보는 것을 추천한다. 전문가의 도움을 받을지 여부에 대해 고려해야 할 또 다른 요인은 자녀의 동기 수준이다. 동기가 있는 아동은 동기가 적은 아동보다 더 협력적인 파트너가 될 것이다. 전문가의 도움을 받기로 결정했더라도, 이 책에 설명된 프로그램은 자녀가 치료를 받는 동안 여러분이 더 효과적으로 도움을 줄 수 있도록 도와줄 것이다.

전문가의 도움이 여러분과 자녀에게 도움이 될 것이라고 생각되거나, 전문가의 도움과 지도를 받기를 원한다면, 도움받을 사람을 잘 결정하는 데 유용한 몇 가지 지침이 있다. 정신 건강 전문가를 찾으려고 할 때, 전문가가 인지행동치료를 하는지 확인하라. 치료자가 치료의 일부로 '약간의 인지행동치료를 수행'하는 것은 충분하지 않다. 치료자가 인지행동치료를 할 수 있다고 말한다고 해서 그들을 인지행동치료에 경험이 있는 치료자라고 생각하지는 말라.

- 경험이 있는 치료자들은 인지행동치료가 생각과 행동에 초점을 둔다고 설명할 것이다.
- 치료는 과거가 아닌 여기와 지금에 초점을 맞추어야 한다.
- 치료자는 노출 기반 치료에 중점을 두어야 한다.
- 치료에서는 각 치료 시간 사이에 과제가 있어야 한다.
- 정신 건강 전문가로서 치료 목표를 설정한다.

인지행동 치료자가 불안 장애를 평가하고 치료하는 데에 충분한 경험이 있는지를 확인하기 위하여 다음의 영역들에 대해 질문해 보라.

1. 전문성과 관심 분야

Q. 불안 장애 환자를 몇 명이나 치료하고 있나요?

A. 치료자는 자신의 치료에서 상당히 많은 비율(최소 50%의 아이들)을 치료하고 있다고 말해야 한다.

Q. 어떤 장애의 치료에 특히 전문인가요?

A. 자격을 갖춘 치료자는 자신이 정기적으로 치료하는 특정 장애에 대하여 공개적으로 논의하는 것을 꺼리지 말아야 한다.

2. 치료적 목표와 접근 방법에 대한 설명

Q. 환자와의 치료 시간에서 특별하게 하는 것은 무엇인가요? 강박 장애(또는 공황 발작, 사회불안, 공포증, 분리불안) 환자에게 특별히 진행하는 것은 무엇인가요?

A. 답변은 모든 불안 장애에 대한 노출 치료를 강조해야 한다. 만약 그렇지 않으면 다른 치료자를 찾아라. 치료자가 모호한 답변을 한다면, 치료 또한 불분명할 것이다. 인지행동치료는 모호하지 않다. 이는 매우 구체적이고, 목표 지향적이며, 직설적이다. 경험 있는 인지행동 치료자는 치료 목표를 파악하고 도달하기 위해 여러분과 함께 어떤 작업을 할 것인지, 어떠한 치료가 될 것인지를 명확히 설명할 수 있어야 한다. 그 설명을 통해 여러분이 목표를 달성하기 위해 얼마나 많은 작업을 해야 하는지 감을 잡을 수 있어야 하고, 이에 얼마 동안 치료 기간이 지속될지 적절하게 예상할 수 있다.

3. 예상 치료 기간

Q. 설명했던 증상들을 토대로, 현저하게 증상을 줄이려면 일반적으로 몇 번의 치료시간이 필요한가요?

A. 대답은 증상의 시작, 우울증과 같은 다른 증상의 동반 유무, 그 외의 다른 요인들에 따라 달라질 수 있다. 그러나 여러분은 비교적 시간이 제한된 구조로 치료를 진행한다고 들을 것이다. 치료는 일반적으로 몇 년 동안 지속되지는 않고, 몇 달 때론 몇 번만 진행되기도 한다.

4. 약물의 사용

Q. 치료의 선택 사항으로 약물을 고려해야 하는 시점은 언제인가요?

A. 경험이 있는 인지행동 치료자라면 다음과 같은 경우 약물치료를 권유할 것이다. 인지행동치료 프로그램을 모두 진행했지만 증상이 유의하게 감소하지 않은 경우, 또 극심한 스트레스로 인하여 노출에 참여하기가 힘든 경우, 극심한 스트레스로 일상적인 활동(학교 등교, 또래 관계)까지 할 수 없는 경우, 종종 회피를 오래 해 온 결과로 인지행동치료에 참여하려는 동기가 적고 강한 저항을 보이는 경우 등이다.

온라인의 부록 M(http://www.newharbinger.com/39539)에는 여러분 자녀의 치료자 선택을 돕기 위해 인쇄하여 사용할 수 있는 '치료자 점검 양식'이 포함되어 있다. 미국 대부분의 지역에는 불안해하는 아동에게 필요한 훈련된 인지행동 치료자가 부족하다. 적절한 치료자를 찾기 위해 인내심을 갖고 끊임없이 노력하라. 개인 병원을 포함하여 주요 대학 병원과 훈련 센터에도 연락하라.

여러분이 인지행동 치료자와 상담을 하기로 결정을 하든 안 하든, 이 책은 자녀의 불안 관리에 있어 여러분이 훈련받은 선수가 되어야 한다는 점을 알려 준다. 이 프로그램을 통해 알게 된 도구는 여러분과 자녀가 더 건강하고 덜 스트레스 받는 삶을 살 수 있도록 해 줄 것이다. 자녀가 심신을 쇠약하게 만드는 불안을 겪고 있을 때 좌절감 속에서 지켜보는 대신, 아이의 건강에 적극적으로 기여할 수 있다. 새로 발견한 기술에 대해 스스로 격려하고, 자녀가 앞으로 나아갈 수 있도록 돕는 여러분의 능력에 자신감을 가지라.

이 장에서 여러분은 무엇을 배웠는가?

☑ 회피 행동과 안전 행동을 그만두고, 노출이나 노출 및 반응 방지법에서 얼마나 진전이 있는지를 확인하는 것은 치료의 성패를 가르는 데 중요하다.

☑ 부모가 하는 동조 행동을 줄이거나 없애는 스스로의 진전을 평가해야 한다.

☑ 일별 관찰과 좀 더 공식적인 주별 점검은 진전을 확인하기 위한 방법이다.

☑ 정기 점검을 위한 특정 날짜와 시간을 설정하라.

☑ 여러분과 자녀는 아이의 노력에 대한 확실한 수치와 증거를 살펴봄으로써 도움을 받을 수 있을 것이다.

☑ 재발이란 아동이 예전에 했던 많은 또는 모든 회피 행동과 안전 행동, 의식절차를 다시 행하게 된다는 것을 의미한다.

☑ 아동이 배운 도구를 계속 사용하고 필요한 노출 연습을 할 수 있도록 격려함으로써 재발의 징후를 감시하고 그에 대비하라.

☑ 아동에게 추가적인 동기가 필요하지 않을 때에는 보상을 줄이라.

☑ 만약 아동의 증상이 매우 심각하고, 극심한 고통을 유발하고, 일반적으로 연령에 적절한 활동을 하는 능력을 방해하거나 가족의 생활을 방해한다면, 경험이 있는 인지행동 치료자와 상담을 하라.

☑ 이 책에서 배운 것을 통해 여러분이 자녀의 불안을 관리하기 위한 훈련된 선수가 될 수 있다는 것을 기억하라.

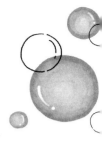

참고문헌

Abramowitz, J. S. 2013. "The Practice of Exposure Therapy: Relevance of Cognitive-Behavioral Theory and Extinction Theory." *Behavior Therapy* 44(4): 548-58.

Allen, J. L., and R. M. Rapee. 2004. "Anxiety Disorders." In *Cognitive Behaviour Therapy for Children and Families*, edited by P. Graham, 2nd ed., 300-19. Cambridge, UK: Cambridge University Press.

American Academy of Child and Adolescent Psychiatry. 2013. *Obsessive-Compulsive Disorder in Children and Adolescents*. Retrieved from http://www.aacap.org/AACAP/Families_and_Youth/Facts_for_Fam ilies/FFF-Guide/Obsessive-Compulsive-Disorder-In-Children-And -Adolescents-060. aspx.

Anxiety and Depression Association of America. 2016. Children and Teens. Retrieved from https://www.adaa.org/living-with-anxiety/children.

Beck, A. T. 1979. *Cognitive Therapy and the Emotional Disorders*. New York, NY: Penguin.

Beidel, D. C., and S. M. Turner. 1997. "At Risk for Anxiety: I. Psychopathology in the Offspring of Anxious Parents." *Journal of the American Academy of Child and Adolescent Psychiatry* 36(7): 918-24.

Craske, M. G., A. M. Waters, R. L. Bergman, B. Naliboff, O. V. Lipp, H.

Negoro, and E. M. Ornitz. 2008. "Is Aversive Learning a Marker of Risk for Anxiety Disorders in Children?" *Behaviour Research and Therapy* 46(8): 954-67.

Craske, M. G., M. Treanor, C. C. Conway, T. Zbozinek, and B. Vervliet. 2015. "Maximizing Exposure Therapy: An Inhibitory Learning Approach." *Behaviour Research and Therapy* 58: 10-23. doi: 10.1016/j.brat.2014.04.006.

Forsyth, J. P., G. H. Eifert, and V. Barrios. 2006. "Fear Conditioning in an Emotion Regulation Context: A Fresh Perspective on the Origins of Anxiety Disorders." In M. G. Craske, D. Hermans, and D. Vansteenwegen (Eds.), *Fear and Learning: From Basic Processes to Clinical Implications*, 133-53. Washington, DC: American Psychological Association.

Garcia, A. M., J. J. Sapyta, P. S. Moore, J. B. Freeman, M. E. Franklin, J. S. March, and E. B. Foa. 2010. "Predictors and Moderators of Treatment Outcome in the Pediatric Obsessive Compulsive Treatment Study (POTS I)." *Journal of the American Academy of Child and Adolescent Psychiatry* 49(10): 1024-33.

Ginsburg, G. S. 2009. "The Child Anxiety Prevention Study: Intervention Model and Primary Outcomes." *Journal of Consulting and Clinical Psychology* 77(3): 580-87.

Goenjian, A. K., E. P. Noble, A. M. Steinberg, D. P. Walling, S. T. Stepanyan, S. Dandekar, and J. N. Bailey. 2014. "Association of COMT and TPH-2 GEnes with DSM-5 Based PTSD Symptoms." *Journal of Affective Disorders* 172: 472-78.

Holzschneider, K., and C. Mulert. 2011. "Neuroimaging in Anxiety Disorders." *Dialogues in Clinical Neuroscience* 13(4): 453-61.

Kashani, J. H., A. F. Vaidya, S. M. Soltys, A. C. Dandoy, L. M. Katz, and J. C. Reid. 1990. "Correlates of Anxiety in Psychiatrically Hospitalized Children and Their Parents." *American Journal of Psychiatry* 147(3): 319-23.

Kessler, R. C., P. Berglund, O. Demler, R. Jin, K. R. Merikangas, and E. E. Walters. 2005. "Lifetime Prevalence and Age-of-Onset Distributions of DSM-IV Disorders in the National Comorbidity

Survey Replication." *Archives of General Psychiatry 62*(6): 593-602. doi:10.1001/archpsyc.62.6.593.

Lissek, S., S. Rabin, R. E. Heller, D. Lukenbaugh, M. Geraci, D. S. Pine, and C. Grillon. 2010. "Overgeneralization of Conditioned Fear As a Pathogenic Marker of Panic Disorder." *American Journal of Psychiatry 167*(1): 47-55.

March, J. S., and K. Mulle. 1998. *OCD in Children and Adolescents: A Cognitive-Behavioral Treatment Manual.* New York, NY: Guilford.

Mendlowicz, M. V., and M. B. Stein. 2000. "Quality of Life in Individuals with Anxiety Disorders." *The American Journal of Psychiatry 157*(5): 669-82.

Merikangas, K. R., L. C. Dierker, and P. Szatmari. 1998. "Psychopathology among Offspring of Parents with Substance Abuse and/or Anxiety Disorders: A High-Risk Study." *Journal of Child Psychology and Psychiatry 39*(5): 711-20.

Merlo, L. J., H. D. Lehmkuhl, G. R. Geffken, and E. A. Stroch. 2009. "Decreased Family Accommodation Associated with Improved Therapy Outcome in Pediatric Obsessive-Compulsive Disorder." *Journal of Consulting and Clinical Psychology 77*(2): 355-60.

National Institutes of Health. 2016. "Understanding Anxiety Disorders: When Panic, Fear, and Worries Overwhelm." *NIH News in Health.* Retrieved from https://newsinhealth.nih.gov/issue/mar2016/feature1.

Olatunji, B. O., J. M. Cisler, and D. F. Tolin. 2007. "Quality of Life in the Anxiety Disorders: A Meta-Analytic Review." *Clinical Psychology Review 27*: 572-81.

Padesky, C. A. 1993. "Socratic Questioning: Changing Minds or Guiding Discovery?" Keynote Address to European Congress of Behavioral and Cognitive Therapies, London, September 24.

Rachman, S. 1980. "Emotional Processing." *Behaviour Research and Therapy 18*(1): 51-60.

Thirlwall, K., P. J. Cooper, J. Karalus, M. Voysey, L. Willetts, and C. Creswell. 2013. "Treatment of Child Anxiety Disorders Via Guided Parent-Delivered Cognitive-Behavioural Therapy: Randomized

Controlled Trial." *British Journal of Psychiatry 203*(6): 436-44.
doi:10.1192/bjp.bp.113.126698.

Tompkins, M. A. 2013. *Anxiety and Avoidance: A Universal Treatment for Anxiety, Panic, and Fear.* Oakland, CA: New Harbinger.

Trouche, S., J. M. Sasaki, T. Tu, and L. G. Reijmers. 2013. "Fear Extinction Causes Target-Specific Remodeling of Perisomatic Inhibitory Synapses." *Neuron 80*(4): 1054-65. doi:10.1016/j.neuron. 2013.07.047.

Wagner, A. P. 2005. *Worried No More: Help and Hope for Anxious Children.* 2nd ed. Apex, NC: Lighthouse Press.

Zbozinek, T. D., E. A. Holmes, and M. G. Craske. 2015. "The Effect of Positive Mood Induction on Reducing Reinstatement Fear: Relevance for Long Term Outcomes of Exposure Therapy." *Behaviour Research and Therapy 71*: 65-75.

저자 소개

브리짓 플린 워커 박사(Bridget Flynn Walker, PhD)는 캘리포니아 대학교 버클리 캠퍼스(University of California, Berkeley)를 졸업하고 1991년에 캘리포니아 심리 전문학교(California School of Professional Psychology)에서 박사 학위를 받았다. 워커는 캘리포니아 대학교 로스앤젤레스 캠퍼스(University of California, Los Angeles)와 노워크 병원(Norwalk Hospital), 카이저 퍼머넌트(Kaiser Permanente)에서의 펠로십 외에도 불안 장애 전문가이자 캘리포니아 대학교 샌프란시스코 캠퍼스(University of California, San Francisco) 의과대학 교수인 제프리 마틴 박사(Jeffery Martin, PhD)와 2년간의 박사후 과정(postdoctorial fellowship)을 마쳤다. 워커는 지난 15년 동안 불안 장애가 있는 어린이와 청소년, 성인의 평가와 치료에 집중했으며, 정신 건강 전문가들이 인지행동치료(Cognitive Behavioral Therapy)를 사용하여 같은 일을 하도록 교육했다. 워커의 상담과 교육 서비스는 샌프란시스코 지역의 정신 건강 전문가들의 요청을 받으며, 샌프란시스코와 마틴 카운티(Martin Counties)의 학교 전문가들을 교육하고 지도해 달라는 요청을 자주 받는다. 워커는 골든 게이트 소아과(Golden Gate Pediatrics) 팀과 긴밀히 협력하며 정기적으로 샌프란시스코 심리치료 연구 그룹(San Francisco Psychotherapy Research Group)의 리더들과 상담하며 일한다.

서문을 쓴 작가 **마이클 톰킨스 박사**(Michael A. Tompkins, PhD, ABPP)는 샌프란시스코 지역 인지치료 센터의 창립 파트너이자 인지치료 아카데미(Academy of Cognitive Therapy)의 외교관, 캘리포니아 대학교 버클리 캠퍼스(University of California, Berkeley)의 임상 조교수이다. 그는 『OCD』와 『Digging Out』을 포함한 5권의 책을 저술한 저자이다.

MAY(Mood and Anxiety Clinic of Youth)는 국내 최초의 어린이 · 청소년 기분과 불안 전문 클리닉으로, 어린이의 달인 '5월'을 상징한다.

MAY는 미국 피츠버그 대학병원의 STAR(Services for Teens at Risk), CABS(Child and Adolescent Bipolar Services)와 연계하여 우울증과 불안증, 자해 · 자살 위험, 기분 조절 문제, 조울병의 증상과 심각도의 단계에 따라 특성화된 입원과 단기 입원, 집중 외래, 일반 외래, 추적 관찰 프로그램을 제공하는 치료 서비스이다.

서울대학교어린이병원 기분과 불안 클리닉은 CABS의 프로그램에 기반하여 불안증이나 조울병, 기분 조절 문제가 있는 소아청소년을 전문적이고 체계적으로 진단하고 평가하며 치료하는 프로그램을 운영하고 있다.

이 책은 MAY 소속 교수와 전문의, 전공의, 연구원이 같이 번역했다. 번역진은 다음과 같다(가나다순).

김재원(Jaewon Kim), 대표 역자, 서울대학교어린이병원 MAY 책임교수
권지혜(Jihye Kwon), MAY 연구원
김성혜(Seonghae Kim), MAY 연구원
김은지(Eunji Kim), 정신건강의학과 전문의
김혜빈(Haebin Kim), 경희대학교병원 정신건강의학과 교수
신지윤(Jiyoon Shin), 서울대학교병원 정신건강의학과 전공의
이정(Jung Lee), 서울대학교어린이병원 통합케어센터 교수
이하은(Grace Haeun Lee), MAY 연구원
최치현(Chihyun Choi), 서울특별시보라매병원 정신건강의학과 교수
한지연(Jiyoun Han), MAY 연구원

두근두근 불안불안

걱정 많고 예민한 우리 아이 늠름한 아이가 되다

Anxiety Relief for Kids

2019년 8월 20일 1판 1쇄 인쇄
2019년 8월 30일 1판 1쇄 발행

지은이 • Bridget Flynn Walker
옮긴이 • 김재원 · 권지혜 · 김성혜 · 김은지 · 김혜빈 · 신지윤 · 이정
　　　　이하은 · 최치현 · 한지연
펴낸이 • 김진환
펴낸곳 • ㈜ **학지사**
　　　　04031 서울특별시 마포구 양화로 15길 20 마인드월드빌딩
대표전화 • 02)330-5114　　　팩스 • 02)324-2345
등록번호 • 제313-2006-000265호

홈페이지 • http://www.hakjisa.co.kr
페이스북 • https://www.facebook.com/hakjisabook

ISBN 978-89-997-1886-1　03180

정가 14,000원

이 도서의 국립중앙도서관 출판시도서목록(CIP)은 서지정보유통지
원시스템 홈페이지(http://seoji.nl.go.kr)와 국가자료공동목록시스템
(http://www.nl.go.kr/kolisnet)에서 이용하실 수 있습니다.
(CIP 제어번호: CIP2019030528)

출판 · 교육 · 미디어기업 **학지사**

간호보건의학출판 **학지사메디컬** www.hakjisamd.co.kr
심리검사연구소 **인싸이트** www.inpsyt.co.kr
학술논문서비스 **뉴논문** www.newnonmun.com
원격교육연수원 **카운피아** www.counpia.com